Rolf Mayer

Erinnerungen eines Rechtsanwalts aus sechs Jahrzehnten

novum pro

Dieses Buch ist auch als

e-book
erhältlich.

w w w . n o v u m v e r l a g . c o m

Bibliografische Information
der Deutschen Nationalbibliothek:

Die Deutsche Nationalbibliothek
verzeichnet diese Publikation in
der Deutschen Nationalbibliografie.
Detaillierte bibliografische Daten
sind im Internet über
http://www.d-nb.de abrufbar.

Gedruckt in der Europäischen Union
auf umweltfreundlichem, chlor- und
säurefrei gebleichtem Papier.

© 2022 novum Verlag

ISBN 978-3-99107-712-1
Lektorat: Leon Haußmann
Umschlagfotos: Banprik, Flynt,
Kaspars Grinvalds | Dreamstime.com
Umschlaggestaltung, Layout & Satz:
novum Verlag

www.novumverlag.com

Climate neutral
Print product
ClimatePartner.com/16547-2201-1002

Inhaltsverzeichnis

Vorwort

Der Verfasser ist seit 60 Jahren in Stuttgart als Rechtsanwalt zugelassen und war immer freiberuflich tätig, lange Jahre zusammen mit anderen Kollegen, zuletzt allein in eigener Kanzlei. Nach 55 Jahren aktiver Tätigkeit steht er heute nur noch im Bekanntenkreis beratend zur Verfügung, wenn er um Hilfe gebeten wird.

In launiger Runde berichtete er immer wieder über Episoden aus seinem Berufsleben, heitere, traurige, unverständliche und solche, die zum Nachdenken anregten. Aus seinem Freundeskreis kam die Anregung, solche Geschichten doch aufzuschreiben und zu veröffentlichen. Dieser Anregung ist er mit diesem Buch nachgekommen.

Der verwendete Name des Verfassers – Rolf Mayer – ist ein Pseudonym. Alle in diesem Buch auftretenden Personen sind echt, nur die Namen sind geändert. Die einzelnen geschilderten Episoden, möge das auch manchmal unglaubhaft erscheinen, haben sich so ereignet, wie sie dargestellt sind, es ist nichts hinzugefügt und nichts weggelassen, auch wenn der Leser das vielleicht hin und wieder nicht glauben mag. Aber auch auf dem großen Gebiet der Rechtspflege gibt es eben wie überall nichts, was es nicht gibt.

Es könnte der Eindruck entstehen, nur Behörden, Gerichte, Richter und sonstige Beamte könnten hinter den geschilderten Episoden stehen oder das geschilderte Verhalten sei üblich. Weit gefehlt. Was der Verfasser erzählt, sind einzelne Momentaufnahmen, die ihm erzählenswert erschienen. Im Übrigen: Nobody is perfect – auch dem Verfasser ist manches misslungen und auch ihm sind Fehler unterlaufen.

Und noch etwas: Der Verfasser verwendet kein „Binnen-I", benützt auch keinen Gender * und redet nicht ständig von Richtern und Richterinnen. Anwälten und Anwältinnen. Referendaren und Referendarinnen. Man möge ihm das nachsehen. Gemeint ist, wenn die Zuordnung nicht eindeutig ist, immer m/w/d.

Stuttgart, im Sommer 2021

Teil I

Von der Schule bis zur Zulassung als Rechtsanwalt

Schule und Studium

Den zweiten Weltkrieg hatte ich unversehrt überstanden. Für den Dienst an der Waffe war ich damals zu jung, den Bombenkrieg und Tieffliegerangriffe erlebte und überlebte ich zwar hautnah, aber mir geschah nie etwas.

Nach Kriegsende – ich war 14 Jahre alt – wurde ich „Notstandsarbeiter" bei der Stadt Stuttgart. Ich wurde bei der Trümmerbeseitigung und der Herstellung von Bausteinen aus den Trümmern eingesetzt und verdiente mein erstes Geld – 70 Reichspfennig in der Stunde. Ohne einen solchen Einsatz erhielt man keine Lebensmittelmarken und dieser Einsatz war, wie ich später immer wieder feststellte, für mich äußerst lehrreich. Ich hätte ihn in meinem späteren Leben nicht missen wollen.

Das Leben normalisierte sich langsam, die Schulen nahmen den Unterricht wieder auf und wir jungen Leute machten uns schon damals Gedanken über den späteren beruflichen Werdegang.

Meine Mutter, sehr evangelisch-pietistisch aufgezogen, hätte es gerne gesehen, wenn ich Theologie studiert hätte und Pfarrer geworden wäre. Ich hatte aber meine Schwierigkeiten, nicht mit dem Christentum, sondern mit den Kirchen und ihren Vertretern auf Erden. Im 1. Weltkrieg stand auf den Koppelschlössern der deutschen Soldaten „Gott mit uns", als ob sie Gott für sich alleine gepachtet hätten. Im 1. wie im 2. Weltkrieg segneten die Militärpfarrer am Vorabend einer Schlacht auf beiden Seiten die Soldaten und erbaten für sie Gottes Segen für den Sieg. Am nächsten Tag waren dann im modernen Vernichtungskrieg auf beiden Seiten tausende Soldaten tot, was die Militärpfarrer auf beiden Seiten am Vorabend auch schon wussten. Für solche Widersprüchlichkeiten als Pfarrer einzutreten, war für mich unvorstellbar.

Ich hatte meinen eigenen Kopf und erklärte meinen Eltern, ich wolle Rechtsanwalt werden wie mein Vater. Meine Eltern waren damit schließlich beide einverstanden, wobei mein Vater sein Einverständnis mit den Worten kommentierte „i dät's aber net", auf hochdeutsch „ich würde es nicht tun".

Um Jura studieren zu können, brauchte man damals das sogenannte Große Latinum, also besuchte ich ein humanistisches Gymnasium und lernte Lateinisch und Alt-Griechisch und prägte mir den Spruch ein: Non scholae sed vitae discimus – nicht für die Schule, für das Leben lernen wir …

Um einen Jurastudienplatz zu bekommen, benötigte man damals kein „Einserabitur", ein bestandenes Abitur genügte. Mein Abiturzeugnis war nur mittelmäßig, weil ich neben der Schule vielerlei andere Interessen hatte, die ihre Zeit in Anspruch nahmen. Ich räumte der Schule also die Zeit ein, die ich für ausreichend hielt, nach meinem Abiturzeugnis würde mich später niemand mehr fragen, sagte ich mir. Das war allerdings nicht ganz richtig, obwohl, richtige Nachteile erlitt ich dadurch nie.

Schon in der Schulzeit machte ich aber zwei wesentliche Erfahrungen für mein späteres Leben, insbesondere mein Berufsleben:

Meine Klassenkameraden hatten mich Jahr für Jahr zum Klassensprecher gewählt, obwohl ich mich um diese „Würde" nie beworben hatte. Ich machte mir nie Gedanken, weshalb die Wahl immer so eindeutig auf mich fiel. Wenn die das so wollen, mache ich es eben, sagte ich mir. Dies führte dann, wie gesagt, im Laufe der Zeit zu diesen zwei interessanten Erfahrungen:

Man kann die mit dem Amt des Klassensprechers verbundene Arbeit selbst machen, was ja auch der Sinn der Sache ist. Dann ist man aber der Depp vom Dienst. Diesen Weg habe ich gewählt. Man kann auch Reden halten, den Boss spielen und die Arbeit auf Gehilfen verteilen, so als Vorübung etwa für einen späteren Ministerposten. Das war nicht mein Ding.

Man kann sich als Klassensprecher auch unbeliebt machen, nicht bei den Kameraden, wenn man seine Arbeit gut macht, aber beispielsweise auch und gerade bei den Lehrern.

Das Zeugnis, also die sogenannte Papierform, besagt darüber, welche Kenntnisse der Kandidat hat, offensichtlich nicht viel. So habe ich von Chemie noch nie etwas verstanden, ich habe auch heute noch keine Ahnung von Chemie, aber in meinem Abiturzeugnis erhielt ich für das Fach Chemie die Note 2. In Mathematik hatte ich seit der ersten Klasse im Gymnasium immer eine 2. Mathematik fiel mir leicht. Bis ein im Grunde völlig belangloses Ereignis eintrat: Unser Mathematiklehrer hatte einmal einem meiner Klassenkameraden für eine Mathearbeit eine glatte 6 gegeben. Man musste eine Berechnung eigenständig entwickeln,, durchführen und zu einem bestimmten Ergebnis führen. Das Ergebnis, zu dem mein Klassenkamerad kam, war richtig, aber unnötig umständlich und nicht ganz einfach nachvollziehbar. Unser Lehrer ging offensichtlich davon aus, dass der Verfasser die Systematik der Aufgabe nicht begriffen und das Ergebnis einfach abgeschrieben habe. Ich schaute mir die Arbeit an und versuchte, die Gedankengänge meines Klassenkameradens nachzuvollziehen. Das war nicht ganz einfach, aber ich konnte schließlich einwandfrei darstellen, dass er zwar unnötig umständlich, aber letztlich doch richtig gerechnet hatte. Das trug ich dem Mathematiklehrer vor, der, wenn auch unwillig, zugeben musste und zugab, dass er einen Fehler gemacht hatte. Mein Klassenkamerad erhielt daraufhin die für seine Arbeit angemessene Note. Der Lehrer nahm es aber übel und mir gelang es danach nie mehr – wir hatten diesen Lehrer bis zum Abitur – in Mathematik über die Note 3 hinauszukommen. Hony soi qui mal y pense.

Nun, das Abitur hatte ich auch mit einer 3 in Mathematik in der Tasche. Also hieß es, sich an der Universität zu immatrikulieren und eine Studentenbude zu suchen. Das mussten meine Klassenkameraden schließlich auch, aber im Gegensatz zu deren Eltern meinte mein Vater, ich solle doch selbst sehen, wie ich damit zurecht käme, ich sei schließlich alt genug. Wie recht er doch hatte. Ich fuhr also nicht mit Mama und Papa, wie meine Klassenkameraden, sondern allein nach Tübingen – an der dortigen Universität wollte ich studieren –, suchte und fand eine Bude und schrieb mich an der Universität ein.

Das erste Semester begann im Herbst, für das Sommersemester reichte es nicht mehr. Ein halbes Jahr herumzusitzen, behagte mir indessen nicht. Ein Vetter meines Vaters, Bankdirektor seines Zeichens, verschaffte mir bei seiner Bank eine Volontärstelle, ich wurde durch alle Abteilungen durchgereicht, lernte Münzgeld von Hand zu rollieren, Papiergeld von Hand mit Banderolen zu versehen, lernte Scheck und Wechsel kennen und vor allen Dingen Pünktlichkeit. Ich erinnere mich noch gut – ich war an der Hauptkasse tätig – es war ein Samstag, Schalterschluss, da fiel das Zahlbrett mit dem Münzgeld auf den Boden. Wir alle, die wir an der Kasse tätig waren, sammelten die Münzen wieder auf, am Schluss fehlte aber noch ein Pfennig. Eine Kasse, die nicht stimmt, kann man nicht abschließen. Um 12 Uhr war Schalterschluss, aber wir suchten und suchten, der Hauptkassier war eisenhart. „Solange der Pfennig nicht da ist, geht keiner nach Hause", erklärte er und blieb selbst da, denn es war ja seine Kasse, die nicht stimmte. So gegen halb drei, auf hochdeutsch 14.30 Uhr, fanden wir schließlich die Pfennigmünze senkrecht in einer Parkettritze stecken, die Kasse stimmte jetzt und wir durften nach Hause gehen. Auch diese Episode war sehr lehrreich für mich. Eine Kasse stimmt nicht, egal ob 1 000 Mark oder 1 Pfennig fehlt, sie stimmt eben nicht und der Fehler muss gesucht werden, das war einfach selbstverständlich und diese Erkenntnis half mir in meinem späteren Berufsleben häufig weiter, insbesondere, wenn es um die Beurteilung von Sachverständigen-Gutachten ging.

Ich nützte die Zeit bis zum Semesterbeginn weiter damit aus, Stenografie und Maschinenschreiben zu erlernen. Grundkenntnisse im großen Gebiet der Buchhaltung erhielt ich bei der Bank. Der Hintergedanke dabei war, notfalls auch ohne Hilfspersonal ein Anwaltsbüro betreiben zu können.

Die Überlegung war richtig, wie sich später immer wieder erweisen sollte.

Pünktlich zu Beginn des Wintersemesters bezog ich meine Studentenbude in Tübingen und ging erwartungsvoll in die erste Vorlesung. Außerdem trat ich, wie sich das gehört, einer alteingesessenen, aber liberalen Studentenverbindung bei.

Zur damaligen Zeit war es möglich, nach dem 6. Semester die erste juristische Staatsprüfung abzulegen. Das war absolut nicht üblich. 10 bis 12 Semester waren normal und wohl auch erforderlich, wenn man ein Prädikatsexamen erreichen wollte, ein Muss, wenn man eine Stelle im Staatsdienst anstrebte, denn dort musste die Papierform stimmen. Nun, der Staatsdienst war das Letzte, was mir vorschwebte, ich strebte den Rechtsanwaltsberuf an. Da konnte mir, so meinte ich, die Papierform gleichgültig sein. Diese Überlegung war zwar in dieser Absolutheit falsch, aber sie hat mir nie geschadet.

Ich war 4 Jahre in die Grundschule und 9 Jahre aufs Gymnasium gegangen, zusammen 13 Jahre, ich beschloss, dass weitere 3 Jahre Studium genügen müssten, meldete mich nach dem 6. Semester für das erste juristische Staatsexamen an und bestand. Ein Prädikatsexamen war das nicht, aber das spielte für mich schließlich keine Rolle. Ich hatte mein Ziel erreicht. Schluss mit dem Schulbetrieb. Ich meldete mich alsbald beim Justizministerium und begann die nächste Ausbildungsstufe als Gerichtsreferendar. Davon im nächsten Kapitel.

Die ersten Schritte im Berufsleben als Gerichtsreferendar, das zweite Staatsexamen und die Anwaltsassessorenzeit

Nachdem ich das erste Staatsexamen in der Tasche hatte, hatte ich genau genommen – nichts. Ohne das zweite Staatsexamen kein Rechtsanwalt. Und ohne dreijährige Ausbildung als Gerichtsreferendar kein zweites Staatsexamen. Also meldete ich mich umgehend beim Justizministerium, beantragte und erhielt die Zulassung als Gerichtsreferendar. Drei Jahre Ausbildung als Gerichtsreferendar mit zahlreichen Stationen lagen jetzt vor mir, beim Amtsgericht, beim Landgericht, der Staatsanwaltschaft, Verwaltungsbehörden, Nachlassgerichten, Grundbuchämtern und und …, um das Rechtsleben in der Praxis kennen zu lernen. Dabei konnte man eine Station frei wählen, ich wählte, warum auch immer, den Evangelischen Oberkirchenrat, der mich auch nahm. Ich erwähne mit Bedacht diese Station, denn sie hatte für mich jedenfalls einen Vorteil, der mich als Praktiker sofort überzeugte: Der Weg von der Wohnung zur Dienststelle betrug nur 150 m und war sehr zeitsparend.

Von dieser Station berichte ich an anderer Stelle.

Vorgesehen war auch die Möglichkeit, drei Monate wissenschaftlichen Urlaub zu nehmen, gedacht war diese Zeit, eine Doktorarbeit zu schreiben. In meiner Zeit als Student in Tübingen schrieb ich – ich konnte ja Maschinenschreiben – für einen Bundesbruder dessen Doktorarbeit, das brachte mir etwas Geld ein. Ich kam aber sehr rasch auch zu der Erkenntnis, dass, anders als beispielsweise in naturwissenschaftlichen Fächern, eine juristische Doktorarbeit und das Rigorosum zwar zur Führung des Doktortitels berechtigte, aber sonst ziemlich nutzlos war. Die Arbeit würde gedruckt, in eine Bibliothek eingestellt und von niemanden mehr gelesen werden. Sollte ich mir das antun? Mein Vater hatte keinen Doktortitel, zahlreiche seiner Kollegen auch nicht, sie hatten durch den ersten

Weltkrieg, wenn sie ihn überhaupt überlebten und verarbeitet hatten, vier Jahre Zeit verloren. Ich hatte aber einfach keine Lust auf die sogenannte wissenschaftliche Arbeit. Ich verwendete die drei Monate wissenschaftlichen Urlaub für eine abenteuerliche Reise mit zwei Freunden und einem ganz normalen VW-Käfer in den Iran nach Teheran, Isfahan und Shiras, über Bagdad, Damaskus und Amman nach Jerusalem, eine Reise, die 1956 jedermann für unmöglich hielt, die uns aber wider Erwarten doch gelang – im Jahr 1956. Davor und danach bis heute war sie unmöglich gewesen.

Die Erfahrungen, die ich auf dieser Reise machte, haben mir in vielerlei Hinsichten die Augen geöffnet und haben mir für das Leben und auch für meinen juristischen Beruf mehr gebracht, als das jede Doktorarbeit je vermocht hätte. Deshalb sei mir diese Abschweifung erlaubt.

Der fehlende Doktor hat mir als Rechtsanwalt nie geschadet, nur einmal hat mir eine Wienerin, die den oberen Zehntausend der Wiener Schickeria angehörte, verächtlich vorgehalten, ich hätte ja nicht einmal einen Doktor. Ich habe es überlebt.

Doch zurück zur Referendarausbildung.

Meine erste Station, der ich zugeteilt wurde, war das Amtsgericht Stuttgart – ein Strafreferat, geleitet von einem alten erfahrenen Oberamtsrichter. In seinem Referat wurde ich in die Welt der Kleinkriminalität und in die echte Welt des Rotlichtmilieus eingeführt. Meine Mutter wäre entsetzt gewesen.

Unvergesslich ist mir eine Verhandlung, deren Gegenstand in dieses Milieu führte. Zu vernehmen war als Zeugin eine Dame aus diesem Milieu.

Die Personalien waren aufgenommen. Es folgte nahezu wörtlich dieser Wortwechsel:

Der Richter: „Was sind Sie von Beruf?"

Die Zeugin (im Jahr 1954!): „Prostituierte."

Der Richter: „Sind Sie verheiratet?"

Die Zeugin: „Ja."

Der Richter: „Was ist denn Ihr Mann von Beruf?"

Die Zeugin, ohne eine Miene zu verziehen: „Zuhälter."

Der Richter: „Was arbeitet denn Ihr Mann?"

Die Zeugin: „Der sitzt."

Der Richter: „Diese Frage müssen Sie nicht beantworten, wenn Sie nicht wollen. Was verlangen Sie denn so für einen Besuch?"

Die Zeugin: „Ich habe keinen festen Tarif, ich sage immer, gib was du Dir wert war, dann bekomme ich nie weniger als 50 DM (das war 1954 viel Geld)."

Juristisch war diese Verhandlung ohne jede Bedeutung, tatsächlich zeigte sie aber einen Teil des Lebens auf, wie es wirklich war.

Und dann erinnere ich mich noch an den Montagmorgen, als der Justizoberamtmann, der die Geschäftsstelle des Referats leitete, freudestrahlend mit den Tagesordnungen der Woche in der Hand in das Richterzimmer kam und rief: „Oh, Herr Oberamtsrichter, a ganze Woch ohne Osittlichkeit!" (Oh, Herr Oberamtsrichter, eine ganze Woche ohne Unsittlichkeit).

Eine weitere Station war die Staatsanwaltschaft.

Staatsanwälte, denen ein Gerichtsreferendar zugeteilt war, durften in Fällen, die sie für geeignet hielten,. diesen als Sitzungsvertreter in die Verhandlung beordern. Der Referendar wurde also erstmals aktiv und selbständig in eine Verhandlung geschickt, für ihn eine neue Erfahrung. Der Referendar erhielt die Akte, er hatte in der Verhandlung die Anklage zu vertreten, er erhielt aber auch die verbindliche Anweisung, welchen Strafantrag er in der Verhandlung zu stellen habe,. eine ziemlich unsinnige Anweisung, denn sie hinderte den Referendar, seine Pflicht zu erfüllen, nämlich nach dem Ergebnis der Beweisaufnahme den sich aus dem Gesetz ergebenden Antrag zu stellen. Der Referendar musste dann die Akte mit einem schriftlichen Bericht über den Verhandlungsverlauf und das Ergebnis an seinen Ausbilder zurückgeben.

So wurde auch ich in eine Verhandlung geschickt mit der Akte, die die genaue Anweisung enthielt, welchen Antrag ich zu stellen hatte. Mein Staatsanwalt hatte seine Anklage hauptsächlich auf die angebliche Aussage eines Zeugen gestützt, der aber genau diese belastende Aussage in der Verhandlung nicht bestätigte. Die Anklage war nicht zu halten. Ich beantragte Freispruch, gegen die mir zwingend erteilte Weisung. Das Gericht sprach den Angeklagten auch frei. Ich gab die Akte mit einem ausführlichen Bericht zurück. Mein Staatsanwalt war empört, ein Gerichtsreferendar, der die ihm erteilte Weisung nicht befolgte, so etwas gab es nicht, so etwas gab es noch nie, und so etwas durfte es nicht geben.

Er erhob deshalb gegen mich Dienstaufsichtsbeschwerde. Ich wurde alsbald zum Dienststellenleiter, einem Oberstaatsanwalt, zitiert, der mir vorhielt, wie ich dazu käme, die Weisung meines Dienstvorgesetzten zu missachten. „Herr Oberstaatsanwalt, weshalb ich mich nicht an die Weisung meines Vorgesetzten gehalten habe, ergibt sich aus meinem Bericht, den Sie sicher gelesen haben. Im Übrigen: Wenn ich als Vertreter der Staatsanwaltschaft in eine Strafverhandlung geschickt werde, habe ich die Anklagebehörde zu vertreten und deren Pflichten zu erfüllen. Ergibt die Hauptverhandlung keinen Tatverdacht gegen den Angeklagten, hat die Staatsanwaltschaft die Konsequenzen daraus zu ziehen. Das habe ich gemacht, das Gericht hat das ebenso gesehen und den Angeklagten freigesprochen. Meine Aufgabe kann es nicht sein, als Marionette des Sachbearbeiters die Anträge nachzuplappern, die er mir mit auf den Weg gegeben hat und die sich als unbegründet erwiesen haben. Hätte ich sie angesichts des Beweisergebnisses gestellt, hätte ich nur die Staatsanwaltschaft und mich selbst blamiert. Dazu bin ich nicht bereit." Er sah mich etwas verwundert an, er hatte wohl Entschuldigungen erwartet. Es kam dann zu einem sehr offenen Gespräch. Mit den Worten „Sie haben richtig gehandelt" wurde ich wohlwollend entlassen. Über den aufmüpfigen Referendar wurde aber offensichtlich geredet, wie ich gelegentlich aus Bemerkungen entnehmen konnte.

Von einer dritten Station, einer Zivilkammer beim Landgericht, gibt es auch eine erzählenswerte Geschichte. Ich war, wie gesagt, einer Zivilkammer beim Landgericht zugeteilt. Mein Ausbildungsrichter war ein kluger Jurist, aber auch ein bodenständiger Schwabe, der das Leben kannte, was leider bei vielen Richtern, durchaus hervorragende Juristen, oft nicht der Fall war und bis heute noch ist. Seine Schwester betrieb in einem ehemals selbständigen Dorf, das in die Stuttgarter Innenstadt hineingewachsen war, ein solides schwäbisches Hotel mit Restaurant. Nach Dienstschluss ging mein Richter nach Hause, zog sich um und half alsbald im Restaurant und in der Küche. Seine so gewonnene Lebenserfahrung fand sich häufig in den Urteilen der Kammer wieder. In manchen praktischen Fragen konnte sogar ich meine Richter belehren, wenn es sich um Probleme aus dem täglichen Leben handelte, von denen sie keine Ahnung hatten.

In einem Fall ging es um Schadensersatzansprüche aus einem Autounfall und um die Mitverschuldensfrage. Der Anwalt des Klägers fragte dabei den Berichterstatter – es war nicht mein Ausbildungsrichter – „ich kann doch davon ausgehen, dass Sie selbst Autofahrer sind und einschlägige Kenntnisse haben?". „Selbstverständlich", war die Antwort, „ich habe den Führerschein schon seit 1936". Der Anwalt war zufrieden. In der Beratungspause gab der Richter dann aber gegenüber seinen Kollegen und natürlich auch mir zu: „Den Führerschein habe ich tatsächlich seit 1936, aber gefahren bin ich seit Kriegsbeginn bis heute nicht mehr". Ob dies der Sinn der Ausbildung von Referendaren war, wage ich zu bezweifeln. Für einen jungen Juristen, der Anwalt werden wollte, war diese Episode Gold wert. Er lernte, wie man erforderlichenfalls Richter befragen musste.

Die Referendarzeit ging zu Ende. Ich meldete mich zum frühestmöglichen 2. Staatsexamen an, ich bestand, aber es war wieder kein Prädikatsexamen, ich war Praktiker und hatte für juristische Theorien nicht viel übrig.

Zur damaligen Zeit, in den fünfziger Jahren des vorigen Jahrhunderts, konnte man nicht sofort die Zulassung als Anwalt beantragen, man musste eine einjährige Tätigkeit als Anwaltsassessor nachweisen, die in einer Anwaltskanzlei zu absolvieren war. Ich musste mir also einen Anwalt suchen, der bereit war, mich aufzunehmen.

Naheliegend wäre gewesen, in der Kanzlei meines Vaters das Assessorenjahr abzuleisten, dazu kam es aber nicht mehr, mein Vater war schwer krank aus französischer Kriegsgefangenschaft zurückgekommen, er erholte sich nie mehr so richtig und musste schließlich seinen Beruf aufgeben.

Ich hatte doppeltes Glück. Ein älterer Bundesbruder war Anwalt mit eigener Kanzlei. Er hatte eine Anwältin geheiratet, die in einer anderen Kanzlei arbeitete. Er fand das gar nicht lustig, dass sie bei der Konkurrenz tätig war, obwohl er dringend Unterstützung brauchte. Sie kündigte und erhielt die Antwort, die Kündigung werde nur angenommen, wenn sie ihrem Chef einen brauchbaren Ersatz liefere. Mein Bundesbruder dachte sofort an mich, ich stellte mich beim Chef seiner Frau vor. Ich wollte natürlich keinesfalls Anwalt in einem Anstellungsverhältnis werden und betonte deshalb sofort, dass ich keinen Wert auf ein Anstellungsverhältnis legen würde, mein Ziel sei nach Erhalt der Anwaltszulassung eine Sozietät. Das gefiel ihm offenbar. So ganz die Katze im Sack kaufen wollte er jedoch nicht, er erkundigte sich vielmehr nach mir bei einem Oberlandesgerichtsrat, der den Referendarkurs leitete, an dem ich teilgenommen hatte. Der erklärte ihm kurz und bündig: „Den kennet Se nemme, des isch koi Examenstyp" (Den können Sie nehmen, das ist kein Examenstyp). Der erfahrenen Richter hielt offensichtlich auch nicht viel von der Papierform. Jedenfalls konnte ich mich mit dem Anwalt einigen, ich konnte bei ihm die Assessorenzeit ableisten. (Das Gespräch mit dem Oberlandesgerichtsrat hat er mir lange Zeit später einmal geschildert).

Es war ein Sprung ins kalte Wasser und das war gut so.

Mein neuer Chef und kommender Partner fand zunächst, ich würde zu jung aussehen. Das mag richtig gewesen sein. Seine Idee, ich müsse mir einen Bart wachsen lassen, lehnte ich jedoch ab. Um mich etwas „aufzualtern", nahm er mich eines schönen Tages überraschend mit in ein Hutgeschäft und kaufte mir einen seriösen Herrenhut. Ich setzte ihn einmal auf, auf dem Weg vom Hutgeschäft in die Kanzlei – das waren etwa 500 Meter. Dort lag er dann so ungefähr 20 oder 30 Jahre auf einem Schrank in einem Aktenraum. Danach war er dann so verstaubt, dass er einfach zu nichts mehr zu gebrauchen war. Er wanderte, als er mehr zufällig einmal wieder entdeckt wurde, auf direktem Weg in den Müll. Ich hatte mich durchgesetzt, das war wichtig. Mein späterer Senior- Partner erkannte, dass er nicht alles mit mir machen konnte. Das war er nicht gewohnt. Irgendwie imponierte ihn dies aber doch.

Ich aber musste lernen, dass die Führung eines Prozesses, sei es aktiv oder passiv, mit dem Schreiben einer Klausur nichts zu tun hat, dass man den Streitstoff nicht wie bei einer Klausur vom Professor geliefert bekommt, sondern selbst ermitteln muss, in erster Linie beim Mandanten selbst, dessen Vertrauen aber erst zu gewinnen war, insbesondere wenn es sich um einen mißtrauischen Schwaben handelte. Es erwies sich als sehr vorteilhaft, dass ich zweisprachig aufgewachsen war, ich konnte hochdeutsch, soweit ein Schwabe dazu überhaupt in der Lage ist, und ich konnte schwäbisch, aber nicht nur das, ich war auch in der

Lage, zum Beispiel Filstalschwäbisch und Remstalschwäbisch, Tübinger Schwäbisch und Reutlinger Schwäbisch auseinander zu halten und auch die doch recht gewöhnungsbedürftigen Dialekte zu verstehen, die auf der Schwäbischen Alb gesprochen wurden und noch heute werden. Was zum Beispiel heißt „wau-ni ghairt hau" und was ist ein „Glufamichl"? Ich werde das Geheimnis vielleicht später lüften.

Die Assessorenzeit war lehrreich, ich bekam nur einfache Fälle zugeteilt, ich machte meine Anfängerfehler, zum Glück ohne Schaden anzurichten, und wurde langsam mit dem Anwaltsgeschäft vertraut. Nach einem Jahr konnte ich dann ohne weitere Prüfung beim Justizministerium meine Zulassung zur Anwaltschaft beantragen und war im Herbst 1959 mit 28 Jahren Rechtsanwalt, zugelassen beim Landgericht Stuttgart.

Teil II

Erlebnisse vor Gericht

Zum ersten Mal vor dem Oberlandesgericht

Angreifen und abwehren ist, wie der junge Anwalt rasch merkt, etwas völlig anderes als entscheiden.

Um als Rechtsanwalt tätig werden zu können, muss man bei einem Gericht zugelassen sein. Ich erhielt meine Zulassung wie gesagt im Jahre 1959. Damals gab es nur die Zulassung bei **einem** Landgericht. Zugelassen war ich beim Landgericht Stuttgart und damit jedenfalls damals in Württemberg auch bei dem Oberlandesgericht, in dessen Bezirk das Landgericht lag, also beim Oberlandesgericht Stuttgart, es galt die sogenannte Simultanzulassung beim Landgericht und beim Oberlandesgericht, und zwar vom ersten Zulassungstag an. In Norddeutschland war das anders, dort konnte ein junger Anwalt nur bei einem Landgericht zugelassen werden. Nach einer Dienstzeit von fünf Jahren – so meine ich mich zu erinnern – war eine Zulassung bei einem Oberlandesgericht möglich, man musste dann aber die Landgerichtszulassung aufgeben. Es gab dort keine simultane Zulassung bei einem Landgericht und einem Oberlandesgericht gleichzeitig.

Meine erste Verhandlung vor dem Oberlandesgericht stand an. Ich war aufgeregt. Ich hatte mittlerweile begriffen, dass ich auf dem Gebiet der streitigen Gerichtsbarkeit noch viel zu lernen hatte, nicht zuletzt auch, wie man sich gegenüber Richtern in der Verhandlung am besten verhält, wie man Anträge stellt, wie man was vorträgt. Als Neuling vor dem Oberlandesgericht mit einem im Zweifel mindestens doppelt so alten Präsidenten, dem Senatspräsidenten, und zwei in vielen Jahren geschulten erfahrenen Oberlandesgerichtsräten, das würde spannend werden. Allzu sehr wollte ich mich schließlich nicht blamieren. Entsprechend war meine Gemütslage: Aufgeregt. Mit einem blutigen Anfänger gegenüber großzügig mildem Entgegenkommen glaubte ich nicht rechnen zu können.

Die Verhandlung war auf 15.00 Uhr angesetzt. Ich ging in der Mittagspause wie häufig in eines der Stuttgarter Mineralbäder, das Leuze. Einige Schwimmrunden sollten mich ablenken.

Bevor man im Leuze in das Schwimmbecken geht, geht man in die Dusche, um sich gründlich zu waschen – natürlich nackt. Ich ging also in die Männerdusche und traf dort drei ältere männliche Wesen an, natürlich ebenfalls nackt und mehr oder minder in Seifenschaum gehüllt, emsig mit der Reinigung ihrer doch recht stattlichen Figuren beschäftigt. Das war in der Dusche schließlich auch normal. Ich machte mit mir natürlich dieselbe Reinigungstour. Dann ab in das herrlich frische Mineralwasser und etliche Bahnen geschwommen.

Zurück in der Kanzlei machte ich mich zu meinem ersten Auftritt vor einem Senat des Oberlandesgerichts mit Herzklopfen fertig.

Im Verhandlungssaal saß ich an meinem Tisch, mir gegenüber der Kollege von der anderen Partei, die Tür vom Beratungszimmer ging auf und herein schritten die hohen Herren des Senats, der Präsident würdevoll vorne weg, seine Beisitzer hinter ihm. Ich konnte mir ein Lachen kaum verkneifen, es waren meine drei Nackedeis aus der Leuzedusche, jetzt ohne Seifenschaum und würdig in ihre schwarzen Talare gehüllt. Der würdevolle Auftritt funktionierte jedenfalls mir gegenüber nicht mehr so richtig, denn unter den Talaren erschienen vor meinen inneren Augen die wohlbeleibten seifenschaumbedeckten Bäuche und Hinterteile meiner Leuzebekanntschaften. Irgendwie ließ dies meine Hochachtung und Angst vor den Hohen Herren des Senats auf Normalmaß schrumpfen, zumal ich feststellen konnte, dass diese mich ebenfalls erkannten als den jungen Mann, der mit ihnen zusammen zwei Stunden zuvor ebenfalls nackt unter der

Leuzedusche stand. Die hohen Herren dachten erkennbar nach, wie mit dieser ungewöhnlichen und sicher einmaligen Situation umzugehen sei. Sie entschlossen sich – vernünftiger Weise – mir zuzulächeln, ich lächelte zurück und es gab dann eine ganz entspannte problemlose Verhandlung, die ganze Aufregung war wie weggeblasen. Wer damals gewonnen hat, weiß ich nicht mehr, aber eines hatte ich gelernt: Noch so hohe Persönlichkeiten sehen zumal eingeseift nackt unter der Dusche auch nicht anders aus als jeder unbedeutende kleine Mann von der Straße. Diese ungewollte Lehrstunde hat mir für mein weiteres Verhalten Richtern und anderen hochgestellten Persönlichkeiten gegenüber mehr gebracht als jeder Ausbildungskurs: Höflichkeit anderen gegenüber immer, Ehre, wem Ehre gebührt, aber Unterwürfigkeit nie. Auch eine hochgestellte Person kann in ihre Schranken verwiesen werden, wenn sie meint, etwas Besseres zu sein.

Das Konkursverfahren

Mein Vater, Rechtsanwalt und Notar, war Konkursverwalter, so hieß das damals, einer Pleite gegangen kleinen Fluggesellschaft. Für die Konkursmasse führte er einen Prozess, der beim Landgericht begann, in die Berufung zum Oberlandesgericht ging und schließlich beim Bundesgerichtshof landete. In diesem Stadium des Verfahrens starb mein Vater. Obwohl ich nicht in der Kanzlei meines Vaters arbeitete – sie war zu klein geworden, um zwei Familien zu ernähren –, kam man bei der Konkursabteilung auf die Idee, wohl nach dem Gesichtspunkt, was der Alte angefangen hat, soll der Junge fertig machen, mich zum Konkursverwalter zu bestellen. Vom Konkursrecht hatte ich bis dahin zwar keine Ahnung, aber das spielte wohl keine Rolle. Es war ein kleines Konkursverfahren, an dem für den Konkursverwalter nichts zu verdienen war. So etwas konnte man den bekannten „großen" Konkursverwaltern nicht zumuten. Ein junger Anfänger genügte.

Die hohen Richter beim BGH kamen zu dem Ergebnis, dass das angefochtene Urteil des OLG rechtsfehlerhaft sei und keinen Bestand haben könne. Es wurde aufgehoben, der Rechtsstreit wurde zur neuen Entscheidung an das Oberlandesgericht zurückverwiesen.

Obwohl neuer Konkursverwalter ohne jegliche Kenntnis vom Prozessgegenstand und der Prozessproblematik und vom Konkursrecht überhaupt, erhielt ich die Verfügung des Oberlandesgerichts, binnen vier Wochen sachdienliche Anträge zu stellen und diese zu begründen. Ich ließ mir zunächst die Gerichtsakten kommen, die ich auch umgehend erhielt, etliche Leitzordner, so ungefähr ein 1 Meter hohen Berg bedruckten Papiers. Meine erste Reaktion: Innerhalb von 4 Wochen schaffe ich es nie, neben der anderen zu erledigenden Arbeit diesen Aktenberg durchzuarbeiten, sachdienliche Anträge zu stellen und diese zu begründen. Ich beantragte deshalb Fristverlängerung, ein Antrag, der umgehend und ohne Begründung, die gesetzlich auch nicht erforderlich war, abgelehnt wurde.

Was tun? Ich bin dem Präsidenten des zuständigen Senats, der meinen Antrag abgelehnt hatte, dafür heute noch dankbar. Auf diese Weise lernte ich frühzeitig, mit den größten Aktenbergen in kurzer Zeit fertig zu werden. Ich begann mit dem Urteil des Landgerichts. Daraus war unschwer zu entnehmen, um was es überhaupt ging. Dann las ich das Urteil des Oberlandesgerichts und schließlich die Begründung, mit der der Senat des Bundesgerichtshofs seine Entscheidung versehen hatte. Ich kam dann zu dem Ergebnis, dass ich damit alles wusste, was von Bedeutung war. Die vielen langatmigen Schriftsätze fleißiger Anwälte schaute ich überhaupt nicht an. Wozu auch, sagte ich mir. Was an diesen Ausführungen wichtig war, hatten ebenso fleißige Richter ja in ihren Urteilen zusammengefasst. Meine Kanzlei-Kollegen verstanden auch in späteren Fällen nie, auf welche Weise ich es fertig brachte, mich in die dicksten Akten in kürzester Zeit einzulesen.

Ich machte mich nun daran, wie vom Senat gewünscht, Anträge zu stellen –. ich beantragte alles, was man einigermaßen schlüssig beantragen und begründen konnte –, schickte den Schriftsatz samt den erforderlichen Mehrfertigungen aber nicht mit der Post, ich warf ihn auch nicht in das Schließfach des Gerichts, sondern marschierte direkt zu dem Herrn Senatspräsidenten, der mir die kurze Frist gesetzt hatte. Ich klopfte an die Tür seines Dienstzimmers, wartete auf sein „Herein" und trat ein. Er schaute mich etwas erstaunt an. Ich begrüßte ihn, stellte mich vor und sprach ihn an:

„Herr Präsident, hier ist der Schriftsatz, den Sie von mir in der Sache … verlangt haben."

Ich hatte den Eindruck, dass er es etwas ungehörig fand, dass ein offensichtlich blutjunger Anwalt einen Schriftsatz nicht etwa in der Geschäftsstelle abgab, sondern ihm, dem Präsidenten selbst, ins Dienstzimmer brachte.

Er nahm jedoch das Schriftstück entgegen und meinte nur etwas spöttisch: „Wollen wir mal sehen, ob der Schriftsatz außer Entschuldigungen sonst noch etwas enthält", und begann zu lesen. Offenbar hatte er das, was er las, nicht erwartet. Er schaute mich an. Zwei, drei Minuten geschah nichts, der Herr Präsident überlegte sich offensichtlich, wie er sich jetzt verhalten sollte. „Kommen Sie mal mit", sagte er plötzlich, stand auf, verließ sein Zimmer, ging mit mir quer über den Gang und schloss eine andere Tür auf. Wir traten ein. Das Zimmer war leer, auf dem Schreibtisch lag eine dicke Akte mit einem Schriftstück auf dem Aktendeckel. Es war das Zimmer des Berichterstatters, der innerhalb des Senats meinen Fall zu bearbeiten hatte.

„Das ist Ihre Akte, das Schriftstück, das oben darauf liegt, ist das Votum (Zusammenfassung des Prozessstoffs mit Entscheidungsvorschlag zur Vorbereitung der mündliche Verhandlung) vom Berichterstatter, das lesen Sie, dann wissen Sie, auf was es ankommt", ging zurück in sein Büro und ließ mich allein.

Das war schon etwas ungewöhnlich, aber offenbar hatte es ihn doch beeindruckt, dass mein Schriftsatz keine Entschuldigungen enthielt, sondern sich mit der Problematik des Falles auseinandersetzte und in dem die gewünschten sachdienlichen Anträge enthalten waren.

Ich habe das Votum natürlich gelesen und konnte feststellen, dass ich mit meinen Ausführungen ziemlich richtig lag.

Den Rechtsstreit habe ich dann auch gewonnen und konnte sogar alle Konkursgläubiger zu 100 % befriedigen – bis auf einen: Das war der Hauptgläubiger, mein Prozessgegner, der zugleich Gesellschafter der pleite gegangenen Gesellschaft war. Im Rechtsstreit ging es auch im Wesentlichen darum, ob er als Gesellschafter Forderungen gegen die Gesellschaft erheben könne, eine Frage, die das Gericht schlussendlich verneinte. Nachdem diese Hauptforderung „vom Tisch" war, reichte die Konkursmasse zur Befriedigung aller anderen angemeldeten Forderungen und der Kosten aus.

Es war mein erstes Konkursverfahren, das sozusagen über mich „hereinbrach". Es war auch mein letztes, ich fand, dass dieses Rechtsgebiet nichts für mich sei und habe mich nie mehr bemüht, als Konkursverwalter tätig sein zu können, obwohl größere Konkursverfahren für einen geschickten Konkursverwalter zur Gelddruckmaschine werden konnten.

Beim Arbeitsgericht

Beim Arbeitsgericht hatte man als Anwalt, wenn man den verklagten Arbeitgeber vertrat, in der Regel schlechte Karten. Meist ging es um die Kündigung des Arbeitsverhältnisses, die einen Arbeitnehmer natürlich hart traf. Er kämpfte um seinen Arbeitsplatz, wenn man ihm nicht gerade Diebstahl, sexistische Belästigung einer Kollegin oder sonstige schwerwiegende Sünden beweisbar vorwerfen konnte, in der Regel mit Erfolg. Erstrebenswertes Ziel für den beklagten Arbeitgeber und seinen Anwalt war der Abschluss eines Abfindungsvergleichs – der klagende Arbeitnehmer akzeptierte die Kündigung, wenn ihm eine genügend hohe Abfindungssumme geboten wurde. Aber es gab auch Ausnahmen, wie beispielsweise:

Das Zahntechnikerproblem.

Die allgemeine wirtschaftliche Lage hatte sich eingetrübt. Es gab kein ständiges automatisches Wachstum mehr. Von dieser Entwicklung waren auch und gerade Mittelständler betroffen.

Zu meinen Dauermandanten gehörte ein Dentallabor, dessen Inhaber wieder einmal in meiner Kanzlei erschien.

„Ich habe ein Problem", erklärte er mir. „Die Geschäfte sind rückläufig, ich habe einem Mitarbeiter betriebsbedingt gekündigt, ihm deshalb, weil er nicht alle Techniken, die in einem Dentallabor angewendet werden, beherrscht, nämlich Kunststoff, Edelmetall und Keramik. Er beherrscht nur die Kunststofftechnik."

Gegen die Kündigung hatte der Mitarbeiter Klage beim Arbeitsgericht eingereicht mit dem Antrag, die Kündigung für unwirksam zu erklären. Sein Anwalt trug zur Begründung die in solchen Fällen üblichen Argumente wie keine betriebliche Notwendigkeit, falsche Sozialauswahl und so weiter vor.

Ich beantragte Klagabweisung, wies den rückläufigen Auftragseingang und den damit verbundenen Umsatzrückgang im Betrieb meines Mandanten nach und machte geltend, dass die Zahl der Mitarbeiter verringert werden müsse, wenn der Betrieb überleben wolle. Einsparungen und damit Verminderung der Zahl der Betriebsmitarbeiter seien, um die Insolvenz zu vermeiden, die ultima ratio.

Den Vorsitz in der Verhandlung hatte der Präsident des Arbeitsgerichts Stuttgart persönlich übernommen. Nach dem Geschäftsverteilungsplan des Gerichts fiel der Rechtstreit in sein Referat. Seine Sympathien lagen erkennbar beim Kläger, dem gekündigten Mitarbeiter.

Gegen das unerfreuliche Betriebsergebnis des Labors meines Mandanten in den letzten Monaten, Spiegelbild der allgemeinen Wirtschaftslage, konnte der Vorsitzende nicht viel ins Feld führen, die Zahlen, vom Steuerberater bestätigt und belegt, lagen schließlich vor, die schlechte Wirtschaftslage war bekannt, sie wurde insbesondere in der Tagespresse ständig thematisiert. Also konzentrierte sich die Diskussion auf die fehlerhafte Sozialauswahl – getroffen hatte die Kündigung den ältesten Mitarbeiter, der bei der Suche nach einem neuen Arbeitsplatz sicher Schwierigkeiten bekommen würde.

„Es ist meinem Mandanten klar", führte ich aus, „dass die Kündigung für den Kläger eine Härte bedeutet, aber mein Mandant hat die Sozialauswahl sorgfältig getroffen. Sein Betrieb ist klein, er benötigt Mitarbeiter, die umfassend einsetzbar sind und alle in einem Dentallabor vorkommenden Techniken beherrschen. Das ist beim Kläger leider nicht der Fall, er beherrscht vor allen Dingen die Keramiktechnik nicht.". Jetzt kam der Vorsitzende in Fahrt. Dies sei ein entscheidender Punkt. In einem solchen Fall sei der Arbeitgeber verpflichtet, auf seine Kosten dem Arbeitnehmer die Möglichkeit zu einer entsprechenden Fortbildung zu geben, meinte er mit erhobener Stimme. Ich wurde ärgerlich, blieb aber ruhig. „Herr Vorsitzender, Sie vertreten also die Auffassung, es gehöre zu den sozialen Pflichten meines Mandanten, auf seine Kosten dem gekündigten Mitarbeiter die Möglichkeit zu geben, die ihm fehlenden Techniken zu erlernen. Herr Vorsitzender", fuhr ich jetzt merklich ärgerlicher fort, „es liegt jetzt an Ihnen, ob einer oder alle vier Arbeitnehmer meines Mandanten ihren Arbeitsplatz verlieren,". Er schaute mich verwundert an. „Das, was Sie von meinem Mandanten verlangen", fuhr ich fort, „zwingt diesen einfach dazu, seinen Laden zuzumachen. Auch Sie müssen lernen, dass die Zeit, in der die Arbeitsgerichte das Geld der Arbeitgeber verteilen konnten, vorbei ist."

Betretenes Schweigen. Dass ihm, dem Gerichtspräsidenten, ein Anwalt derart in die Parade fuhr und ihm eine solche Verantwortung zuschob, war er nicht gewohnt. Aber er wurde sichtlich nachdenklich. Was ich vorgetragen hatte, schien ihm doch einzuleuchten. Auch mein Kollege auf der Gegenseite wurde unsicher. Er befürchtete wohl, im Falle eines Prozessgewinns einen Pyrrhus- Sieg einzufahren, den Arbeitsplatz trotzdem zu verlieren und letztlich dann gar nichts zu erhalten. Wir schlossen einen Abfindungsvergleich, den mein Mandant stemmen konnte und seinen gekündigten Mitarbeiter zufrieden stellte.

Es gab – nicht nur, aber auch – beim Arbeitsgericht amüsante Episoden. Eine davon will ich unter dem Titel:

Politik im Rechtsstreit

schildern.

Es war das Übliche, einem Arbeitnehmer wurde gekündigt, der, wie zu erwarten war, Kündigungsschutzklagte erhob. Die Klagebegründung war etwas ungewöhnlich, sie glich eher einem politischen Manifest und umfasste viele Seiten. Ich vertrat den verklagten Arbeitgeber und machte auf weniger Seiten geltend, dass eine betriebsbedingte Kündigung unausweichlich und die Sozialauswahl richtig getroffen worden sei.

Mein Kollege auf der Klägerseite war nicht nur Rechtsanwalt, sondern Politiker einer Partei, die ich nicht nennen will. Ich kannte in gut. In der politischen Landschaft war der Kollege als wortgewaltiger Redner bekannt, das ist er heute noch, so richtig ernst nehmen konnte ich ihn trotzdem oder gerade deshalb nicht.

Die Verhandlung vor dem Arbeitsgericht wurde pünktlich aufgerufen, die formalen Präliminarien erledigt, und dann erteilte der Vorsitzende dem Kollegen das Wort. Er bekam die übliche Gelegenheit, die Begründung seiner Klage dem Gericht und dem Gegner vorzutragen. Es waren wortgewaltige Ausführungen, die auch die Problematik des längst noch nicht ausgestandenen Klassenkampfes zum Inhalt hatte, bedeutungsvoll, wie Politikerreden eben sind, wobei die Klagbegründung allerdings etwas zu kurz kam. Dem Richter stand langsam die Verzweiflung ins Gesicht geschrieben, aber er musste die Contenance wahren. Ich musste das nicht und ich beabsichtigte auch nicht, irgendetwas in dieser Richtung zu tun. Ich nutzte eine Gelegenheit des Atemholens meines Kollegen, unterbrach seinen Redefluss und sprach ihn an: „Herr Kollege, was machen wir hier eigentlich? Halten wir Parteitagsreden oder führen wir einen Prozess?" Verblüfftes Schweigen. „Selbstverständlich führen wir einen Prozess", kam schließlich die Antwort. „Dann sind wir uns ja einig, Herr Kollege, dass wir einen Prozess führen, aber dann tun Sie das bitte auch und lassen die Politik aus dem Spiel!" Schweigen – und zu meiner und des Richters nicht geringer Überraschung dann das: der Kollege sagte gar nichts mehr. Wie der Rechtsstreit ausging, weiß ich nicht mehr. Aber das Gesicht, das der Kollege bei diesem Wortwechsel machte, habe ich heute noch vor Augen.

Der abgelehnte Senat

Es ging um ein Nachlass-Grundstück und um eine Erbengemeinschaft. Der Erblasser hatte angeordnet, dass das Grundstück nie verkauft werden dürfe. Die eine Erbengruppe, die ich vertrat, wollte sich an diese Anordnung des Erblassers halten, die andere

Gruppe wollte das Grundstück veräußern und erhob deshalb Klage. Das Landgericht wies die Klage ab und stellte fest, dass der letzte Wille des Erblassers zu beachten sei.

Die Kläger gingen gegen das Urteil vor und legten Berufung ein. Es gab, wie ich wusste, eine einzige rechtliche Möglichkeit, den letzten Willen des Erblassers zu umgehen und doch zu einer Veräußerung des Grundstücks zu kommen. Mein Kollege auf der Gegenseite kannte diesen rechtlich möglichen Weg offensichtlich nicht, in seiner Berufungsbegründung fand sich davon jedenfalls nichts.

Ich erhielt dann zu meiner Überraschung nach einigen Tagen eine von allen drei Senatsmitgliedern unterzeichnete Verfügung des Oberlandesgerichts, in der ich zu meinem Erstaunen las, so, wie die Berufung bis jetzt begründet sei, müsse sie erfolglos bleiben. Wenn sie aber … und jetzt verwies der Senat auf die erwähnte Möglichkeit und stellte meinem Gegner anheim, seine Berufungsbegründung zu ergänzen.

Ich war über das Vorgehen des Senats empört und lehnte alle drei Senatsmitglieder wegen Besorgnis der Befangenheit ab, wohl wissend, dass Richterablehnungen selten erfolgreich sind. So auch hier. Mein Gegner ergänzte seine Berufungsbegründung wie vom Senat empfohlen, mein Ablehnungsgesuch wurde als unbegründet zurückgewiesen, die Berufungsverhandlung fand in eisigem Klima statt und mein Gegner gewann den Rechtsstreit, wie zu erwarten war.

Etwa zwei Jahre später – ich hatte den Vorfall längst vergessen – hatte ich als Vertreter meines im Urlaub befindlichen Kanzleikollegen Veranlassung, mit dem damaligen Senatsvorsitzenden ein Telefongespräch zu führen. Als ich mich meldete, waren seine ersten Worte: „Sprechen Sie überhaupt noch mit mir?" Ich verstand ihn nicht und fragte zurück: „Warum soll ich mit Ihnen nicht sprechen?" Er erinnerte mich dann an den damaligen Rechtsstreit und meine Richterablehnung.

Es entwickelte sich dann ein ganz interessantes Gespräch. „Was sollte ich denn anderes tun, als Sie wegen Besorgnis der Befangenheit abzulehnen, nachdem Sie meinem Gegner die Gebrauchsanweisung für eine erfolgreiche Berufungsbegründung frei Haus geliefert hatten?" fragte ich ihn. „Und dann noch den ganzen Senat", fuhr er empört fort. „Nachdem die seinerzeitige Verfügung von allen drei Senatsmitgliedern unterzeichnet war, blieb mir ja wohl nichts anderes übrig, als alle drei Senatsmitglieder abzulehnen", war meine Erwiderung. Nach einer kurzen Pause kam dann eine Bemerkung, die mich aufhorchen ließ. „Das können Sie vielleicht bei einem Amtsrichter machen, aber doch nicht beim Oberlandesgericht, und dann auch noch den ganzen Senat!", empörte sich mein Gesprächspartner. Ich wurde jetzt merklich lauter. „Ach so, Richter beim Oberlandesgericht sind also nach Ihrer Meinung etwas Besseres als Amtsrichter oder Richter am Landgericht und können eine bevorzugte Behandlung erwarten. Diese Meinung teile ich nicht. Ein Richter ist dem Recht und dem Gesetz verpflichtet, egal bei welchem Gericht er eingesetzt ist. Und", fuhr ich fort, „Ihr damaliger Berichterstatter hat mich außerdem mit einer völlig haltlosen Begründung bei der Rechtsanwaltskammer angeschwärzt und ich hatte alle Mühe, die Sache unter den Tisch zu kehren, was mir als Mitglied des Präsidiums der Anwaltskammer schließlich gelang, Ihr Kollege hätte sonst ein Verfahren wegen wissentlich falscher Anschuldigung am Hals gehabt, das sich gewaschen hätte", gab ich zurück.

Schweigen am anderen Ende der Leitung. Dann merklich kleinlauter: „Das wusste ich nicht".

Das Thema war damit abgeschlossen. Wir besprachen die Punkte, wegen derer ich überhaupt angerufen hatte. Mein Verhältnis zu diesem Senat blieb auch in Zukunft distanziert, aber es war doch merkbar, dass sich die Senatsmitglieder die gebotene Mühe gaben, sich mir gegenüber keine neue Blöße zu geben.

Der fehlerhafte Bußgeldbescheid

Ich hatte viele Mandanten, die mit all ihren Sorgen und Nöten immer wieder zu mir kamen. So meldete sich auch einmal wieder ein alter Mandant, der einen Bußgeldbescheid aus Düsseldorf wegen Geschwindigkeitsüberschreitung erhalten hatte – mit einem Fahrverbot von einem Monat. Der Bußgeldbescheid rügte eine Geschwindigkeitsüberschreitung auf der Autobahn bei Düsseldorf am 8. Juli morgens um 10.35 Uhr. Mein Mandant erklärte mir, er sei schon so gegen 10.30 Uhr auf der Autobahn bei Düsseldorf gewesen, aber nicht am 8. Juli, sondern am 7. Juli. Am 8. Juli sei er in den Urlaub in das Kleine Walsertal gefahren. Offensichtlich war der Bußgeldbehörde ein Fehler unterlaufen.

„Nun", meinte ich, „da können wir vielleicht etwa daraus machen. Spielen wir ein wenig Theater. Wann waren Sie denn in Ihrem Hotel in Hirschegg?" „Das muss so etwa um 14 Uhr gewesen sein", meinte er. „Das lassen Sie sich jetzt vom Hotel umgehend schriftlich bestätigen", erklärte ich ihm.

Ich legte Rechtsmittel ein und trug vor, es sei schlechterdings unmöglich, dass mein Mandant am 8. Juli um 10.35 Uhr auf der Autobahn bei Düsseldorf gewesen sei, wenn er um 14 Uhr in seinem Hotel in Hirschegg angekommen sei. Die Bestätigung der Ankunftszeit durch das Hotel werde nachgereicht.

Mein Mandant sollte nun nicht zur Verhandlung nach Düsseldorf kommen. Er sollte vom ersuchten Richter beim Amtsgericht Stuttgart gehört werden. Die Ladung zum Anhörungstermin erfolgte dann auch alsbald.

Die Verhandlung wurde eröffnet.

Nachdem die Formalitäten erledigt waren, diskutierten wir mit dem Stuttgarter Richter die Frage, ob es möglich sei, mit dem Auto in der Zeit vom 10.35 Uhr bis 14.00 Uhr von Düsseldorf nach Hirschegg im Kleinen Walsertal zu fahren. Die Ankunfts-bescheinigung des Hotels war schon eingetroffen, wir konnten sie dem Richter vorlegen. Gemeinsam stellten wir fest, dass zwischen Düsseldorf und Hirschegg eine Wegstrecke von rund 630 km lag, die unmöglich in vier Stunden zurückgelegt werden konnte. Aber da war doch die Geschwindigkeitsmessung und ein schönes Bild mit einem Auto! In der Akte war dieses schöne Bild, auf dem ein Fahrzeug auf der Autobahn bei Düsseldorf abgebildet war. Blitzer mit Frontaufnahmen, wie wir sie heute haben, gab es damals noch nicht. Der Fahrer war nicht zu erkennen.

„Ist das Ihr Fahrzeug?", fragte der Richter meinen Mandanten. Er gab mir das Bild und mir wurde es jetzt doch ziemlich heiß: Auf dem Bild war groß und deutlich das Aufnahmedatum 7. Juli aufgedruckt. Im Bußgeldbescheid war der 8. Juli angegeben, aber den Fehler hatte bislang noch niemand bemerkt. Ich gab das Bild rasch an meinen Mandanten weiter und hoffte, dass dieser jetzt keinen Fehler machte. Der hatte das Datum auch entdeckt, ließ sich aber nichts anmerken, sondern reagierte wirklich gekonnt. Er behielt das Bild in der Hand und gab bereitwillig Auskunft. „Ich bin überrascht", erklärte er. „So ein Auto wie das auf dem Bild habe ich tatsächlich und auch das Kennzeichen stimmt", rief er aus, behielt das Bild aber in der Hand. „Das kann doch aber nicht sein", wunderte sich der Richter, „und Ihre Kennzeichen wurden auch nicht geklaut?" „Nein", war die Antwort und er hielt das Bild immer noch in der Hand. „Sehr merkwürdig", so der Richter, „ob da mehr dahinter steckt? Sollte man nicht vorsorglich den Verfassungsschutz einschalten? Das soll der Düsseldorfer Kollege entscheiden. Es ist sein Fall".

„Soll noch etwas vorgetragen werden?" fragte der Richter. Ich verneinte. „Dann schließe ich jetzt die Verhandlung". Wir stimmten zu, mein Mandant gab das Bild, das er immer noch in der Hand behalten hatte, in lässiger Haltung zurück, der Richter legte es unbesehen in die Akte, und schlug sie zu – wir waren entlassen.

„Was geschieht jetzt?", fragte mein Mandant, der zwar sehr geschickt und richtig mitgespielt, aber mein Verhalten doch nicht so richtig verstanden hatte.

„Wir müssen jetzt abwarten, was geschieht", sagte ich zu meinem Mandanten. „Die Akten gehen jetzt an das Düsseldorfer Gericht zurück, der dortige Richter entscheidet. Irgendjemand wird vielleicht doch noch bemerken, dass der Bußgeldbescheid ein falsches Datum aufweist. Passieren kann aber jetzt nichts mehr, eine Berichtigung des Bußgeldbescheids wäre ohnehin nicht möglich, für einen neuen Bußgeldbescheid ist es aber zu spät, Ihre Gesetzesübertretung" – dabei lachte ich ihn an – „fand zwar statt, aber am 7. Juli und nicht am 8. Juli, heute ist Ihre Untat vom 7. Juli verjährt".

Zunächst geschah nichts. Dann kam, was ich erwartet hatte: Die Verfügung des Amtsgerichts Düsseldorf über Aufhebung des Bußgeldbescheids und die Einstellung des Verfahrens wegen Verjährung. Der dortige Richter hatte schließlich doch noch bemerkt, dass der Bußgeldbescheid ein falsches Datum aufwies. Für einen neuen mit dem richtigen Datum war es, wie gesagt, zu spät.

Auch Richter sind nur Menschen und können sich irren. Manchmal muss man neben ein paar guten Ideen, ein wenig Schauspielerei und der richtigen Reaktion zur richtigen Zeit einfach Glück haben.

Richterüberheblichkeit

In den siebziger Jahren des vorigen Jahrhunderts waren die Zivilkammern beim Landgericht in den mündlichen Verhandlungen mit drei Richtern besetzt, dem Landgerichtsdirektor als Vorsitzendem und zwei Landgerichtsräten als Beisitzer.

Nun, auch Richter sind nur Menschen, zumal wenn man sie nackt unter einer Schwimmbaddusche gesehen hatte, aber insbesondere die Kammervorsitzenden erwarteten schon den angemessenen Respekt. Mein Gegner und ich hatten unsere Argumente mit dem jeweils für erforderlich gehaltenen Nachdruck vorgetragen, das Gericht zog sich zur Beratung zurück, wie man das so nannte und auch heute noch so nennt. Nach angemessener Zeit erschienen die drei Richter der Kammer wieder. Der Vorsitzende, der bekannt dafür war, dass er Widerspruch überhaupt nicht schätzte, machte einen umfangreichen Vergleichsvorschlag. Ich war der Auffassung, dass dieser Vorschlag der Sach- und Rechtslage in keiner Weise gerecht wurde. Ich lehnte die Annahme des Vergleichsvorschlags deshalb ab. Das empörte den Herrn Vorsitzenden so sehr, dass er mir mit erhöhter Stimme vorwurfsvoll vorhielt: „Herr Rechtsanwalt, wir haben absolut kein Verständnis dafür, dass Sie den Vergleichsvorschlag des Gerichts ablehnen. Sie können versichert sein, dass sich die Kammer bei der Ausarbeitung des Vergleichs etwas gedacht.hat".

Ich erwiderte in demselben scharfen Tonfall, „Herr Vorsitzender, ich habe keinen Zweifel, dass sich die Kammer bei der Ausarbeitung des Vergleichs etwas gedacht hat. Aber ich versichere Ihnen, dass ich mir bei der Ablehnung des gerichtlichen Vergleichsvorschlags ebenfalls etwas gedacht habe und", so fuhr ich fort, „ich gehe davon aus, dass das Recht zu denken nicht der Kammer vorbehalten ist, sondern auch mir zusteht!" Verblüfftes Schweigen auf der Richterbank, was erlaubt sich dieser Anwalt da? Richter sind es nicht gewohnt, von Anwälten gerügt zu werden, die ja immer meinen, sie dürften es mit Richtern, denen sie immer wieder begegnen würden, nicht verderben.

Nach einer schöpferischen Pause wurde die Verhandlung dann aber doch in vernünftigem Ton streitig zu Ende geführt. Das Gericht würde sein Urteil fällen.

Aber ich hatte eines erreicht: Ich begegnete dem Herrn Kammervorsitzenden noch oft, er führte die Verhandlungen, wenn ich beteiligt war, immer sachlich und absolut korrekt. Er machte mir auch nie wieder Vorhaltungen der geschilderten Art. Meine grundsätzliche Einstellung, man dürfe sich von Richtern nicht alles gefallen lassen und könne auch Richter erziehen, hatte sich wieder als richtig erwiesen.

Der Zeugenbeweis

Einer meiner Dauermandanten brachte mir einen für ihn recht unangenehmen Bußgeldbescheid, neben der Geldbuße war ein Fahrverbot angeordnet.

Vorgeworfen wurde meinem Mandanten, er habe auf der Autobahn einen PKW, der auf der linken Spur fuhr und sich anschickte, einen rechts fahrenden LKW zu überholen, rücksichtslos rechts überholt und habe sich dann wieder vor diesem PKW und hinter dem LKW nach links gedrängt. Der PKW-Fahrer habe scharf abbremsen müssen. Fünf Zeugen waren benannt, der angeblich rechts Überholte, zwei Fahrer, die hinter meinem Mandanten auf der rechten Spur, und zwei Fahrer, die hinter dem angeblich Überholten auf der linken Spur gefahren seien. Der Vorfall hatte sich laut Bußgeldbescheid in der Nähe von Köln ereignet.

„Ich war an dem Tag auf der Autobahn bei Köln, aber ich bestreite mit Nachdruck, dass ich so gefahren sein soll, wie mir das unterstellt wird", empörte sich mein Mandant, Herr Mahler.

Ich legte weisungsgemäß gegen den Bußgeldbescheid Einspruch ein, nicht ohne deutlich darauf hinzuweisen, dass fünf Zeugen aufgeboten seien, die den Vorfall bestätigt hätten. Mein Mandant Mahler bestand aber auf dem Rechtsmittel, der Vorwurf sei nicht gerechtfertigt, er sei nicht so gefahren wie behauptet. Die Zeugen könnten eine solche Fahrweise nie bestätigen.

Die fünf Zeugen wohnten alle nicht im Raum Köln. Das zuständige Kölner Gericht ordnete deshalb die Vernehmung dieser Zeugen jeweils durch den ersuchten Richter des für ihren Wohnort zuständigen Gerichts an. Mir war klar, dass darin unsere Chance lag. „Herr Mahler, wenn wir überhaupt eine Chance haben wollen, müssen Sie bei den Zeugenvernehmungen vertreten sein, das heißt, ich muss zu den fünf Vernehmungen vor fünf verschiedenen Gerichten fahren! Jeweils vor Ort einen Anwalt zu beauftragen, ist sinnlos. Ich bin, wenn Sie das wollen, zwar nicht begeistert, aber bereit, die Termine selbst wahrzunehmen, aber das wird teuer". „Das ist mir egal, die Sache ist für mich wichtig, der Bußgeldbescheid und das Fahrverbot müssen weg".

Mir war klar, dass die Zeugen aller Voraussicht nach alle empört ihre Geschichte über den rücksichtslosen Kamikazefahrer erzählen würden, aber ob alle dieselbe?

Ich stellte mir einen Fragenkatalog mit 12 Fragen zusammen, Reihenfolge der Fahrzeuge, Farbe der Fahrzeuge, Position des Zeugenfahrzeugs selbst innerhalb der beteiligten Fahrzeuggruppe und und und … Der Zeugenbeweis ist erfahrungsgemäß der schlechteste Beweis, der denkbar ist. Ich hoffte, erhebliche Widersprüche produzieren zu können, wenn ich allen Zeugen dieselben Fragen stellen und auf deren präzise Beantwortung bestehen würde. Auch gibt es eine sehr erfolgreiche Methode, einen Zeugen zu verunsichern. Man muss ihn, wenn er seine Aussage gemacht hat, nur fragen, ob er absolut sicher sei, dass die Situation so wie von ihm geschildert gewesen sei, oder ob er sich nur so daran zu erinnern glaube. „Sie haben gesagt, das erste Fahrzeug sei schwarz, das zweite blau und das dritte leicht rötlich lackiert gewesen. Wissen Sie das mit aller Sicherheit oder war die Reihenfolge der Farben oder waren diese selbst vielleicht doch anders? Wenn Sie sich nicht ganz sicher sind, müssen

Sie das sagen!" Es gibt kaum einen Zeugen, der jetzt nicht unsicher wird.

Ich reiste zu jeder Zeugenvernehmung, ich stellte jedes Mal dieselben zwölf Fragen und bestand darauf, dass sie beantwortet wurden oder der Zeuge wenigstens zugab, sich nicht oder nicht mehr genau erinnern zu können.

Das Ergebnis war wie erhofft. Die fünf Zeugenaussagen passten überhaupt nicht zusammen, die Farben stimmten nicht, die Positionen der angeblich beteiligten Fahrzeuge stimmten nicht, die gefahrenen Geschwindigkeiten differierten erheblich, nichts passte zusammen.

Nachdem alle Zeugen vernommen waren und die Protokolle vorlagen, kam die Hauptverhandlung vor dem Gericht, das den Bußgeldbescheid erlassen hatte.

Mein Mandant bestritt vehement den Vorwurf, der ihm zur Last gelegt wurde. Die Zeugenprotokolle wurden verlesen. Dann erhielt der Staatsanwalt das Wort. Er verhielt sich so, wie ich das erwartet hatte, er suchte sich aus den Zeugenaussagen die Teile heraus, die zusammen zu passen schienen und kam zu dem Ergebnis, der Vorwurf, der meinem Mandanten zur Last gelegt wurde, sei ohne jeden Zweifel erwiesen, mein Mandant sei zu verurteilen. Dass er damit gegen seine Pflichten als Staatsanwalt verstieß, bedachte er nicht oder das interessierte ihn nicht. Anders als beispielsweise ein amerikanischer Staatsanwalt, der nur „Jäger" ist, ist die deutsche Staatsanwaltschaft „die objektivste Behörde der Welt" oder sollte es wenigstens sein. Der deutsche Staatsanwalt hat das Ermittlungsergebnis wertneutral zu prüfen und alle belastenden, aber auch alle entlastenden Fakten zu werten und zu berücksichtigen.

Im Anschluss an den Staatsanwalt erhielt ich das Wort für mein Plädoyer. Ich führte aus, der Herr Staatsanwalt habe sich aus jeder

Zeugenaussage den passenden Teil herausgesucht, um zu einem schlüssigen Gesamtbild zu kommen. „Hohes Gericht, so geht das nicht. Die Zeugenaussagen sind jeweils in ihrer Gesamtheit zu würdigen, Widersprüche herauszuarbeiten und dann ist zu überprüfen, ob mit allen Zeugenaussagen zusammen zweifelsfrei die Feststellung getroffen werden kann, dass sich mein Mandant im Sinne der Anklage schuldig gemacht hat. Das ist hier nicht der Fall, keine Zeugenaussage passt zu den anderen, jeder Zeuge hat etwas anderes behauptet und für jede der von mir gestellten Fragen haben wir fünf Antworten, die nicht zusammenpassen. Damit lässt sich aber gar nichts beweisen, mein Mandant ist freizusprechen."

Das Gericht zog sich zur Beratung zurück. Zu beraten gab es hier allerdings nichts, aber der Richter musste die Urteilsformel schriftlich dokumentieren. Nach ein paar Minuten erschien der Richter wieder mit einem Blatt Papier in der Hand. Mein Mandant wurde unter Übernahme der Kosten auf die Staatskasse freigesprochen. Die Zeugenaussagen seien so widersprüchlich, dass darauf eine Verurteilung nicht gestützt werden könne, war die Begründung. Der Staatsanwalt war sauer, mein Mandant und ich waren zufrieden, der Staatsanwalt gab aber doch klein bei und verzichtete auf ein Rechtsmittel, das Urteil wurde rechtskräftig.

Die „psychologische Kriegsführung" ist bei einer Strafverteidigung, wie man sieht, oft viel wichtiger als die Kenntnis einzelner Paragraphen und der von der Wissenschaft dazu entwickelten Theorien.

Die Sütterlinschrift oder die Quadratur des Kreises.

Eines Tages in den neunziger Jahren saß ich im Büro an meiner Arbeit. Das Telefon auf meinem Schreibtisch machte sich störend bemerkbar, aber ich sah am Display, dass mein Kollege aus unserer Dresdener Kanzlei nicht nur meine Durchwahl verwendet hatte, sondern, wie leicht zu erraten war, offensichtlich etwas direkt von mir wollte. Nun, ich konnte und wollte ihn nicht hängen lassen, ich nahm ab. Er begrüßte mich und überfiel mich sofort mit den schon etwas überraschenden Worten: „Können Sie Sütterlinschrift lesen? Ich habe da ein paar handgeschriebene Seiten, die ich nicht lesen kann, ich vermute, dass die Schreiberin die Sütterlinschrift verwendet hat". Ich bejahte seine Frage, ich hatte die Sütterlinschrift schließlich noch in der Schule gelernt. Mich interessierte dann aber verständlicherweise doch, was sich hinter dieser doch etwas ungewöhnlichen Frage verbarg. Es war eine wahrlich seltsame Geschichte, die ich zu hören bekam und die etliche Jahre vor dem Mauerfall in der DDR begann.

Ältere DDR-Bürger hatten die Möglichkeit, eine Erlaubnis zur Ausreise in den Westen zu bekommen, an Rentnern war man in der DDR nicht interessiert. Sie durften zwar ihre persönliche Habe mitnehmen. Grundbesitz mussten sie aber vor der Ausreise abgeben, sie wurden praktisch enteignet.

Nach der Wiedervereinigung wurden solche ehemaligen Grundstückseigentümer auf Antrag entschädigt. Bei meinem Kollegen waren die Kinder ihrer mit Genehmigung aus der DDR ausgereisten Mutter, die zwischenzeitlich verstorben war, erschienen und hatten ihn beauftragt, solche Entschädigungsansprüche geltend zu machen, was alsbald geschah. Die zuständige Behörde ermittelte pflichtgemäß penibel und stellte nach einiger Zeit etwas Überraschendes fest. Die verstorbene Mutter war im Grundbuch ihres ehemaligen Wohnortes in der DDR als Eigentümerin eines großen Grundstücks nach wie vor eingetragen, war also nicht enteignet worden. Beim Amt schloss man nunmehr messerscharf: Wer in der DDR im Grundbuch als Eigentümer eines Grundstücks eingetragen war, konnte keine Ausreisegenehmigung beantragt und erhalten haben. Also: Keine Enteignung, im Grundbuch als Eigentümerin eingetragen, keine legale Ausreise, kein Entschädigungsanspruch, Antrag abgelehnt.

Die Mandanten erzählten meinem Kollegen, es habe damals tatsächlich erhebliche Schwierigkeiten mit der Ausreisegenehmigung gegeben. Ihren Grundbesitz habe sie abgeben müssen, nur ein Grundstück habe wohl Schwierigkeiten bereitet, nämlich das, als dessen Eigentümerin sie im Grundbuch noch eingetragen war. Die Mutter habe nahezu zwei Jahre kämpfen müssen, bis es dann schließlich mit der Ausreisegenehmigung doch noch geklappt habe. Die Mandanten zitierten dazu zwei oder drei Sätze aus Briefen der Mutter, in denen sie von diesen Schwierigkeiten berichtet hatte. Aus diesen zwei oder drei in einer seltsamen Schrift mit individuellem Einschlag geschriebenen Seiten, die zu entziffern offensichtlich gelungen war, konnte man schließen, dass die Mutter nach Überwindung einiger Schwierigkeiten seinerzeit doch die Ausreisegenehmigung bekam. Mein Kollege erhob Klage beim Verwaltungsgericht und bezog sich zur Begründung auf die Briefe der Mutter, aus denen er eben diese Sätze zitierte.

Und nun begann eine echte Realsatire: Die Richterin wollte sich mit diesen Zitaten nicht begnügen. Sie forderte meinen Kollegen vielmehr auf, den gesamten einschlägigen Schriftwechsel vorzulegen. Glücklicherweise hatten die Mandanten diesen kompletten Schriftwechsel, bestehend aus handgeschriebenen Briefen der Mutter, auf gehoben. Der wurde vorgelegt. Die Folge war ein denkwürdiges Ferngespräch. Die Richterin bedankte sich bei meinem Kollegen für die Unterlagen, fügte aber hinzu, sie habe doch damit einige Schwierigkeiten, denn die Briefe seien in einer Schrift geschrieben, die sie nicht lesen könne. Mein Kollege erklärte sich natürlich sofort hilfsbereit, einem Richter muss man schließlich auf alle Fälle Wünsche, die dieser äußert, erfüllen. Das war für den Kollegen in diesem Fall aber doch problematisch. Er.konnte die Briefe nämlich ebenfalls nicht lesen.

Richterin und Anwalt diskutierten die Problematik.

Schließlich kam die Richterin auf eine Idee, die das Problem möglicherweise würde lösen können.

„Sie haben doch sicher in Ihrer Stuttgarter Kanzlei einen älteren Kollegen, der weiß, um welche Schrift es sich handelt und der diese Schrift vielleicht noch lesen kann", meinte sie.

So kam es dann zu dem Telefongespräch, mit dem ich die Schilderung dieser Begebenheit begonnen habe. Mein Kollege berichtete mir den Vorgang. Mir war sofort ziemlich klar, dass die Briefeschreiberin die Sütterlinschrift verwendet hatte. Die hatte sie sicher wie ich in der Schule gelernt. Ich könne ihm wahrscheinlich helfen, erklärte ich meinem Kollegen, er solle mir die Unterlagen schicken – ich dachte an drei oder vier Seiten.

Wenige Tage später bekam ich einen Brief, einen ungewöhnlich dicken und schweren Brief – von der Dresdener Kanzlei. Inhalt: 70 eng von Hand beschriebene DinA4-Seiten in Sütterlin mit ausgeprägter persönlicher Note. So viel hatte ich nicht anlegen wollen, aber versprochen ist versprochen. Außerdem, den Kollegen und seine Mandanten, die letztlich ja auch meine Mandanten waren, konnte ich nicht im Stich lassen.

Die Schreiberin hatte die Sütterlinschrift verwendet, aber mit einer sehr persönlichen Note. Die ersten zwei Seiten waren mühsam, aber dann hatte ich mich in diese recht persönliche Note der Schreiberin eingelesen und ich las weiter, der Inhalt der vielen Briefe wurde immer spannender.

Der eine Teil der Korrespondenz befasste sich mit dem Kampf um die Ausreisegenehmigung. Voraussetzung für die Erteilung der Ausreisegenehmigung war der Verkauf des Grundbesitzes zu Spottpreisen an ausgewählte Erwerber. Diese durften aber nur eine relativ kleine Grundstücksfläche erwerben. Die Antragstellerin war aber neben einigen kleineren Grundstücken Eigentümerin einer sehr großen Grundstücksparzelle, die ein einzelner Interessent nicht erwerben durfte, sie war für einen Einzelerwerber zu groß. Kein Problem, würde man meinen, dann wird das Grundstück eben parzelliert. Dann käme man ja problemlos zu genehmigungsfähigen Verkäufen. Die zuständige Behörde lehnte eine Parzellierung aber ab mit der Begründung, es entstünden zwar kleine Parzellen, die könne man aber nicht erschließen. Das Grundstück müsse seine Größe behalten. Die für die Erteilung der Ausreisegenehmigung zuständige Behörde stellte sich aber auf den Standpunkt, solange die Antragstellerin Eigentümerin dieses großen Grundstücks sei und bleibe, könne die Ausreise nicht genehmigt werden.

Aber schließlich sahen auch die zuständigen DDR-Behörden ein, dass man die Ausreise nicht verbieten könne, wenn man gleichzeitig den für die Genehmigung erforderliche Grundstücksverkauf blockiere. Die Ausreise wurde nach monatelangem Tauziehen schließlich genehmigt. Das alles schilderte die Mutter der Mandanten sehr ausführlich und nachvollziehbar.

Der Kollege bekam die 70 Seiten in einer für ihn und die Richterin verwertbaren Schrift. Meine Sekretärin hatte mir bei der „Übersetzung" der Schrift treulich geholfen. Glücklicherweise war sie mit umfangreicher Berufserfahrung ausgestattet und konnte die Briefe ebenfalls lesen.

Auf diese Weise konnte den Mandanten nachhaltig geholfen werden. Die Korrespondenz wurde dem Gericht in lesbarer Form vorgelegt, der Klage wurde stattgegeben.

Die Korrespondenz hatte aber auch einen interessanten zweiten Teil, der sich nicht mit dem Ausreiseantrag befasste.

Die schon im Westen lebende Tochter berichtete ihre Mutter, dass sie gerade an einer Blasenentzündung leide. Die Mutter empfahl ihr deshalb, statt eines „Schlüpfers mit kurzem Bein" einen solchen mit „langem Bein" anzuziehen. Im Westen war aber schon der Slip in Mode gekommen, das Wort Schlüpfer gehörte nicht mehr zum täglichen Wortschatz.

Die besorgte Mutter schrieb darüber hinaus, sie dürfe ihren Hausrat mitnehmen. Sie habe in Dresden ein Haushaltswarengeschäft gefunden, eines der größten in Dresden, das 2 (in Worten zwei – nicht Modelle, sondern Stück) Herde zu verkaufen habe, einen zweiflammigen und einen dreiflammigen. Einen davon könne sie bekommen, der Zweiflammige würde ihr zwar genügen, aber, so meinte sie, „mit dem Dreiflammigen kommt ihr besser zurecht, wenn ich einmal nicht mehr bin". Als ich das las, wurde mir wieder bewusst, wie die Lage in der DDR tatsächlich war und wie gut es uns im Westen ging.

Letztendlich war aber bei dieser Episode vor allem eines wichtig: Der Kollege bekam, wie gesagt, die 70 Seiten in einer Schrift, die er und die Richterin lesen konnten, und den Mandanten verhalf dies schließlich zum Prozessgewinn. Meine Sekretärin und ich, wir waren sehr zufrieden, mit vielfach in Vergessenheit geratenen Fähigkeiten maßgeblich zu diesem Ergebnis beigetragen zu haben.

Teil III

Die Gerichtsgutachter

Einführung

Wozu zum Thema Gerichtsgutachter eine Einführung? Da ist doch alles klar. Wenn ein Gericht eine spezielle Frage aus eigener Sachkenntnis nicht zu beantworten vermag, bestellt es einen für diese Frage zuständigen öffentlich bestellten und vereidigten Sachverständigen, der die streitige Frage in seinem Gutachten klärt. So einfach ist die Sache aber nicht. Die Prozessordnung erlaubt dem Richter, einen Sachverständigen hinzuzuziehen, wenn eine Frage streitig ist, die das Gericht aus eigener Sachkenntnis nicht zu beantworten vermag. Der Sachverständige hat aber, wie man vielleicht annehmen könnte, auch in der ihm vorgelegten Frage keine Entscheidungsbefugnis. Der Richter bleibt Herr des Verfahrens. Wenn der Richter in seinem Urteil dem Ergebnis des Sachverständigengutachtens folgt, hat er in den Urteilsgründen nicht nur darzulegen, dass ihn das Gutachten überzeugt, sondern auch weshalb. Und hier wird es zuweilen schwierig; wie soll man darlegen, weshalb das Gutachten überzeugt, wenn man die Materie, mit der sich das Gutachten befasst, schon in ihren Grundzügen nicht versteht und nicht verstehen kann. Wie soll man darlegen, weshalb ein Gutachten mit einem Einschlag aus der Atomphysik überzeugt, wenn Atomphysik ein Buch mit sieben Siegeln darstellt, absolut unverständlich für einen Laien und damit auch für einen Richter, der in der Regel Laie sein dürfte. Dann heißt es eben im Urteil: „... nach den überzeugenden Ausführungen des Sachverständigen ... und niemand stört sich daran, dass man im Urteil nichts darüber findet, weshalb das Gutachten überzeugen soll.

Was ist aber überhaupt ein Gerichtssachverständiger? Ein Gerichtssachverständiger ist ein Sachverständiger seines Faches wie jeder andere auch, er ist aber öffentlich bestellt und vereidigt. Ob er deshalb klüger ist als seine Kollegen, die nicht öffentlich bestellt und vereidigt sind, ist eine Frage, die zu stellen offenbar unsinnig wäre, weil ein Sachverständiger, der öffentlich bestellt und vereidigt ist, ja nur richtige Ergebnisse abliefern kann, er ist doch schließlich öffentlich bestellt und darüber hinaus vereidigt, also muss das Ergebnis seines Gutachtens richtig sein.

Für Richter und auch für Anwälte vereinfacht sich die Arbeit natürlich erheblich, wenn man auf den Ergebnissen des Gutachtens eines Gerichtssachverständigen aufbauen kann. So zu handeln und dem Ergebnis des Gutachtens des Gerichtgutachters kritiklos zu folgen, ist sicher zulässig und korrekt, sicher bequem, aber in meinen Augen jedenfalls nicht nur für einen Anwalt ein grober Kunstfehler.

Wenn ich es mit einem Gerichtgutachten zu tun hatte, war meine erste Aktion, das Gutachten aufmerksam durchzulesen und zu überprüfen, ob es in sich schlüssig ist. Das ist bei vielen Gutachten nicht der Fall, denn es ist schwierig, ein umfangreiches Gutachten ohne einen einzigen inneren Widerspruch zu formulieren – was mir viele Gutachter im privaten Gespräch auch bestätigt haben.

Die zweite Aufgabe, die zu erledigen ich für zwingend halte, ist wesentlich aufwendiger. Jeder Gutachter bezieht sich auf die Ergebnisse anderweitiger wissenschaftlicher Untersuchungen und gibt die diesbezüglichen Fundstellen an. Nun gilt es, und das ist mühsam, sich diese Fundstellen zu beschaffen. Nur so kann man überprüfen, ob der Sachverständige richtig zitiert oder aus den Ergebnissen einer solchen wissenschaftlichen Untersuchung die richtigen Schlüsse für den konkreten Fall gezogen hat. Wenn man sich dieser Aufgabe unterzieht, wird man alsbald verwundert feststellen, wie viele Gutachten auch öffentlich bestellter und vereidigter Sach-verständiger schlicht und einfach falsch sind.

Nachfolgend werde ich einige eklatante Beispiele, die ich erlebt und aufgedeckt habe, schildern. Aus diesen Schilderungen wird sich auch ergeben, vor welchen in einem Fall sogar existenzbedrohende Schäden ich meine Mandanten oft bewahren konnte. Betriebswirtschaftlich gesehen waren solche Mandate kein gutes Geschäft, denn der betriebene Mehraufwand wurde nicht bezahlt. Aber ich hatte schon von meinem Vater gelernt: Oberstes Gebot für einen Anwalt ist die optimale Wahrung der Interessen des Mandanten, nicht der eigene Geldbeutel.

Eine fast unglaubliche Geschichte

Ein alter Mandant – er betrieb ein Küchenstudio – hatte dringend um einen raschen Termin gebeten.

Ich war, wie üblich, reichlich ausgelastet, aber meine Sekretärin spürte, dass hier wirklich ein Eilfall vorlag.

Als er mir gemeldet wurde und ich in das Besprechungszimmer kam, saß da ein völlig verzweifeltes Häufchen Elend. Es dauerte geraume Zeit, bis ich meinen Mandanten beruhigen und aus ihm herausbringen konnte, weshalb er so verzweifelt war.

Er erzählte mir stockend, dass er vor zehn Jahren auf der Autobahn einen Verkehrsunfall verschuldet habe. Dabei sei in einem PKW, den er in den Unfall hineingezogen habe, eine Mutter von vier Kinder schwer verletzt worden. Sie sei querschnittsgelähmt gewesen. Dann zeigte er mir einen Brief seiner Haftpflichtversicherung, die ihm kurz und bündig mitteilte, die Deckungssumme seiner Versicherung sei erschöpft, für den weiteren Schaden müsse er jetzt selbst aufkommen.

Ich bat ihn, mir doch erst einmal zu schildern, was damals vor zehn Jahren passiert sei.

„Ich habe", erzählte er mir stockend und mit vielen Pausen, „mit meinem PKW auf der Autobahn das liegen gebliebene Fahrzeug eines Freundes abgeschleppt. Die Fahrzeuge waren mit einer Abschleppstange miteinander verbunden. Ich hätte an der nächsten Ausfahrt die Autobahn verlassen und die nächste Werkstatt aufsuchen müssen. Ich wollte ihn aber nach Hause schleppen, es war ja schließlich Nacht und nicht viel los. Das war mein großer Fehler. Ich wollte dann einen vor mir fahrenden LKW überholen, dabei brach die Abschleppstange, mein Fahrzeug geriet ins Schleudern und ich wurde nach rechts über ein Brückengeländer auf die Böschung einer unter der Autobahn durchführenden Straße geschleudert. Mir ist nicht viel passiert, das abgeschleppte Auto blieb auf der Straße stehen, aber ein von hinten mit hoher Geschwindigkeit heranfahrendes Auto kam ins Schleudern und flog ebenfalls von der Autobahn. In diesem Auto saß die Frau, die so schwer verletzt wurde."

Er berichtete mir dann weiter, es habe ein Strafverfahren gegeben, er sei auch verurteilt worden, ein Sachverständiger habe den Unfallhergang rekonstruiert und sei zu dem Ergebnis gekommen, sein Fahrzeug sei über die Überholspur geschleudert und in die mittlere Leitplanke gekracht. Damit sei der Weg für das nachfolgende Fahrzeug versperrt gewesen. „Ich habe das nie verstanden", beteuerte mein Mandant, „ich weiß bestimmt, dass ich nie nach links zur mittleren Leitplanke gekommen bin, ich wurde nach rechts über das Brückengeländer geschleudert."

Ich ließ mir zunächst die Akten des damaligen Unfalls kommen. Sie enthielten das komplette Ermittlungsergebnis, das Sachverständigengutachten, das Protokoll der Gerichtsverhandlung und das Urteil.

Nach dem Akteninhalt stellte sich das Unfallereignis wie folgt dar:

Die zweispurige Autobahn hatte eine leichte Steigung und ging dann in einem weiten Rechtsbogen in ein leichtes Gefälle über. Kurz nach dem Scheitelpunkt fanden sich Schleuderspuren, die von der rechten Fahrspur über die linke Fahrspur zu einer Einschlagstelle an der mittleren Leitplanke führten. Kurz danach überquerte die Autobahn eine darunter hindurchführende Landstraße, an deren jenseitiger Böschung das Fahrzeug meines Mandanten gefunden wurde. Es war klar, dass dem auf der Überholspur in hoher Geschwindigkeit herannahenden Fahrzeug der Weg versperrt war, wenn unmittelbar vor ihm ein Fahrzeug über seine Fahrbahn schleuderte. Im Strafverfahren gegen meinen Mandanten führte der Gerichtssachverständige aus, die vorgefundenen Schleuderspuren passten genau zum Fahrzeug meines Mandanten. Dieser habe dem nachfolgenden Fahrzeug den Weg versperrt, sodass dieses von der Autobahn geflogen sei.

Die Haftpflichtversicherung meines Mandanten schaltete im Hinblick auf den sehr hohen Schaden einen eigenen Sachverständigen ein, der aber das Ergebnis des im Strafverfahren eingeholten Gutachtens bestätigte. In der einschlägigen Korrespondenz fand ich ein drittes Sachverständigengutachten. Dasselbe Ergebnis.

Aber mein Mandant blieb trotz der eindeutigen Spurenlage bei seiner Behauptung, er sei nie auf die Überholspur gekommen. Ich arbeitete schon seit Jahren mit einem KFZ-Sachverständigen, einem Professor an der TH Stuttgart, zusammen. Im Einverständnis mit meinem Mandanten bat ich diesen, sich der Sache anzunehmen und die vorliegenden Sachverständigenergebnisse zu überprüfen. Auch dieser teilte mir bedauernd mit, er könne mir nicht helfen, er könne an den vorliegenden Gutachten keine Fehler finden.

Ich wollte schon aufgeben, aber mein Mandant beharrte darauf, er sei nie über die linke Spur in die mittlere Leitplanke gekracht.

Ich nahm mir die umfangreichen Akten noch einmal vor und las sie aufmerksam Zeile für Zeile durch. Zu meiner Überraschung fand ich auf einer Seite mit den polizeilichen Ermittlungen in den zwei letzten Zeilen einen Satz des berichtenden Polizeibeamten, er glaube nicht, dass die festgestellten Schleuderspuren zu dem

Unfall meines Mandanten gehörten. Wie kam der zu dieser Feststellung? Ich versuchte noch einmal, mir den Geschehensablauf vorzustellen. Die Sachverständigen hatten doch alles so logisch nachvollziehbar dargelegt und vorgerechnet. Doch plötzlich fiel mir auf: Keiner der vier Sachverständigen hatte nachvollziehbar oder überhaupt dargelegt und nachgewiesen, wie das Fahrzeug meines Mandanten, wenn es die Beschädigung an der Leitplanke verursacht haben sollte, in seine Endlage auf der darunterliegenden Böschung gekommen sein konnte, ohne das Brückengeländer der Autobahnbrücke zu beschädigen, über die es geflogen sein musste. Aber da waren doch die Schleuderspuren, die die Sachverständigen eindeutig dem Fahrzeug meines Mandanten zuordneten. Der Satz des Polizeibeamten fiel mir ein. Wenn die – eindeutig frischen und eben vorhandenen– Schleuderspuren nicht vom Fahrzeug meines Mandanten stammten, dann mussten sie von einem anderen Fahrzeug stammen, das in derselben Nacht an derselben Stelle kurz vor dem Unfall meines Mandanten verunglückt sein musste.

Was tun? Immerhin lag das alles zehn Jahre zurück. Ein Versuch kann nicht schaden, dachte ich mir und schrieb die zuständige Autobahnpolizeidienststelle an. An einen Erfolg hatte ich nicht so recht geglaubt. Aber nach noch nicht einmal 14 Tagen hatte ich die amtliche Bestätigung, dass sich in derselben Nacht an derselben Stelle ein anderer Verkehrsunfall ereignet habe, von dem die Schleuderspuren und die Beschädigungen an der Leitplanke stammten. Als ich das las, wurde mir auch schlagartig klar: Es war technisch unmöglich, dass das Fahrzeug meines Mandanten über das unbeschädigte Brückengeländer auf die darunterliegende Böschung geflogen sein konnte, wenn es zuvor in die Leitplanke hineingeschleudert war. Alle vier Sachverständige hatten geblendet von den passenden Schleuderspuren den Weg des Fahrzeugs meines Mandanten bis zur Leitplanke berechnet, keiner hat zu Ende gedacht und sich um den Weg zur Fundstelle an der Böschung gekümmert, die Schleuderspuren waren doch – vermeintlich – eindeutig.

Ich teilte dies der Haftpflichtversicherung meines Mandanten mit und machte geltend, es könne nicht zu Lasten meines Mandanten gehen, wenn sie auf Grund falscher Gutachten Leistungen erbracht habe, die sie nicht hätte erbringen müssen. Wir haben danach von der Haftpflichtversicherung oder den Anspruchstellern nie mehr etwas gehört.

Die Splitterwurfweite

In meinem Terminkalender tauchte ein neuer Mandant auf, der laut Kalendereintrag in eine Verkehrsstrafsache verwickelt war.

Mein spontaner Eindruck, als ich ihn im Wartezimmer abholte: Der Mann war völlig verzweifelt. Also erstes Gebot, ich musste ihn erst einmal beruhigen.

In meinem Büro berichtete er mir, den Tränen nahe, er habe einen Menschen tot gefahren, Tag und Nacht verfolgten ihn die Unfallbilder, er könne kaum noch schlafen und jetzt müsse er auch noch vor Gericht erscheinen.

Ihm wurde von der Staatsanwaltschaft vorgeworfen, mit überhöhter Geschwindigkeit die Zeppelinstraße in Stuttgart bergaufwärts gefahren zu sein und dabei eine 76 Jahre alte Dame, die die Straße habe überqueren wollen, angefahren und tödlich verletzt zu haben. Mein Mandant versicherte mir, er könne sich das alles nicht erklären, er sei nicht schnell und keineswegs zu schnell gewesen, er habe nur plötzlich rechts einen Schatten gesehen und dann einen leichten Schlag verspürt. Er sei dann noch etwas weitergefahren, habe dann aber doch angehalten. „Ich wollte eben sehen, ob ich irgendwo, vielleicht am Außenspiegel eines parkenden Autos, hängen geblieben bin", meinte er. Er sei dann zurückgelaufen und habe zu seinem Entsetzen einen leblosen Körper auf der Straße liegen sehen. Ich versuchte, meinen Mandanten zu beruhigen.

Wahrscheinlich sei die alte Dame zwischen zwei parkenden Autos auf die Straße und in sein Auto gelaufen. Ich erklärte ihm, ich müsse erst die Ermittlungsakten anfordern. Dann könnte ich feststellen, was Polizei und Staatsanwaltschaft ermittelt hätten.

Die Ermittlungsakten waren nicht sehr ergiebig. Aus der Unfallskizze war zu entnehmen, dass wohl am Straßenrand Autos geparkt waren. Eingezeichnet waren diese Autos aber nicht. Ein Taxifahrer, der nach Zeugenaussagen den Unfall gesehen haben müsse, sei nicht mehr zu ermitteln gewesen. Ich gab die Akten zurück mit dem Antrag, die Skizze ergänzen zu lassen, die parkenden Fahrzeuge einzuzeichnen und die Umgebung des Unfallorts näher zu beschreiben. Auch verlangte ich die Vernehmung des Taxifahrers, den man eben finden müsse. Als ich die Akten wieder bekam, waren die parkenden Fahrzeuge eingezeichnet, kurz vor der Unfallstelle fand sich jetzt plötzlich eine Straßeneinmündung und, was sich später als wichtig erweisen sollte, an der Straßeneinmündung befand sich ein Briefkasten der Post. Nur leider, den Taxifahrer habe man trotz aller Bemühungen nicht mehr ermitteln können.

Dass der Taxifahrer nicht mehr zu ermitteln gewesen sei, leuchtete mir keineswegs ein. Nicht können oder nicht wollen? Zeit und Ort des Unfalls waren bekannt. Ich rief die Taxizentrale in Stuttgart an. Dort fand man keinen passenden Einsatz. Also musste es ein Taxi aus der Umgebung sein. Ich versuchte es bei der Taxizentrale in Leonberg. Volltreffer! Ich hatte den Taxifahrer, den man angeblich nicht mehr hatte ermitteln können, in einer halben Stunde gefunden. Honi soit qui mal y pense! Der Taxifahrer berichtete, er habe gesehen, wie die alte Dame einen Brief in den Briefkasten geworfen hätte und dann zwischen zwei parkenden Autos auf die Straße, die sie überqueren wollte, gelaufen sei, ohne nach rechts oder links zu sehen. Der Fahrer des herannahenden Autos habe sie wohl nicht gesehen und mit dem rechten vorderen Kotflügel zu Boden geworfen. Damit war schon einmal ein erster Erfolg erzielt.

In den Akten befand sich mittlerweile auch das Gutachten eines KFZ-Sachverständigen. Der führte aus, bei dem Zusammenstoß sei das Glas des rechten vorderen Scheinwerfers zersplittert. Bei einem derartigen Unfall werde das Fahrzeug abgebremst, die Glassplitter würden aber mit der ursprünglichen Geschwindigkeit weiterfliegen und seien dann einige Meter vor dem Unfallwagen auf der Straße zu finden. Aus dem Abstand der Splitter zum Fahrzeug, der sogenannten Splitterwurfweite, könne man die Geschwindigkeit des Fahrzeugs zum Unfallzeitpunkt berechnen. Nach seiner Berechnung sei mein Mandant mit mindestens 70 km/h gefahren. 50 km/h waren maximal erlaubt. Dieses Ergebnis war natürlich für meinen Mandanten verheerend.

Der Sachverständige hatte sich auf einschlägige DEKRA-Versuchsergebnisse berufen. Ich hatte mir angewöhnt, mir immer die einschlägigen Veröffentlichungen der Fachunternehmen zu besorgen, auf die sich ein Sachverständiger bezog, so auch hier. Der DEKRA, stellte ich fest, hatte seine Versuche auf ebener Strecke durchgeführt und betonte ausdrücklich und nicht nur einmal, die Versuchsergebnisse setzten voraus, dass das Versuchsfahrzeug im Augenblick des Zusammenstoßes voll abgebremst worden sei. In dieser Fahrsituation gehe das Fahrzeug vorne sozusagen „in die Knie", die Scheinwerfer seien also näher an der Straßenoberfläche, als im Fahrbetrieb und leicht nach schräg abwärts geneigt.

Mein Mandant hatte aber nicht abgebremst. Auf diese Fahrsituation konnten die DEKRA- Versuchsergebnisse also keineswegs angewendet werden.

Es kam zur Verhandlung. Die Personalien wurden aufgenommen, Der Angeklagte, also mein Mandant, angehört, die Zeugen wurden vernommen und dann kam die Stunde des Sachverständigen, der, seiner Bedeutung bewusst, sein Gutachten mit überzeugenden Worten erstattete und bei seinen 70 km/h blieb. Bevor die Beweisaufnahme abgeschlossen werden darf, hat das Gericht die Beteiligten zu fragen, ob noch etwas vorzutragen oder zu beantragen sei. Der Staatsanwalt verneinte diese Frage, die Richterin erklärte ebenfalls, keine weiteren Fragen zu haben und wandte sich an mich: „Herr Verteidiger, haben Sie noch etwas vorzutragen?" „Aber sicher", meinte ich, ich hätte da doch noch einige Fragen an den Herrn Sachverständigen". Ich stellte mich ziemlich dumm – was erfahrungsgemäß häufig sehr erfolgreich sein kann – und bat ihn, mir doch noch einmal die Berechnung der Geschwindigkeit auf Grund der Splitterwurfweite zu erklären. Diesem Wunsch kam er mit dem Eifer des erfahrenen Spezialisten ausführlich nach. Ich fragte ihn, auf welche Versuchsreihe welchen Spezialinstituts er sich berufe. Er erklärte ausführlich, seinen Gutachten die wissenschaftlich anerkannten Ergebnisse der einschlägigen DEKRA- Versuchsreihen zu Grunde zu legen. Er war offenbar nicht gewohnt, nach diesen überzeugenden Erklärungen weiteren Fragen ausgesetzt zu sein. Ich fragte ihn etwas unbedarft und unsicher, „Herr Sachverständiger, spielt es keine Rolle, dass die Zeppelinstraße an der Unfallstelle eine Steigung von vielleicht 3 oder 4 % aufweist?" Er schaute mich etwas verblüfft an, wurde sichtlich unsicher, erklärte aber, dass dieser Umstand keine Rolle spiele. In etwas schärferem Ton fragte ich weiter, ob die Tatsache, dass mein Mandant sein Fahrzeug nicht beim Zusammenstoß, sondern erst danach abgebremst habe, eine Rolle spiele. Auch diese Frage wurde, allerdings merklich noch unsicherer, verneint. In scharfem Ton fuhr ich fort: „Herr Sachverständiger, ich kenne die DEKRA-Versuchsreihe genau so gut wie Sie und deshalb wissen Sie jetzt genau so gut wie ich, dass Ihr Gutachten nicht das Papier wert ist, auf dem es steht. Die Ergebnisse der DEKRA-Versuchsreihe hatten zur Voraussetzung: Fahrbahn eben, Fahrzeug im Augenblick des Zusammenstoßes, also im Augenblick der Zersplitterung der Scheinwerfer, voll abgebremst, mit der Folge, dass das Fahrzeug vorne „in die Knie" geht, also niedriger ist als normal. „Der Winkel, in dem die Splitter auf die Straße fallen, verkürzt also den Weg der Splitter auf die Straße. Und die Tatsache, dass die Straße nicht eben ist, sondern eine Steigung aufweist, verkürzt den Weg noch zusätzlich!"

Ich fragte den Sachverständigen, ob diese meine Darstellung richtig sei. Das gab er, sehr verlegen, zu. Ich forderte ihn auf, die Splitterwurfweite neu und dieses Mal richtig zu berechnen. Hier griff die Richterin ein und erklärte, sie könne den Unfallhergang jetzt sehr wohl selbst beurteilen. Sie schloss die Beweisaufnahme ab, das Gericht zog sich zur Beratung zurück.

Die Urteilsverkündung führte zu dem nach der blamablen Vorstellung des Sachverständigen zu erwartenden Ergebnis: Mein Mandant wurde freigesprochen.

Ich wurde wieder in meiner Überzeugung bestätigt: Glaube nie einem Sachverständigengutachten, überprüfe es immer, auch wenn du Laie bist, ist das möglich. Auch wenn du von der Materie nichts verstehst, prüfe immer, ob es in sich schlüssig ist. Die meisten, Gutachten weisen irgendwo einen logischen Fehler auf. Und verschaffe dir immer die wissenschaftlichen Veröffentlichungen und Ergebnisse der Versuchsreihen anerkannter Institute, auf die sich der Sachverständige bezieht.

Der Professor und die Feststellung des Blutalkoholgehalts.

Meine Sekretärin hatte mir einen neuen Mandanten in meinen Terminkalender geschrieben, der ebenso pünktlich wie aufgeregt bei mir erschien. Er berichtete mir, er sei mit Alkohol am Steuer erwischt worden, gegen ihn sei Anklage erhoben und jetzt sei er zum Gerichtstermin geladen worden. Dabei habe er doch gar nicht viel getrunken und hätte noch gut fahren können – also eben das Übliche.

Ich ließ mir die Gerichtsakten kommen, die, wie erwartet, nichts enthielten, was ich für meinen Mandanten hätte vorbringen können. Er hatte das Pech, mit einer beträchtlichen Alkoholfahne in eine Verkehrskontrolle geraten zu sein, darüber hinaus war nichts passiert. Die Alkoholfahne und sein schwankender Gang, den die kontrollierenden Polizeibeamten feststellten, führten eben zur Blutentnahme, das Gutachten des Herrn Professor vom medizinischen Institut bestätigte, wie zu erwarten war, einen erheblichen Blutalkoholgehalt. Damals wurde das Blut zur Sicherheit nach zwei Methoden untersucht, nach der Methode nach Widmark und nach der ADH-Methode, so auch hier und beide Methoden führten zu nahezu demselben Ergebnis, also ein Fall wie viele andere auch.

Ich erklärte meinem Mandanten, dass bei dieser Sachlage das Ergebnis der Hauptverhandlung vor Gericht vorprogrammiert sei und ich für ihn so gut wie nichts erreichen könne. Er meinte aber, er wolle nicht allein vor Gericht erscheinen und bat mich, ihn trotz der Aussichtslosigkeit vor Gericht zu vertreten.

Nachdem die Formalitäten abgehandelt und der Angeklagte, mein Mandant, angehört worden waren, erläuterte der Gerichtsgutachter sein Gutachten und bestätigte das darin enthaltene Ergebnis. Der Fall wäre damit erledigt gewesen, Plädoyer des Staatsanwalts, Plädoyer des Verteidigers, Urteil, Verurteilung, Ende. Mir kam dann plötzlich eine Idee, die vielleicht doch noch etwas bringen könnte, ich hatte zwar keine Ahnung wie, es war einfach so ein Gefühl.

„Ich habe doch noch eine Frage an den Herrn Gutachter" „Fragen Sie", etwas genervt der Richter.

„Herr Professor, wieso sind Sie eigentlich so sicher, dass Ihre Untersuchungsergebnisse richtig sind?" Ich habe selten einen Menschen gesehen, der mich so verblüfft angesehen hat wie der Herr Professor. Sichtlich empört über eine solch dumme und respektlose Frage eines ahnungslosen Verteidigers, der sich offenbar doch noch wenigstens etwas profilieren wollte, dozierte dann der Herr Professor für Gericht, Staatsanwaltschaft und Verteidiger, dass gerade dieser Fall zeige, wie sorgfältig und professionell sein

Institut arbeite. Jeder Fehler werde mit absoluter Sicherheit bemerkt und ausgeschlossen. Gerade dieser Fall liefere den besten Beweis. In diesem Fall hätten die ersten Ergebnisse nach Widmark und nach der ADH-Methode so sehr voneinander abgewichen, dass sie dem Gutachten nicht hätten zu Grunde gelegt werden können. Man habe die Untersuchung deshalb sehr sorgfältig wiederholt und sei zu dem dann im Gutachten festgestellten übereinstimmenden Ergebnis der beiden Untersuchungsmethoden gekommen. In der Überzeugung, damit die besondere Sorgfalt seines Instituts überzeugend dargelegt zu haben, lehnte er sich zufrieden zurück.

Diese Meinung konnte ich nun überhaupt nicht teilen. „Herr Professor", sagte ich zu ihm, „Sie glauben, die fehlerfreie Arbeit Ihres Instituts unwiderlegbar bewiesen zu haben, Sie haben aber selbst vorgetragen, dass die beiden ersten Ergebnisse Ihres Instituts zu so unterschiedlichen Ergebnissen geführt hätten, dass Sie die Untersuchung wiederholt hätten". „Das ist richtig", meinte er, „daran erkennen Sie doch, wir sorgsam wir arbeiten!" „Herr Professor, Sie verstehen mich falsch", erwiderte ich. „Sie haben uns erzählt, die ersten beiden Untersuchungen nach Widmark und ADH hätten zu so unterschiedlichen Ergebnissen geführt, dass sie hätten wiederholt werden müssen. Das heißt doch aber erstens, dass auch Ihrem Institut Fehler unterlaufen können, und zweitens, dass mindestens eines der beiden ersten Ergebnisse falsch gewesen sein muss, aber welches? ADH oder Widmark? Oder vielleicht beide? Und vielleicht waren auch die zweiten Ergebnisse falsch?"

Vor mir saß ein offensichtlich irritierter und sprachloser Professor. Er wurde mit einer Logik konfrontiert, der er nichts entgegenzusetzen wusste.

Der Staatsanwalt war der erste, der die Konsequenzen meiner Argumentation begriff. In diesem Fall müsse man nach dem Grundsatz in dubio pro reo von dem Messergebnis mit der niedrigsten Blutalkoholkonzentration ausgehen, führte er aus. Nach der damaligen Gesetzeslage hätte das aber gegenüber einer Begehungsweise im sogenannten Vollrausch zu einer weit höheren Strafe geführt. Ich widersprach deshalb auch dem Herrn Staatsanwalt und plädierte dafür, von der höchsten festgestellten Blutalkoholkonzentration und damit von einem im Vollrausch begangenen Delikt auszugehen. Dem folgte schließlich das Gericht. Für meinen Mandanten war das das beste zu erreichende Ergebnis, denn dass er betrunken gefahren war, war nicht zu widerlegen, aber die Unterstellung, dies sei im Vollrausch geschehen, brachte doch ein nicht unbeträchtlich milderes Urteil. So hatten wir in einem absolut hoffnungslos erscheinenden Fall doch noch etwas erreicht. Ein Gerichtssachverständiger, der die Welt nicht mehr verstand, kehrte etwas ratlos in sein Institut zurück.

Die Grundstücksbewertung

Die Eigentümer zweier benachbarter Baugrundstücke wollten bauen, konnten aber jeder für sich allein wegen der einzuhaltenden Grenzabstände nur je ein kleines Haus errichten. Sie kamen auf einen kleinen Trick: Sie legten die beiden Grundstücke zusammen und erhielten so ein großes Grundstück, das ihnen jetzt als Miteigentümer je zu Hälfte gehörte. Auf diesem neuen größeren Grundstück erstellten sie gemeinsam ein Doppelhaus, wobei die eine Doppelhaushälfte auf dem einen und die andere Doppelhaushälfte auf dem anderen ehemaligen Grundstück so zu stehen kam, dass die Trennungswand auf der alten Grundstücksgrenze lag. Da keine Grenzabstände eingehalten werden mussten, konnten beide größer bauen. In rechtlicher Hinsicht führte dies aber dazu, dass jetzt beiden das ganze Doppelhaus, also beide Doppelhaushälften je zur Hälfte gehörten. Das war aber bestimmt nicht das, was gewollt war.

Man nahm das Wohnungseigentumsgesetz zu Hilfe. Es wurde eine Wohnungseigentümergemeinschaft gebildet. Mit der

Miteigentumshälfte des einen wurde das Sondereigentum an der einen Doppelhaushälfte und mit der Miteigentumshälfte des anderen wurde das Sondereigentum an der anderen Miteigentumshälfte verbunden. Jeder der beiden erhielt das Sondernutzungsrecht an dem Grundstücksteil, den er zu der ganzen Konstruktion beigesteuert hatte. Damit hatte jeder, was er vorher hatte, nur eben nicht als Alleineigentum, sondern als Mitglied einer Wohnungseigentümergemeinschaft. Das hätte man natürlich auch einfacher haben können. Die Baurechtsbehörde hätte ja nur genehmigen müssen, dass die beiden jeweils eine Doppelhaushälfte auf ihrem Grundstück hätten bauen dürfen. Eine Vorschrift muss zumal in Deutschland aber eingehalten werden, auch wenn sie in zulässiger Weise umgangen werden kann, mag es so sinnlos sein wie auch immer.

Die beiden Nachbarn oder besser Wohnungseigentümer lebten friedlich zusammen und jeder nutzte seine Doppelhaushälfte samt seinem ehemaligen Grundstück so, wie wenn er Alleineigentümer seines ehemaligen Grundstücks und seiner Doppelhaushälfte gewesen wäre. Aber einer der beiden starb. Und jetzt geschah, was in solchen Fällen häufig geschieht: Die beiden Erben wurden sich zwar darüber einig, dass der eine Haus und Grundstück – so ihre Vorstellung – übernahm und den anderen auszahlte, aber über den Wert gerieten sie in Streit. Immerhin einigten sie sich darauf, einen Grundstückssachverständigen mit der Erstellung eines Wertgutachtens zu beauftragen. Doch der kam zu dem in einem solchen Fall zu erwartenden Ergebnis: Dem einen, der die Immobilie übernehmen sollte, war die Schätzung zu hoch, dem anderen, der ausgezahlt werden sollte, war sie zu niedrig.

Was geschieht, wenn ein solcher Streit eskaliert? Der eine rennt zum Rechtsanwalt, der andere natürlich auch zu einem anderen, und auf diese Weise wurde ich von einem der beiden betraut.

Ich schaute mir zunächst das vom öffentlich bestellten und vereidigten Sachverständigen erstellte Wertgutachten an. Zu meiner

Verwunderung stellte ich fest, dass dieser nicht den Wert einer Miteigentumshälfte an einem Grundstück, verbunden mit dem Sondereigentum an einer Doppelhaushälfte samt Grundstücks-sondernutzungsrecht, sondern ein Grundstück mit darauf erstellter Doppelhaushälfte, was schließlich nicht dasselbe ist, geschätzt hatte. Ich stellte ihn deshalb zur Rede. Zuerst begriff er überhaupt nicht, was ich wollte. Ich erklärte ihm ausführlich die rechtlichen Unterschiede der beiden Varianten. „Es muss doch in der Bewertung einen Unterschied machen, ob ich Eigentümer eines Hauses mit Grundstück und damit mein eigener Herr bin, oder ob ich als Wohnungseigentümer in vielen Bereichen auf den anderen Wohnungseigentümer angewiesen bin", hielt ich ihm vor. „Den Wert des Wohnungseigentums müssen Sie schätzen"! Er sah mich mit großen Augen an, begriff dann schließlich erkennbar die rechtliche Problematik, dachte nach, um mir dann kurz und bündig zu erklären: „Das kann ich nicht". Offensichtlich war ein solcher Fall in seinen Richtlinien für die Bewertung von Immobilien nicht vorgesehen.

Es gelang dann meinem Kollegen und mir, unter Einsatz des gesunden Menschenverstandes zu einer Bewertung zu kommen, die von beiden Erben akzeptiert wurde. Von Grundstücks- Sachverständigen wollten sie allerdings nichts mehr wissen.

Das betriebswirtschaftliche Gutachten

Ein alter Mandant, Wirtschaftsprüfer und Steuerberater, vermittelte mir eine Mandantin, die in einen schweren Verkehrsunfall verwickelt war.

Was war geschehen? Sie besuchte mit ihrem Verkaufsstand überall im Lande Messen und andere örtliche Veranstaltungen, sie war überall gerne gesehen, weil sie ein umfangreiches Sortiment anzubieten hatte, das weit über das gewöhnliche Maß hinausging.

Sie war mit ihrem schweren BMW nachts auf der Autobahn auf dem Heimweg, als plötzlich bei Augsburg auf Höhe der Einfädelspur quer auf ihrer Fahrspur ein Fahrzeug auftauchte, in das sie hineinkrachte. Der Fahrer des anderen Fahrzeugs war sofort tot, sie erlitt schwere Verletzungen mit nachhaltigen Folgen. Sie konnte nur noch ganz kurz stehen, für einen Beruf, der ganztägiges Stehen hinter dem Verkaufstresen erforderte, eine Katastrophe. Sie musste ihr Geschäft und ihren Beruf aufgeben, mit schwerwiegenden finanziellen Folgen.

In verkehrsstrafrechtlicher Hinsicht war nichts zu veranlassen, ihr wurde von der Polizei kein Vorwurf gemacht. Die Haftpflichtversicherung des toten Unfallgegners hingegen verweigerte aber eine Zahlung mit der Begründung, auch auf der Autobahn habe jeder Verkehrsteilnehmer mit überraschend auftauchenden Hindernissen zu rechnen, dieses Gebot habe sie missachtet, sie habe den Unfall mit seinen schwerwiegenden Folgen selbst verschuldet. Eine Schadensersatzklage war also unvermeidlich.

Mir war klar, dass ich die Klage, bei der es um eine hohe Summe ging, sorgfältig vorbereiten musste. Zuständig war das Landgericht Augsburg. Damals gab es die Zulassung eines Anwalts bei allen Gerichten noch nicht, ich war beim Landgericht Stuttgart zugelassen und brauchte deshalb einen Anwalt, der beim Landgericht Augsburg und beim Oberlandesgericht München zugelassen, im Übrigen aber bereit war, mir die Prozessführung und insbesondere die Fertigung der Schriftsätze und in Gerichtsterminen die Verhandlungsführung zu überlassen. Lediglich die Antragstellung musste er als beim Gericht zugelassener Anwalt übernehmen, die Verhandlungsführung konnte er einem anderen Anwalt übertragen, auch wenn dieser beim Gericht nicht zugelassen war.

Es war nicht einfach, einen Anwalt zu finden, der bereit war, sich praktisch die gesamte Verhandlungsführung aus der Hand nehmen zu lassen, aber ich fand eine sehr patente junge Anwältin, die dazu bereit war und mir der ich hervorragend zusammen arbeiten konnte.

In der Klage machte ich zunächst geltend, der Unfallgegner, der mit seinem Fahrzeug quer auf der Fahrbahn meiner Mandantin stand, sei an dem Unfall allein schuld.

Die Klage enthielt ferner die üblichen dem Grunde nach unproblematischen Positionen wie Schmerzensgeld, Sachschaden am PKW, der nur noch Schrottwert hatte, usw., aber auch zwei Positionen, über die man sehr wohl streiten konnte, nämlich der Restwert des noch vorhandenen umfangreichen Warenlagers, das meine Mandantin nicht mehr verkaufen konnte, und der Verlust, der dadurch entstand, dass meine Mandantin ihr florierendes Geschäft aufgeben musste.

Das Warenlager ließen wir vom Stuttgarter Stadtinventierer – nennen wir ihn Maier – schätzen. Er war in Stuttgart eine Institution, er war über Stuttgart hinaus bekannt und seine Schätzungen wurden so gut wie nie angezweifelt. Ob sie immer richtig waren, sei dahingestellt. Wir waren mit seinem Ergebnis einverstanden und auch die Gegenseite akzeptierte das Ergebnis.

Für den durch die erzwungene Betriebsaufgabe entstandenen Schaden lieferte der Wirtschaftsprüfer, der mir die Mandantin vermittelt hatte, ein umfangreiches Gutachten. Dieses Gutachten kam zu einem hohen Schadensbetrag und war, wenn man solche Gutachten zu lesen und nachzuvollziehen verstand, sehr günstig für die Mandantin. Dass die Mandantin die Lebenspartnerin des Wirtschaftsprüfers war, was sich auf die Höhe des errechneten Schadensbetrags sicher nicht gerade negativ auswirkte, erfuhr ich erst später.

Bei der Erstellung des Gutachtens war der Wirtschaftsprüfer von einer zu erwartenden stetigen Inflationsrate von 3%, die zu diesem Zeitpunkt aktuell war, ausgegangen.

Die erste Schwierigkeit, die wir zu überwinden hatten, war die Aufklärung des Unfallhergangs. Die Gegenseite argumentierte wieder, zunächst mit Erfolg, meine Mandantin habe immer mit unerwarteten Hindernissen rechnen müssen und deshalb den Unfall selbst verschuldet. Dieser Argumentation folgte das Landgericht Augsburg und wies die Klage ab.

Wir gingen in die Berufung. Mir war klar, dass ich zunächst zu klären hatte, wie das querstehende Auto dort hingelangte, wo es im Augenblick des Unfalls quer auf der Fahrspur meiner Mandantin stand. Vom Himmel gefallen konnte es nicht gut sein, aber die Polizei und die Staatsanwaltschaft sahen keine Veranlassung zu weiteren Ermittlungen. Also war eigenes Nachdenken angesagt.

Ich nahm mir noch einmal die Unfallakten vor, eine komplette Kopie hatte ich bei meinen Unterlagen. Ich fand zwei Auffälligkeiten, die bisher niemand, auch ich nicht, beachtet hatte. Die den Unfall aufnehmenden Polizeibeamten hatten festgestellt, dass der Benzintank des querstehenden Fahrzeugs praktisch leer war. Der Unfall ereignete sich außerdem genau an der Stelle, an der die von der Raststätte Augsburg herführende Einfädelungsspur in die Autobahn einmündete. Da der tote Unfallgegner schließlich nicht mehr gefragt werden konnte, versuchte ich, mich in seine Situation hinein zu versetzen und kam zu einem auch mich selbst verblüffenden Ergebnis: Der Fahrer wusste natürlich, dass sein Tank leer war und dass er die nächste Tankstelle nicht mehr erreichen konnte, sondern mit leerem Tank auf der Autobahn liegen bleiben würde, eine unangenehme Vorstellung. An der Ausfahrt zur Raststätte und Tankstelle Augsburg war er offenbar in der Dunkelheit versehentlich vorbeigefahren, bemerkte seinen Fehler, als er die Einfädelspur sah, bog kurz entschlossen nach rechts ab, um über die Einfädelspur zwar in falscher Richtung, aber doch wieder zur Tankstelle zurückzukommen. Da der Kurvenradius zu eng war, blieb ihm nichts anderes übrig, als noch einmal zurückzustoßen. Bei diesem Fahrmanöver kam er dann wieder auf die rechte Fahrspur der Autobahn, auf der gerade meine Mandantin ankam. Mir leuchtete diese Version ein, ich trug sie jedenfalls in der Berufungsbegründung vor und argumentierte, es sei zwar richtig, dass man mit unerwarteten Hindernissen rechnen müsse, aber sicher nicht mit einem Fahrzeug, das im rechten Winkel zur Fahrspur rückwärts aus der Einfädelspur herausfuhr. Zum Beweis für die Richtigkeit meines Vortrags berief ich mich auf die Einholung eines Sachverständigengutachtens.

Die Richter am Oberlandesgericht folgten offensichtlich meiner Meinung, mit einem solchen Fehlverhalten eines anderen Verkehrsteilnehmers könne niemand rechnen, und ordneten die Einholung eines Sachverständigengutachtens an. Der Sachverständige sollte sich dazu äußern, ob der von mir vorgetragene Geschehensablauf möglich und wie wahrscheinlich er sei.

Das Verfahren hatte nun doch schon einige Zeit in Anspruch genommen und auch der Sachverständige nahm sich Zeit. Dieser Zeitverzögerung würde noch eine erhebliche Bedeutung zukommen, wie sich nachher zeigen wird.

Das Sachverständigengutachten lag schließlich vor und kam zu dem Ergebnis, dass meine Darstellung des Unfallablaufs die einzige sei, mit der der Unfall schlüssig erklärt werden könne. In der mündlichen Verhandlung vor dem Oberlandesgericht erläuterte der Sachverständige sein Gutachten und schilderte, dass er unter Einsatz eines speziellen Computerprogramms das Unfallgeschehen nachberechnet habe. Der Unfall könne sich nur so zugetragen haben, wie ich das vorgetragen hätte. Hier machte ich nun einen Fehler, der mir nicht hätte passieren dürfen. Ich fragte nämlich den Sachverständigen, woher er wisse, dass die Ergebnisse dieses Programms richtig seien. Das überhaupt in Frage zu stellen, war natürlich eine Dummheit, aber sie sollte nicht schaden. Der Sachverständige antwortete nämlich sehr überzeugend: „Ich weiß, dass dieses Programm richtig rechnet, ich habe es schließlich selbst geschrieben". Diese ja nun nicht

76

unbedingt überzeugende Begründung für die Zuverlässigkeit des Programms wurde aber vom Gericht und dem Gegenanwalt akzeptiert, sodass meine Dummheit keine negativen Folgen hatte. Ich war erleichtert.

Der Prozess war jetzt entscheidungsreif. Das Oberlandesgericht konnte aber wegen eines Formfehlers nicht selbst entscheiden, sondern verwies den Rechtsstreit an das Landgericht zurück. Wie zu entscheiden sei, ergab sich aus dem Verweisungsbeschluss, also im Sinne meines Vortrags.

Der Prozess hatte mittlerweile über zwei Jahre in Anspruch genommen. Und deshalb sah ich eine weitere Gefahr auf meine Mandantin zukommen. Wie oben schon bemerkt, war der Wirtschaftsprüfer bei seinem Gutachten von einer zu erwartenden Inflationsrate von jährlich 3% ausgegangen. Die Höhe der Inflationsrate war schließlich für die Höhe des Schadens von erheblicher Bedeutung. Diese 3% waren zum Zeitpunkt der Erstattung des Gutachtens richtig. Die tatsächliche Entwicklung verlief aber ganz anders und die Inflationsrate war im Verlauf des Rechtsstreits erheblich gesunken. Der errechnete Schaden wäre also weitaus geringer gewesen, als im Gutachten festgehalten, oder mit anderen Worten: Das Gutachten hätte unter Berücksichtigung der neuen Zahlen aktualisiert werden müssen. Aber wir hatten Glück. Sowohl der Gegenanwalt als auch das Gericht hatten offensichtlich keine Ahnung von der Systematik einer Unternehmenswertberechnung und davon, dass die Höhe der Inflationsrate das Ergebnis des Gutachtens überhaupt und in erheblichem Umfang beeinflussen würde. Das Ergebnis des Gutachtens in seiner Erstfassung wurde weder vom Gericht noch vom Gegner in Zweifel gezogen. Meine Mandantin erhielt deshalb eine viel zu hohe Summe zugesprochen.

Wir hatten dagegen nichts einzuwenden.

Der Schrecken der Gutachter

Einer meiner Kanzleikollegen war ein absolutes „Unikat". Er war Rechtsanwalt – und er war Facharzt für Chirurgie. Seine Mandanten kamen bei dieser Kombination in der Regel aus dem Kreis derjenigen, die glaubten, einem Ärztefehler zum Opfer gefallen zu sein. Nun, mein Kollege konnte zunächst fachkundig prüfen, ob sich aus den Schilderungen des Mandanten ein medizinischer Behandlungsfehler ableiten ließ. Welcher Anwalt kann das schon, auch ich nicht, obwohl auch ich Arzthaftpflichtprozesse geführt habe. Er war aber eindeutig besser, er war eben auch Arzt mit umfangreicher praktischer ärztlicher Erfahrung. Und er entwickelte sich zum Schrecken der Gerichtsgutachter, die den Richtern bei medizinischen Fragen zur Seite stehen sollten. Die waren nicht gewohnt, einem Anwalt und seinen Fragen ausgesetzt zu sein, der offensichtlich von Medizin sehr viel verstand.

Mein Kollege führte einen Rechtsstreit, in dem zwei verschiedene medizinische Probleme eine Rolle spielten.

In der Verhandlung befragten die Richter den Sachverständigen zu diesen beiden medizinischen Problemen, der Sachverständige äußerte sich dazu umfangreich, wie das ja schließlich auch seine Aufgabe war. Der Gerichtsvorsitzende schloss nach geraumer Zeit seine Befragung.

„Haben Sie noch Fragen an den Sachverständigen?", wandte er sich an meinen Kollegen.

„Selbstverständlich, Herr Vorsitzender", war die Antwort. Mein Kollege wandte sich an den Sachverständigen. „Wenden wir uns zuerst dem ersten Problem zu." Dann kamen Fachfragen, mit denen der Sachverständige noch nicht einmal im Traum gerechnet hatte und er kam sichtlich ins Schwitzen. Schließlich meinte mein Kollege: „Lassen wir es einmal dabei und wenden wir uns dem zweiten Problem zu."

Dazu der schon völlig aus der Rolle gefallene Sachverständige mit einer Antwort, die später die Runde machen sollte: **„Das ist gut, davon verstehe ich mehr."**

Teil IV

Notariatsgeschichten

Das Notariat im Königreich Württemberg

König Wilhelm I von Württemberg ordnete im Jahre 1818 die Vermessung seines Königsreichs an. Alle Grundstücke, bebaute Grundstücke, unbebaute Grundstücke, Wege und und und ... wurden vermessen, es entstand das Liegenschaftskataster und vermerkt wurde der Eigentümer eines jeden Grundstücks.

So wurden in jeder Gemeinde des Landes sogenannte Güterbücher eingeführt. Jeder Bewohner, dem auf Gemeindemarkung ein Grundstück gehörte, erhielt ein Güterbuch auf seinen Namen, die Grundstücke, die ihm auf Gemeindemarkung gehörten, wurden im Güterbuch aufgelistet. Konnte ein Nachbar irgendwelche Rechte an einem solchen Grundstück geltend machen, wurden diese Rechte in einem zweiten Buch, dem Servitutenbuch, vermerkt. Verpfändete ein Grundstückseigentümer sein Grundstück für einen Kredit, wurde dies in ein drittes Buch, das Unterpfandsbuch, eingetragen.

Als im Jahr 1900 im Deutschen Reich das Bürgerliche Gesetzbuch eingeführt wurde, wurde auch das Grundstückswesen geregelt. Es wurden Grundbuchämter eingeführt, bei denen alle Grundstücke im Amtsbezirk vermerkt wurden. Dabei wurden den einzelnen Grundstücken der jeweilige Eigentümer, also anders als in Württemberg, zugeordnet. Da das Königreich Württemberg aber schon ein perfektes Grundbuchsystem hatte, durfte dieses System beibehalten werden. Aus dem Güterbuch wurde das Grundbuch, die Grundstücke des Eigentümers wurden in Abt. I gebucht, aus dem Servitutenbuch wurde die Abt. II des Grundbuchs, in die alle Servituten, jetzt Dienstbarkeiten, eingetragen wurden, das Unterpfandsbuch wurde zur Abt. III des

Grundbuchs, in die Hypotheken und Grundschulden aufgenommen wurden. Diese Sonderregelung für das Königreich Württemberg führte häufig dazu, dass die Notare aus den anderen Ländern des Deutschen Reichs die württembergischen Grundbücher nicht zu lesen verstanden, schon gar nicht, wenn sie von Hand in Sütterlinschrift geschrieben waren.

Die Eintragungen in den württembergischen Büchern mussten natürlich in die neuen Grundbücher übertragen werden, von Hand und eben in der damals gebräuchlichen Handschrift. Bei den häufig umfangreichen Eintragungen in den Servitutenbüchern kam man zu einer einfacheren Lösung. In Abt. II der neuen Grundbücher wurde nur eingetragen,

Grunddienstbarkeit siehe Servitutenbuch Nr ... Seite ...

Auch die Notariatsverfassungen der einzelnen Länder unterschieden sich.

Es gab Länder, die hatten nur beamtete Notare eingesetzt, andere hatten nur freiberuflich tätige Notare oder Rechtsanwälte, die zugleich als Notare zugelassen waren, alle waren aber Akademiker mit erstem und zweitem Staatsexamen. Das Königreich Württemberg spielte wieder einen Sonderrolle. Es gab beamtete Notare, freiberufliche tätige Notare und eine beschränkte Anzahl von Anwaltsnotaren, also Rechtsanwälten, die vom Justizministerium gleichzeitig zu Notaren bestellt wurden.

Die Notare in Württemberg, ausgenommen die Anwaltsnotare, waren keine Akademiker, sondern absolvierten eine besondere Notariatsausbildung, die es nur in Württemberg gab. Wer diese Ausbildung durchlaufen hatte, war Notariatspraktikant und konnte sich um eine beamtete oder freie Notarstelle bewerben. Wer diese Ausbildung erfolgreich durchlaufen hatte, war auf dem weiten Gebiet der sogenannten Freiwilligen Gerichtbarkeit absoluter Spezialist.

Für die wenigen Anwaltsnotariatsstellen gab es ein anderes Auswahlsystem. Es zählte die Note des 1. und 2. juristischen Staatsexamens, es zählte das Dienstalter als Rechtsanwalt und wenn man Flüchtling bis zur zweiten Generation war, bekam man einen Extrapunkt. War ein Bewerber dann noch schwerbeschädigt, wurde dies ebenfalls positiv bewertet. Nur die Frage, ob der Bewerber besondere Kenntnisse auf diesem besonderen Rechtsgebiet hatte, spielte keine Rolle.

Das führte zur einer eigenwilligen Konstellation. Die aus der württembergischen Notarausbildung stammenden Notare, also keine Akademiker, fühlten sich überflüssigerweise den Anwälten unterlegen, die Anwälte aber, die in der Regel von der freiwilligen Gerichtbarkeit keine Ahnung hatten, ersetzten ihre Unkenntnis durch Arroganz. Waren sie Anwaltsnotare, stellten sie für die eigentliche Arbeit gut ausgebildete Notariatspraktikanten ein.

Mein Seniorpartner war, da schwerkriegsbeschädigt, Anwaltsnotar, aber mit wenig oder keinen einschlägigen Rechtskenntnissen auf dem Gebiet der freiwilligen Gerichtsbarkeit. Ein Notariatspraktikant als Zuarbeiter war ihm aber nicht gut genug. Wer in seinem Anwaltsnotariat maßgeblich mitarbeitete, also die eigentliche Arbeit leistete, musste doch Akademiker sein.

Mir machte dieses Rechtsgebiet – Grundbuch, Nachlassgericht, Handelsregister – Spaß. Mein Großvater war Ratschreiber = Notar in Stuttgart, mein Vater war Rechtsanwalt und Notar in Stuttgart, ich hatte keine Chance, Anwaltsnotar zu werden. Ich war kein Flüchtling, ich war nicht schwerbeschädigt, ich hatte auch keine guten Examensnoten, nicht zuletzt, weil ich das erste Staatsexamen nach dem sechsten Studiensemester – acht bis zehn waren damals üblich – ablegte und auch von den besonderen Fortbildungsmöglichkeiten während der Referendarzeit als

Gerichtsreferendar keinen Gebrauch machte, sondern die dafür vorgesehene Zeit anderweit einsetzte – aber das ist eine andere Geschichte. Ich habe davon berichtet.

Mein Seniorpartner kam nun auf die Idee, ich müsse in seinem Notariat die Rolle des Notariatspraktikanten einnehmen. Ich sollte ihn, wenn er an der Ausübung seines Notariatsamtes verhindert sein würde, vertreten. Ob diese Idee am Anfang so besonders intelligent war, musste man schon bezweifeln, den meine Ahnung von diesem Rechtsgebiet war auch nicht sehr viel besser als seine eigene. Auch ich musste Lehrgeld zahlen. Die Arbeit machte mir aber Spaß und ich lernte mit der Zeit so mehr oder minder alle Grundbuchnotare, Nachlassnotare und die Rechtspfleger bei den Handelsregistern kennen, die in Stuttgart und der weiteren Umgebung tätig waren.

Jedes Mal, wenn ein Notar an der Ausübung seines Amtes verhindert war, musste beim Landgericht für die Zeit der Verhinderung ein Vertreter bestellt werden. Bei einem Schwerkriegsbeschädigten ging man aber davon aus, dass dieser wiederholt gesundheitsbedingt verhindert sein würde. Um nicht ständig einen neuen Vertretungsantrag stellen zu müssen, bekam ein solcher Anwalt einen ständigen Vertreter für alle Verhinderungsfälle im Jahr, wenn er das wollte. Mein Seniorpartner schien mit meiner Arbeit zufrieden. Er wollte und bekam einen „Ständigen Vertreter", nämlich mich. Das führte rasch dazu, dass er sozusagen an 350 von 365 Tagen im Jahr verhindert war. Das Notariat führte ich auf diese Weise über viele Jahre praktisch allein. Damit waren mehr oder minder heitere Geschichten vorprogrammiert, denn einen Rechtsanwalt, der vom Notariatsgeschäft wirklich etwas verstand, gab es so gut wie nicht, und bei den Notaren war ein wirklicher Kenner des Notariatsgeschäfts, der auch einen Ruf als Rechtsanwalt hatte, ziemlich unbekannt.

Über solche heiteren Geschichten will ich auf den folgenden Seiten berichten.

Der Vergleich I

Wir waren in einem erbitterten Rechtsstreit, bei dem es um Grundstücksangelegenheiten ging, in der zweiten Instanz beim Oberlandesgericht angekommen.

Nach heftigem Schlagabtausch gelang es dem Senatspräsidenten – heute heißt das Vorsitzender Richter am Oberlandesgericht –, die Streitparteien zu einem Vergleich zu bringen, der auch die Übertragung des Eigentums an einem Grundstück zum Inhalt hatte.

Erleichtert, doch noch eine Einigung zustande gebracht zu haben, begann der Herr Präsident das Protokoll zu diktieren, das den Vergleich zum Inhalt haben sollte.

Der Herr Präsident begann: „Der Beklagte verpflichtet sich, zur Urkunde eines Notars", hier unterbrach ich ihn und sagte „Einspruch Euer Ehren, nicht zur Urkunde eines Notars, sondern jetzt im Gerichtsprotokoll!".

„Weshalb?", erwiderte er, „das machen wir in solchen Fällen immer so!"

Das war durchaus richtig, denn vom Notariatsgeschäft verstand er ebenso wenig wie in der Regel die auf beiden Seiten tätigen Anwälte, die deshalb mit der Einschaltung eines Notars sehr einverstanden waren.

„Wissen Sie", erläuterte ich meinen Einwurf, „wenn die notwendigen Erklärungen zu notariellem Protokoll abgegeben werden, entstehen dort völlig überflüssiger Weise Kosten, die mein Mandant nicht zu übernehmen bereit ist. Wenn wir die notwendigen Erklärungen der Parteien in das Gerichtsprotokoll aufnehmen, entstehen diese Kosten nicht, denn das Gerichtsprotokoll ersetzt als öffentliche Urkunde das notarielle Protokoll und verursacht neben den Gerichtskosten, die auf alle Fälle entstehen, keine weiteren zusätzlichen Kosten. Deshalb muss ich darauf bestehen, dass die erforderlichen Erklärungen in das Gerichtsprotokoll aufgenommen werden, auch wenn das nicht Ihrer üblichen Praxis entspricht. Unnötige Kosten übernimmt mein Mandant nicht, es ist meine Aufgabe, solche unnötigen Kosten zu vermeiden.".

Er zögerte und wusste nicht so recht, wie er sich jetzt verhalten sollte, ohne sich zu blamieren. Schließlich rang er sich zu einem Entschluss durch, den er erkennbar lieber vermieden hätte. Er sagte nur kurz zu mir: „Wenn Sie unbedingt drauf bestehen, dann übernehmen halt Sie jetzt das Diktat des Protokolls."

Dieser Aufforderung kam ich mit Vergnügen nach und hatte dann ohne zusätzliche Kosten ein gerichtliches Vergleichsprotokoll mit allen Formulierungen und Anträgen, die zum Vollzug der Urkunde im Grundbuch erforderlich waren.

Beim Oberlandesgericht sprach es sich natürlich alsbald herum, dass da ein seltsamer Anwalt aufgetreten sei, der verlangt habe, das Gerichtsprotokoll so zu formulieren, dass es ein sonst erforderliches notarielles Protokoll ersetze.

In späteren vergleichbaren Fällen wurde ich dann, egal vor welchem Senat, vom Vorsitzenden stets aufgefordert, das Protokoll zu diktieren.

Der Vergleich II

Ein Geschäftsgrundstück in der Königstraße in Stuttgart stand zur Hälfte im Privateigentum, zur anderen Hälfte im Eigentum einer Gesellschaft, die dort in der Stuttgarter Einkaufsmeile ein Geschäft führte. Zwischen den Eigentümern kam es zum Streit, eine Einigung scheiterte und das Ganze endete in einer Zwangsversteigerung zur Auseinandersetzung der Gemeinschaft.

Eine Grundstückszwangsversteigerung folgt eigenen Gesetzen, die Hinzuziehung eines Anwalts, der die Fallstricke kennt, die in den einschlägigen Vorschriften lauern, ist schon empfehlenswert. Den zu finden ist allerdings auch nicht ganz einfach, es gab und gibt nur wenige Kollegen, die sich damit befassen. Davon mehr an anderer Stelle.

Im Zwangsversteigerungstermin blieben zuletzt nur noch die bisherigen Eigentümer als Bieter übrig. Der Privateigentümer ließ sich von seinem recht ungeduldigen und impulsiven Schwiegersohn vertreten. Man steigerte sich gegenseitig hoch, in kleinen Schritten, bis dem Schwiegersohn der Geduldsfaden riss und er sein Gebot in der Annahme, dass die Gesellschaft das Grundstück auf alle Fälle ersteigern würde, in einem Schritt um 100.000,00 DM erhöhte, ein fataler Fehler, weil die Gesellschaft entgegen seiner Erwartung nicht mehr mitzog und ihn nicht überbot. Sein Schwiegervater erhielt damit den Zuschlag zu einem Preis, den er überhaupt nicht finanzieren konnte, von den nicht unbeträchtlichen Kosten, die er auch übernehmen musste, ganz zu schweigen.

Nun war „Holland in Not". Der Eigentümer wurde von meinem Seniorpartner vertreten, der im Zwangsversteigerungstermin von dem unsinnigen Gebot des Schwiegersohns seines Mandanten so überrascht wurde, dass er es nicht mehr verhindern konnte. Nachdem sein Mandant den Zuschlag erhalten hatte, musste er jetzt schauen, wie er das Grundstück wieder los wurde. Aber auch die Gesellschaft, anwaltlich beraten, war daran interessiert, das Grundstück an der Einkaufsmeile von Stuttgart ganz in die Hände zu bekommen. Die beiden Anwälte, als gute Zivilrechtler bekannt, konnten schließlich eine Einigung zustande bringen, die notariell zu beurkunden war.

Mein Seniorpartner brachte mir die Urkunde mit der Bitte, für die Abwicklung zu sorgen, der Gegenanwalt, den ich auch sehr gut kannte, sei damit einverstanden.

Ich las mir die Urkunde durch. Die war – immerhin verfasst von zwei Anwälten und einem Notar – soweit in Ordnung. Nur, die Anwälte waren Zivilrechtler und verstanden von der Freiwilligen Gerichtsbarkeit nicht viel, beim Notar war es umgekehrt. oder er dachte sich, wenn zwei erfahrene Anwälte das so wollen, beurkunde ich es eben so, wie sie es wollen. So las ich dann zu meinem Erstaunen, dass der Kaufpreis von immerhin 2 Millionen DM „Zug um Zug gegen Eigentumsübertragung" zur Zahlung fällig sei. Do ut des, wie der Lateiner sagt. Leistung und Gegenleistung sind also gleichzeitig – Zug um Zug – zu erbringen. Das ist bei Geschäften des täglichen Lebens einfach: Ich kaufe ein Brot, der Bäcker gibt mir das Brot und gleichzeitig gebe ich ihm das Geld, das er dafür haben will. Bei einem Grundstück ist das aber nicht so einfach, denn das Eigentum an einem Grundstück geht auf den Erwerber erst mit der Eintragung des Eigentumswechsels im Grundbuch auf den Erwerber über, also in dem Augenblick, in dem der Grundbuchnotar den Eigentumsübergangsvermerk im Grundbuch unterschreibt. Es gibt viele Möglichkeiten, sicherzustellen, dass der Grundstücksverkäufer sein Geld und der Käufer das Eigentum am Grundstück erhält, nur eine gibt es so gut wie nicht: Zug um Zug, und die hatten sich die beiden erfahrenen Anwälte, im Übrigen beide auch Anwaltsnotare, ausgesucht.

Ich suchte nach einer Lösung dieses unmöglich erscheinenden Problems. Gedanklich war sie einfach: Da das Eigentum am Grundstück mit der Unterzeichnung des entsprechenden Vermerks im Grundbuch übergeht, musste der Kaufpreis eben in diesem Augenblick bezahlt werden. Also brauchte ich den Grundbuchnotar, der zuständig und bereit war, dieses Spiel mitzuspielen, und ich musste dafür sorgen, dass der Kaufpreis in demselben Augenblick bezahlt wurde.

Ich stelle zunächst fest, wer der zuständige Notar war – es war der primus inter pares beim Grundbuchamt Stuttgart, den ich gut kannte und mit dem ich mich gut verstand. Er war zur Mitwirkung

bereit. Ich hatte den Eindruck, dass es ihm ungeheuer Spaß machte, zwei in Stuttgart bekannte Anwälte in Verlegenheit zu bringen. Er bestellte die Vertragsparteien mit ihren Anwälten in seine
Amtsräume ein. Er werde das Grundbuch entsprechend vorbereiten und den Vermerk über den Eigentumswechsel im Augenblick der Zahlung des Kaufpreises unterschreiben. Löschungs-
bewilligungen für etliche Eintragungen in Abt. II und III des
Grundbuchs seien mitzubringen.

Meine beiden Kollegen, die mittlerweile eingesehen hatten, dass
sie doch einen ziemlichen Unsinn fabriziert hatten, waren zu allem bereit, baten mich aber, an der Sitzung beim Grundbuchamt
teilzunehmen. Das schien eine ziemlich lustige Veranstaltung zu
werden. Ich machte meine Kollegen darauf aufmerksam, dass die
Abwicklung der Sache nur möglich sei, wenn der Kaufpreis von
2 Mio. DM in der Verhandlung zur Verfügung stehe. „Bringen
Sie am besten einen Bankscheck (ein Scheck, der die Bank selbst
als Bezogenen aufweist) mit, der ist so gut wie Bargeld."

Die Sitzung begann, der Notar saß würdevoll an seinem Schreibtisch, das vorbereitete Grundbuch lag vor ihm. „Jetzt brauche ich
erst einmal die Löschungsbewilligung für die Belastung in Abt.
III", wandte er sich an meinen Seniorpartner. Der zögerte und
meinte, doch erst nach Zahlung. „Wenn Sie mir die Löschungsbewilligung nicht geben wollen, können wir die Sitzung abbre-
chen. Die brauche ich", erklärte er in aller Ruhe. Nach einigem
weiteren Hin- und Her fehlte nur noch die Unterschrift des Notars im Grundbuch. Der hatte auch inzwischen den Scheck vor
sich liegen. Ich kam zu seinem Schreibtisch und sagte schmunzelnd: „Sie unterschreiben jetzt den Vermerk über den Eigen-
tumsübergang im Grundbuch und geben mir gleichzeitig den
Scheck, dann ist die Zug- um-Zug-Leistung erfüllt". Die übrigen
Beteiligten waren irgendwie überfordert und blieben mit großen
Augen stumm und schweigsam sitzen. Der Notar unterschrieb,
ich nahm den Scheck, der Notar schmunzelte ebenfalls und ich
verschwand mit dem Scheck in der Hand – ohne Quittung, ohne

alles – Meine Kollegen blieben, wie mir der Notar später erzählte, verblüfft zurück.

Als ich den Scheck genauer ansah, stellte ich zu meinem Erstaunen fest, dass es zwar der gewünschte Bankscheck, aber eben ein ganz normaler Verrechnungsscheck war, den ich problemlos auf mein eigenes Konto hätte einlösen können. Nun, Scheck- und Wechselrecht ist eben auch eine Spezialmaterie. Ich ging zur nächsten zuständigen Bankfiliale, deren Leiter ich gut kannte – wir waren vor Jahren gleichzeitig „Bankstifte" in dieser Bank -, gab ihm den Scheck und bat um Gutschrift auf dem „zuständigen" Konto. Der rief aber erst seine Mitarbeiter zusammen und zeigte ihnen den Scheck. „Seht euch diesen Scheck gut an, ihr werdet mit Sicherheit so schnell keinen Scheck über 2 Mio. DM noch einmal sehen".

So konnte die aus dem Ruder gelaufene Angelegenheit doch noch repariert werden.

Der Vergleich III

Es geht auch hier wieder um ein Grundstück in bester Geschäftslage in der Königstraße in Stuttgart. Die ursprünglichen Eigentümer, denen das Grundstück je zur Hälfte gehörte, waren verstorben. Der eine Eigentümer vererbte seine Hälfte an seinen Sohn, nennen wir ihn Dieter.

Erben des anderen waren seine drei Kinder – zwei Söhne und eine Tochter, Erich, Kurt und Isolde.

Eigentümer waren also nun Dieter zur Hälfte. Eigentümer der anderen Hälfte waren Erich, Kurt und Isolde in Erbengemeinschaft.

Dieter, also der Erbe der einen Hälfte, und Isolde, Miterbin der anderen Hälfte, heirateten einander und hatten ihrerseits drei

Kinder. Dieter verunglückte im Urlaub tödlich. Er stand auf einem Felsen, er wollte ein Foto machen. Weil ihm der Ausschnitt nicht gefiel, trat er einen Schritt zurück, aber da war nichts mehr, der unvermeidliche Sturz führte, wie so oft beim Fotografieren, zu seinem frühen Tod. Ein Testament gab es nicht, junge Leute meinen ja immer, dafür sei noch lange Zeit. Wir hatten nunmehr zwei Erbengemeinschaften als Eigentümer, wobei Isolde beiden Erbengemeinschaften angehörte, also ein ziemliches Durcheinander.

Es kam, wie es kommen musste: Die Erben gerieten hinsichtlich der Verwaltung der Liegenschaft in Streit, der dazu führte, dass Erich seinen Anteil am Grundstück veräußern wollte, den es rein rechtlich aber gar nicht gab – er war eben Mitglied einer Erbengemeinschaft. Da es zu keiner Einigung kam, erhielt ich von Erich den Auftrag, hier eine Lösung zu suchen und zu finden. Auch mir gelang es nicht, eine Einigung zustande zu bringen, sodass wir schließlich bei einer Klage auf Auseinandersetzung der Gemeinschaft oder besser beider Gemeinschaften, der Erbengemeinschaft und der Grundstücksgemeinschaft, landeten.

Ich muss hier einfügen, dass das Grundstück, das im Bombenkrieg völlig zerstört worden war, nach dem Krieg wieder aufgebaut worden war. Finanziert wurde der Wiederaufbau durch Bankkredite, die noch nicht zurückbezahlt waren und für die alle hafteten, aber auch durch Baukostenzuschüsse von Mietern, die dafür aber Sicherheiten sowohl für die geleisteten Zahlungen als auch für einen zeitlich begrenzten Kündigungsschutz verlangten. Das Grundbuch war also in Abt. II und in Abt. III mit reichlich Einträgen versehen.

In der ersten Verhandlung vor dem Landgericht Stuttgart gelang es dann schließlich, doch zu einer Einigung zu kommen: Erich sollte einen bestimmten Geldbetrag erhalten und ausscheiden. Der Landgerichtsdirektor als Einzelrichter war natürlich erfreut, diesen komplizierten Rechtsstreit auf so einfache Weise los zu werden. „Schreiben Sie", meinte er zu der anwesenden Mitarbeiterin der Geschäftsstelle – Diktiergeräte gab es damals noch nicht – „die Parteien schließen" „Halt", unterbrach ich ihn, „wenn wir das vernünftig regeln wollen, muss der Vergleich ausgearbeitet werden, das geht mit dem besten Willen nicht in der Verhandlung". Das passte dem Richter überhaupt nicht, aber mein Kollege auf der Beklagtenseite schloss sich meiner Meinung an. „Wir werden uns melden und um Anberaumung eines Vergleichstermins bitten, wenn der Vergleichstext vorliegt, erklärte ich, dem Richter blieb bei dieser Sachlage nichts anderes übrig, als zuzustimmen.

Nach der Verhandlung sprach ich den doch wesentlich jüngeren Kollegen, der die Gegenseite vertrat, an. „Sie sind sicher damit einverstanden, dass ich den Vergleichstext entwerfe?", fragte ich ihn. Er war, so hatte ich den Eindruck, sehr damit einverstanden, denn er hatte im Verlauf der Verhandlung doch festgestellt, dass ihm etliche erforderliche einschlägige Rechtskenntnisse fehlten. Ich fuhr dann fort: „Wir sollten bei dieser Gelegenheit auch das Grundbuch in Ordnung bringen und Belastungen in Abt. II und Abt. III, soweit möglich, zur Löschung beantragen. Wir sparen dabei auch noch eine Menge Geld, denn das Gerichtsprotokoll ist so gut wie eine notarielle Urkunde. Und", fuhr ich fort, „wir können, wenn Sie damit einverstanden sind, für Ihre Mandanten die sicher zweckmäßige Erbauseinandersetzung für beide Erbengemeinschaften einbauen. Ich denke, das Gericht durchschaut das nicht so richtig und Ihre Mandanten ersparen sich die sonst nötige, angesichts des Grundstückswerts sehr teure, dazu notwendige, notarielle Beurkundung.".

Er schaute mich zunächst etwas verwundert an, begriff dann aber, was ich insoweit im Interesse seiner Mandanten bezwecken wollte. „Ja, wenn Sie meinen, dass das geht, einverstanden. Aber das müssen Sie formulieren", meinte er. Wir besprachen, wie die Erbauseinandersetzungen zweckmäßiger Weise gestaltet werden sollten und trennten uns in gutem Einvernehmen.

Auf dem Heimweg in die Kanzlei wurde mir klar, dass ich mir damit eigentlich grundlos eine Aufgabe eingehandelt hatte, die sich alsbald als komplizierter darstellte, als ich mir das vorgestellt hatte. Aber zugesagt ist zugesagt. Ich machte mich ans Werk.

Nach einigen Tagen lag der Text, den meine Sekretärin – zum Glück, ohne zu murren – geschrieben hatte, vor mir; es waren 40 DinA4-Seiten geworden.

Wir, mein Kollege und ich, beantragten bei Gericht die Anberaumung eines Termins zur Protokollierung des Vergleichs, der Vergleichstext werde zum Termin mitgebracht.

Ich hatte das Schriftstück so vorbereitet, dass es auch alle erforderlichen Formalitäten enthielt, die bei einem Gerichtsprotokoll zu beachten waren. Ich übergab das Schriftstück dem Richter, der das um die Formalitäten angereicherte „Paket" verblüfft ansah. Er blätterte es kurz durch. „Ich sehe ein, dass wir das in der Verhandlung nicht hätten formulieren können", meinte er schließlich und fuhr fort, es sei aber auch sicher einzusehen, dass er mit dem besten Willen die Verantwortung für diesen Vergleichstext nicht übernehmen könne. Diese hätte er normalerweise ja gehabt, wir stimmten aber gerne zu.

Er hatte aber noch eine Aufgabe zu bewältigen: Der Vergleich musste vorgelesen werden. 40 Seiten eines komplizierten Textes vorzulesen, ist ein Notar gewohnt. Für einen Richter ist das aber eine höchst ungewohnte und anstrengende Aufgabe, die „unser" Richter aber bewältigte, auch wenn er danach etwas heiser war.

Die Parteien, der Richter, die Anwälte und die Damen der Geschäftsstelle des Richters – diese, weil sie die insgesamt 42 Seiten des Protokolls nicht schreiben mussten – waren zufrieden. So gesehen hat sich der Einsatz sicher gelohnt – Geld ist nicht alles.

Eine fast unendliche Geschichte

Unter meinen Mandanten befanden sich etliche Bauträger, die Baugrundstücke erwarben und diese bebauten, im eigenen Namen, oder schon im Auftrag von Bauherren, die das Grundstück in Miteigentumsanteile aufteilen, das Grundstück gemeinsam bebauen und ihre Miteigentumsanteile jeweils mit dem Sondereigentum an einer Wohnung verbinden wollten oder mit anderen Worten, es sollte eine Wohnungseigentumsanlage entstehen.

Dazu bedurfte es neben der Gemeinschaftsordnung des Teilungsvertrags oder der Teilungserklärung. Im Teilungsvertrag oder der Teilungserklärung wird festgehalten, mit welchem Miteigentumsanteil am Grundstück das Sondereigentum an welcher Wohnung verbunden wird, also beispielsweise Miteigentumsanteil von 350 Tausendstel, verbunden mit dem Sondereigentum an der Wohnung Aufteilungsplan Nr. 15 usw.

Eine Ausfertigung des beurkundeten Teilungsvertrags oder der beurkundeten Teilungserklärung war beim zuständigen Grundbuchamt zum Vollzug einzureichen. Zügige Erledigung war wichtig, den erst nach Anlegung der Wohnungsgrundbücher war die Eintragung von Auflassungsvormerkungen zu Gunsten von Käufern und die Eintragung von Hypotheken und Grundschulden in die neuen Grundbücher möglich, die die Käufer einer Wohnung zur Sicherung der Darlehen benötigten, mit denen sie „ihre Wohnung" finanzieren wollten.

Mit anderen Worten: Eile war geboten. Ich hatte in diesem Fall die Teilungserklärung beurkundet und reichte eine Ausfertigung der Urkunde mit allen erforderlichen Anlagen beim Grundbuchamt zum alsbaldigen Vollzug ein, aber es geschah: nichts. Meine Mandanten, der Bauträger und die einzelnen Wohnungseigentümer, wurden unruhig. „Warum sind die Grundbücher immer noch nicht angelegt?", war die ständige Frage. Also Anruf beim Grundbuchamt. Dort setzte man sich gegen den Vorwurf, die

Sache liegen gelassen zu haben, vehement zur Wehr. Es sei alles längst vorbereitet, aber die Druckerei, die zu beauftragen man angewiesen sei – die hatte Väterchen Staat wohl Sonderkonditionen eingeräumt – habe keine Kapazität frei.

Ich suchte nach einem Ausweg. Ich wusste, dass es in Gefängnissen Druckereien gab, die einen solchen Auftrag noch preisgünstiger als die „Standarddruckerei" übernehmen konnten. Also Antrag bei dem in diesem Fall zuständigen Oberlandesgericht Stuttgart, die Grundbuchformulare in diesem Fall in der Gefängnisdruckerei in Ludwigsburg drucken zu dürfen. Es dauerte auch hier geraume Zeit, aber schließlich lag die Genehmigung vor. Das Grundbuchamt übersandte die kompletten Unterlagen nach Ludwigsburg und erteilte den Druckauftrag.

Aber es geschah wiederum: nichts.

Meine Mandanten wurden verständlicherweise immer unruhiger, ihnen lief die Zeit davon, der Bauträger konnte die Bauhandwerker nicht mehr bezahlen, das gesamte Vorhaben drohte, aus dem Ruder zu laufen. Eile war dringend geboten. Ich rief die Gefängnisverwaltung in Ludwigsburg an und erkundigte mich nach dem Stand der Sache. Der Auftrag sei da, erklärte mir die Verwaltung, die Gefängnisdruckerei habe auch die erforderlichen Leerformulare und die technische Möglichkeit, den Druckauftrag auszuführen, nur, bedauerlicherweise, man habe derzeit keinen Buchdrucker „einsitzen", der in der Lage sei, den Auftrag auszuführen. Auf die Idee, mir wenigstens einen Zwischenbescheid zu erteilen, kam man nicht.

Ich berichtete dem Oberlandesgericht und beantragte, eine andere Haftanstalt mit Druckerei und einsitzendem Drucker beauftragen zu dürfen. Das wurde auch nach einiger Zeit genehmigt und die Druckerei im Zuchthaus (das gab es damals noch) in Bruchsal festgelegt. Der Auftrag ging umgehend nach Bruchsal. Aber wie wundersam, es geschah auch hier wiederum: nichts.

Nach einer mir angemessen erscheinenden Wartezeit rief ich bei der Zuchthausverwaltung in Bruchsal an. Mein Gesprächspartner in Bruchsal war sehr freundlich, er verstand sofort mein Drängen und versicherte mir, er würde gerne und rasch helfen, aber, meinte er: „Wir haben die Druckerei, wir haben unter den Gefangenen auch Drucker, die den Auftrag ausführen könnten, aber wir haben keine württembergischen Leerformulare. Wir haben nur die, die im badischen Landesteil und im übrigen Bundesgebiet eingeführt sind." Klar, wie sollte das im badischen Landesteil liegende Zuchthaus Bruchsal württembergische Leerformulare haben. Dazu muss man wissen, dass, wie ich schon berichtet habe, im Königreich Württemberg alles ein wenig anders war als in anderen Ländern. Beim im Inkrafttreten des Bürgerlichen Gesetzbuches im Reichsgebiet im Jahr 1900 durften die Württemberger ja ihre abweichenden Regelungen behalten.

Die so dringend erwartete Erledigung rückte wieder in weite Ferne. Sollte ich jetzt beantragen, die Überstellung der erforderlichen württembergischen Grundbuchformulare nach Bruchsal, also in den badischen Landesteil und in einen anderen Oberlandesgerichtsbezirk, zu genehmigen und durchzuführen? Ich hielt das für keine gute Idee. Es würde im Amtsbetrieb sicher erhebliche Schwierigkeiten bereiten, württembergische Formulare samt Gebrauchsanweisung ins Badische zu versenden. Besser schien es mir, die Sache selbst in die Hand zu nehmen. Ich beantragte, zu gestatten, den Druckauftrag selbst auf eigene Kosten an eine private Druckerei vergeben zu dürfen, eigentlich unmöglich, denn das bedeutete doch nichts anderes als die Übertragung einer hoheitlichen Aufgabe in private Hand. Die Genehmigung wurde wider Erwarten dann aber nach einiger Zeit auch erteilt. Offenbar war man beim Oberlandesgericht zu der Erkenntnis gekommen, die Idee des privaten Drucks sei doch nicht unvernünftig und spare außerdem Geld. Dass mit der Genehmigung Missbrauch betrieben werden könne, sei wohl auszuschließen.

Ich hatte unter meinen Mandanten eine Druckerei, die den Auftrag gerne annahm und sofort zu erledigen versprach. Nach wenigen Tagen hatte ich die gedruckten Formulare in der Hand. Die brachte ich selbst dem zuständigen Grundbuchnotar in sein Büro und der machte sich sofort daran, die Grundbücher anzulegen.

Der Bauträger und die späteren Wohnungseigentümer waren glücklich, Hypotheken und Grundschulden konnten eingetragen werden, die mit ihnen abgesicherten Darlehen wurden ausgezahlt und der Bau konnte ohne finanzielle Sorgen weitergehen.

Die selbst zu übernehmenden Druckkosten spielten beim Volumen des Gesamtbauvorhabens überhaupt keine Rolle.

Ich hatte wieder einmal gelernt: Wenn gar nichts mehr zu gehen scheint, muss man eigene, auch ungewöhnliche, Ideen entwickeln und durchzusetzen versuchen, auch wenn ein beurkundender Notar, gleichgültig ob Beamter oder freiberuflich tätig, dazu mit Sicherheit nicht verpflichtet ist, zumal er für die Zusatzarbeit noch nicht einmal bezahlt wird. Erfahrungsgemäß führen aber solche Ideen meist zum Erfolg. Außerdem: wenn eine Kanzlei mit solch ungewöhnlichen Ideen Erfolge erzielt, spricht sich das herum. Das entwickelt eine Werbewirksamkeit, die die Kosten des Mehraufwands mehrfach aufwiegt, wie ich immer wieder feststellen konnte.

Die Münchener Grundbuchkatastrophe

Weshalb bei mir immer wieder total misslungene Fälle landeten, die es falls möglich zu reparieren galt, habe ich nie so richtig begriffen. Ich zog sie an wie das Licht die Motten. Und es gab Fälle, die es gar nicht geben konnte, jedenfalls dann nicht, wenn sich auch nur einer von vielen zwangsläufig involvierten Fachleuten bei seiner Arbeit etwas gedacht hätte.

Ein Immobilienunternehmer, für den ich schon etliche Angelegenheiten erledigt hatte, bat dringend um einen sofortigen Termin, den ich irgendwie zwischen andere Termine hineinschob. Wer so verzweifelt um einen raschen Termin bat, den konnte ich nicht im Regen stehen lassen.

Er kam, sichtlich aufgeregt, und begann, mir eine seltsame, genau genommen unglaubliche Geschichte zu erzählen. Wenn man das nicht rasch in Ordnung bringen könne, sei er ruiniert und müsse Konkurs – so hieß das damals noch – anmelden.

Was war passiert? Ich brachte schließlich Folgendes aus ihm heraus:

Er hatte in München ein großes Baugrundstück gekauft, das er mit 15 kleinen Einfamilienhäuschen und einem achtstöckigen Wohnhaus mit insgesamt 16 Wohnungen bebauen wollte. Die Baugenehmigung hatte er erhalten, mit dem Bau hatte er begonnen und er hatte auch schon den Verkauf der geplanten Einheiten eingeleitet. Mit der notariellen Abwicklung des ganzen Vorhabens hatte er einen Stuttgarter Notar beauftragt.

Der kam nun auf eine recht bestechende Idee: Er wollte das Grundstück nicht in 16 Einzelparzellen aufteilen, eine für jedes Haus und eine für das achtstöckige Wohngebäude, das hätte Zeit und Geld gekostet, außerdem hätte es insbesondere mit Grenzabständen baurechtliche Schwierigkeiten gegeben. Er machte sich das Wohnungseigentumsgesetz zu Nutze, bildete 16 Miteigentumsanteile und verband 15 Miteigentumsanteile je mit dem Sondereigentum an einem Häuschen und den 16. Miteigentumsanteil mit dem Sondereigentum an dem Wohnhaus. Die Grundstücksflächen wurden im Wege von Sondernutzugsrechten den einzelnen Einheiten zugeteilt. Die Idee war wirklich gut, in der Teilungserklärung konnten ja alle notwenigen Einzelregelungen abgehandelt werden.

Bis dahin waren die Schilderungen meines Mandanten verständlich und nachvollziehbar, aber dann wurde es wirr. Grundbücher seien geschlossen worden, seine Kunden bekämen kein Geld mehr oder seien aufgefordert worden, Darlehen sofort zurückzuzahlen und dergleichen mehr Seltsamkeiten.

Ich erklärte meinem Mandanten, dass ich seine Schilderungen mit dem besten Willen nicht nachvollziehen könne. Ich sei zwar nicht begeistert, aber Klarheit könne ich mir wohl erst beim Grundbuchamt in München verschaffen. Ich sei bereit, nach München zu fahren, wenn er damit einverstanden sei. Er war – sogar sehr – einverstanden. Also fuhr ich nach München, wohl wissend, dass ein württembergischer Rechtsanwalt bei einem bayerischen und auch noch Münchener Grundbuchamt von vorneherein keine guten Karten hatte. Aber man kann sich täuschen.

Ich fand die zuständige Dienststelle, trat ein und sagte „Grüß Gott". Damit war klar, ein Bayer war das nicht, aber auch kein Norddeutscher, das war schon gut und man erkannte mich wohl mit dieser Begrüßung als Schwabe. Ich wollte gerade mein Anliegen vortragen, als eine der Damen auf mich zukam, mich unterbrach und mich fragte: „Sie kommen sicher aus Stuttgart in der Sache …‚ der Sache meines Mandanten. Ich wurde außergewöhnlich zuvorkommend behandelt, mir wurde alles erläutert, mir wurden alle einschlägigen Unterlagen vorgelegt, man war offensichtlich froh, dass sich jemand für das Desaster interessierte, das beim Grundbuchamt offenbar entstanden war. Ich konnte schließlich Folgendes herausbringen:

Der Bau hatte begonnen, die Grundbücher waren angelegt, die Verkäufe verliefen erfolgversprechend, nur das Wohnhaus mit seinen acht Stockwerken und seinen sechzehn Wohnungen erwies sich als Einheit unverkäuflich. Im Notariat in Stuttgart kam man auf eine fulminante Idee: Wir machen aus dem Wohnhaus Eigentumswohnungen und können dann sogar im Dachgeschoss noch zwei Wohnungen zusätzlich einbauen. Gesagt, getan. Der Miteigentumsanteil, der mit dem Sondereigentum an dem Wohnhaus verbunden war, wurde erneut und jetzt in achtzehn

Miteigentumsanteile aufgeteilt, jeweils verbunden mit dem Sondereigentum an einer Wohnung. Die entsprechende Teilungserklärung wurde beim Grundbuchamt eingereicht und wundersamerweise anstandslos vollzogen, die Grundbücher wurden angelegt, der Verkauf konnte beginnen. In die neuen Grundbücher wurden die Auflassungsvormerkungen der Käufer eingetragen, Grundschulden konnten bestellt und eingetragen werden und alle waren glücklich.

Bis jemand auf eine Idee kam. Die kleinen Häuschen waren hauptsächlich an Betreiber und Betreiberinnen von Ständen auf dem Münchener Viktualienmarkt verkauft worden und insbesondere die Damen vom Viktualienmarkt konnten rechnen. Als einige der Damen bemerkten, dass in dem Wohnhaus statt sechzehn jetzt achtzehn Wohnungen entstehen würden, schlossen sie messerscharf: Bei der Berechnung der Größe der einzelnen Miteigentumsanteile am Gesamtgrundstück ist man beim Wohnhaus von sechzehn Wohnungen ausgegangen, jetzt sind es achtzehn, wir wollen an den zwei zusätzlich entstandenen Wohnungen beteiligt sein. Sie wurden ausgelacht. Im Stuttgarter Notariat wurden sie ausgelacht, beim Grundbuchamt wurden sie ausgelacht, sie wurden einfach nicht ernst genommen und das ist bei Damen vom Münchener Viktualienmarkt nicht ungefährlich. Sie erhoben schließlich Klage beim Landgericht München und verloren. Aber so schnell gibt man auf dem Münchener Viktualienmarkt nicht auf. Die klagenden Damen gingen in die Berufung. Sie wollten an den beiden zusätzlichen Wohnungen beteiligt werden. Das ging zwar auch schief, aber es platzte eine Bombe, von der bislang niemand wusste, dass es sie überhaupt gab.

Die Richter am Oberlandesgericht waren die ersten, die wirklich nachdachten. Sie stellten nämlich rasch etwas fest, was man schon im Stuttgarter Notariat hätte wissen müssen und was man weder dort noch beim Grundbuchamt und schon überhaupt nicht beim Landgericht bemerkt hatte. Die Berufung wurde zurückgewiesen mit der Begründung, dass es die beiden streitigen

Eigentumswohnungen im Dachgeschoss des Wohnhauses rechtlich überhaupt nicht gab, es gab überhaupt keine Eigentumswohnungen im Wohnhaus, weil es rechtlich schlechterdings unmöglich ist, ein Wohnungseigentum in Unterwohnungsrechte aufzuteilen. Wohnungseigentum im Wohnungseigentum gibt es eben nicht.

Erfahrene Juristen hätten jetzt erst einmal gar nichts gemacht, nachgedacht und nach einem vernünftigen Ausweg gesucht. Immerhin waren in den ohne Zweifel unzulässigen Grundbüchern Auflassungsvormerkungen und Grundpfandrechte zur Sicherung auch bereits ausbezahlter Baukredite von Käufern eingetragen. Beim Grundbuchamt bekam man aber Wind von der Entscheidung, zuständig für die Beurteilung der Situation war eine junge Richterin, die wohl meinte, sich durch eine rasche entschlossene Entscheidung profilieren zu können. Sie ordnete kurzer Hand an, die unzulässigen Grundbücher zu schließen. Es gab jetzt nur noch den einen mit dem Sondereigentum am Wohnhaus verbundenen Miteigentumsanteil, den es ursprünglich gab, und nur noch ein dazu gehöriges Grundbuch. Und in diesem Grundbuch sah es fürchterlich aus. Die ganzen in den jetzt geschlossenen Grundbüchern eingetragenen vielen Vormerkungen und Grundpfandrechte fanden sich jetzt wieder in dem einen Grundbuch des mit dem Eigentum am Wohnhaus verbundenen Miteigentumsanteils – in Abt. II und III gleichrangig! Wer ohne Kenntnis der Vorgeschichte in dieses Grundbuch hineinschaute, verstand gar nichts mehr. Die Banken, die schon Kredite ausbezahlt hatten, wollten ihr Geld zurück, Kaufinteressenten für noch nicht verkaufte Wohnungen sprangen ab, Käufer, die schon gekauft hatten, konnten nicht mehr bezahlen, weil sie ihre Kredite nicht mehr bekamen, die Bauarbeiten wurden eingestellt, weil mein Mandant die Baufirmen nicht mehr bezahlen konnte, ihm drohte der Konkurs. Dabei wäre die Lösung des Problems doch so einfach gewesen: Man hätte nur die Wohnungen im Wohnhaus in die Teilungserklärung des Gesamtgrundstücks integrieren müssen. Die zwei zusätzlichen Wohnungen im Dachgeschoss des Wohnhauses hätte es allerdings nicht gegeben. Aber auch das hätte man in rechtlich einwandfreier Weise gestalten können.

Besonders verwunderlich war allerdings, dass keiner der mit der Angelegenheit befassten juristischen Spezialisten, der Urkundsnotar nicht, das Grundbuchamt in München und auch die Richter am Landgericht München nicht, den Fehler bemerkte. Irgendwann wäre dann einmal die Bombe geplatzt, nämlich dann, wenn ein Käufer einer solchen rechtlich nicht existenten Eigentumswohnung diese hätte verkaufen wollen.

Zum Glück gab es die Damen vom Münchener Viktualienmarkt, die zwar falsch, aber scharf nachdachten und zu dem Ergebnis kamen, man habe sie durch den Einbau der zwei zusätzlichen Wohnungen im Wohnhaus betrogen.

Das war es, was ich in München erfahren konnte, aber das war schließlich genug. Als ich nicht nur das Parkhaus, in dem mein Auto stand, sondern auch dieses selbst wieder gefunden hatte, fuhr ich am späten Abend nach Hause. Schon auf der Fahrt machte ich mir Gedanken, ob überhaupt und wie man diese Misere bereinigen könne.

Der rechtliche Weg war einfach: Man musste das tun, was man von Anfang an hätte tun müssen, nämlich die Wohnungen im Wohnhaus in die ursprüngliche Teilungserklärung integrieren. Das war zwar angesichts des Tohuwabohus, das man im Münchener Grundbuchamt durch die Schließung von Grundbüchern angerichtet hatte, aufwendig und mühsam, aber problemlos machbar. Das Problem waren in erster Linie die Damen vom Viktualienmarkt, die als Miteigentümer mitmachen mussten. Das würden sie wohl tun, wenn man sie aufklären und überzeugen konnte, allerdings sicher nicht umsonst.

Ich setzte mich mit dem WEG-Verwalter, den es schon gab, in Verbindung, schilderte ihm die Lage und bat ihn, eine

Wohnungseigentümerversammlung einzuberufen, an der alle Wohnungseigentümer, soweit schon vorhanden, teilnehmen müssten. Ich fand in ihm zum Glück einen Mann, der nicht nur kooperativ, sondern auch kompetent war. Er berief alsbald die WEG-Versammlung ein. Den „schwarzen Peter" hatte jetzt wieder ich. Mein Problem war, alle Beteiligten, insbesondere die Damen vom Viktualienmarkt für die einzig mögliche Lösung zu begeistern. Nun, ich hatte schon viel mit eigenwilligen misstrauischen Bauern von der Schwäbischen Alb, vom katholischen, aber auch vom evangelisch-pietistischen Teil, zu tun gehabt und diese zu vernünftigen Lösungen bringen können. Was bei denen funktionierte, müsste doch wohl auch auf dem Viktualienmarkt in München erfolgreich sein, dachte ich und fuhr mehr oder minder gespannt wieder nach München zur Wohnungseigentümerversammlung.

Wichtig war zunächst, Vertrauen zu gewinnen. Als ich vor die versammelten Bayern trat, war mir eines klar: Mit Hochdeutsch (soweit ein Schwabe dazu fähig ist) durfte ich nicht kommen. Der Versuch, bayrisch nachzumachen, fiel ebenfalls aus. Schwäbisch in abgemilderter auch für einen Bayern verständlichen Form schien mir der richtige Weg zu sein – mit Erfolg. Den Gegenwert der beiden Wohnungen im Dachgeschoss des Wohnhauses musste ich zwar opfern, das war mir ohnehin klar, aber sämtliche Wohnungseigentümer waren schließlich mit meinem Vorschlag einverstanden. Eine umfangreiche notarielle Beurkundung war erforderlich, die in München stattfinden musste. Ein Stuttgarter Notar durfte in München nicht beurkunden und alle Beteiligten nach Stuttgart zu bringen, war sowieso nicht möglich. Außerdem wäre es sowieso ausgeschlossen gewesen, dass ein Notar, der nicht nur kein Oberbayer, sondern überhaupt kein Bayer war, die Pannenserie beim Grundbuchamt in München in Ordnung brachte. Unsere Kanzlei arbeitete aber schon immer gut mit einer eingeführten Münchener Kanzlei zusammen, der ich die Sache übertragen konnte und die auch bereit war, die umfangreiche und mühsame Arbeit zu übernehmen, zu der ja auch gehörte, die zahlreichen gleichrangig eingetragenen Vormerkungen und Grundpfandrechte dorthin zu bringen, wo sie hingehörten. Die Spezialisten in dieser Kanzlei erkannten recht schnell, dass höchste Eile geboten war, sie legten sich ins Zeug, auch beim Grundbuchamt war man daran interessiert, die Panne rasch und geräuschlos zu beseitigen, alles wurde wirklich „sofort" erledigt.

Ende gut, alles gut, das Gesamtbauvorhaben und das Unternehmen meines Mandanten waren gerettet, der Konkurs, der nur den Konkursverwalter reich gemacht hätte, war vermieden. Für die Haftpflichtversicherung des Notars, in dessen Kanzlei der ursprüngliche Fehler gemacht worden war, wurde es allerdings ziemlich teuer. Aber dazu war sie schließlich da.

Die Verlängerung des Erbbaurechts

Im Jahr 1957 versuchte ein Architekt, im Zentrum von Stuttgart zwei nebeneinander liegende Baugrundstücke zu erwerben. Es gelang ihm, eines dieser Grundstücke zu kaufen. Er benötigte aber auch das Nachbargrundstück, um seine Bauidee ausführen zu können. Vergeblich, die Eigentümer wollten einfach nicht verkaufen, waren aber schließlich bereit, ihm ein Erbbaurecht für 50 Jahre einzuräumen.

Er reichte bei der Baubehörde ein Baugesuch für ein Wohn- und Geschäftshaus ein, das die einheitliche Bebauung beider Grundstücke vorsah. Er wollte nach Fertigstellung das Gesamtgebäude in Wohnungs- und Teileigentumseinheiten aufteilen und verkaufen.

Nun, es war kein Problem, das Grundstück, das er erwerben konnte, in Miteigentumsanteile aufzuteilen, die jeweils mit dem Sondereigentum an Gewerbeeinheiten oder Wohnungen verbunden waren. Es war auch geklärt, dass man ein im Erbbaurecht erstelltes Gebäude aufteilen konnte. Hier wurden eben Miterbbaurechtsanteile mit dem Sondereigentum an Gewerbeeinheiten oder Wohnungen verbunden.

Es war aber ein Problem, die beiden Grundstücke so zu bebauen, wie wenn es sich um ein einziges zusammenhängendes Grundstück handeln würde. Der Architekt plante nämlich so, dass einzelne Einheiten auf dem Grundstück, das er erwerben konnte, nur über das Erbbaurechtsgrundstück betreten oder verlassen werden konnten. Nur, dieses Problem erkannte niemand, nicht der Architekt, auch nicht insbesondere die Juristen, die als Käufer in der Warteschlange standen und schon gar nicht das Baurechtsamt, das eine Baugenehmigung erteilte, die nie hätte erteilt werden dürfen.

Nun, die Baugenehmigung wurde erteilt, der Architekt baute und der Architekt verkaufte die einzelnen Einheiten nicht zuletzt auch an Rechtsanwälte, die in den erworbenen Einheiten ihre Kanzleien einrichten wollten. Keiner, insbesondere auch die Juristen, bemerkte, dass die rechtliche Konstruktion im Zusammenschluss von Eigentum und Erbbaurecht höchst problematisch war, weil eben acht Einheiten im Gebäudeteil auf dem Grundstück, das der Architekt hatte erwerben können, nur über das Treppenhaus und den Aufzug im Gebäudeteil auf dem Erbbaugrundstück betreten oder verlassen werden konnten. Kein Problem? Tatsächlich war das wirklich kein Problem, aber rechtlich tauchten plötzlich erhebliche Schwierigkeiten auf.

Die Teilungserklärungen für die beiden Grundstücke wurden von einem Notar erarbeitet, beurkundet und beim Grundbuchamt eingereicht – allerdings hatte auch dieser Fachmann, der es hätte wissen müssen, die Problematik nicht erkannt.

Die Urkunden wurden beim Grundbuchamt zum Vollzug eingereicht. Eine Zwischenverfügung war die Folge: Der Zugang zu diesen acht Problem-Einheiten müsse rechtlich gesichert sein. An eine Grunddienstbarkeit zu Lasten des Erbbaugrundstücks sei zu denken, die sei aber sicher nicht ausreichend, ob eine Grunddienstbarkeit zusätzlich zu Lasten des Erbbaurechts möglich sei, sei zweifelhaft. Diese Frage auszudiskutieren konnte dauern, aber die Zeit drängte. Der Bauherr brauchte dringend das Geld seiner Käufer und die mussten die Möglichkeit haben, zur Sicherung der Kredite, die sie zur Finanzierung ihrer Einheiten benötigten Grundpfandrechte im Grundbuch eintragen zu lassen. Die Grundbücher mussten her. Eine gerichtliche Klärung der streitigen Fragen schied also aus.

Ein findiger Geist kam nun auf eine grandiose Idee: Das Gesamtgebäude war, wie gesagt, als einheitliches Gebäude konzipiert, es gab nur eine Heizungsanlage und es gab im Untergeschoss der beiden Gebäudeteile eine große Zahl von Lattenverschlägen, die als Abstellräume genutzt werden sollten, und – das war wichtig – im Untergeschoss waren die beiden Gebäudeteile durch einen offenen Gang miteinander verbunden. Des Rätsels Lösung? Am Erbbaugrundstück wurden Minierbbaurechtsanteile gebildet, die mit dem Sondereigentum an je einem solchen Kellerabteil verbunden wurden. Die Käufer der acht Problemeinheiten auf dem Eigentumsgrundstück erwarben je einen solchen Minierbaurechtsanteil, waren somit an der Erbbaurechtsgemeinschaft beteiligt und konnten so als Kellersondereigentümer Aufzug und Treppenhaus auf dem Erbbaugrundstück benutzen. Diese Lösung war sicher auch zweifelhaft, wurde aber vom Grundbuchamt akzeptiert. Rein vorsorglich legte man dann noch fest, dass diese Minierbbaurechtsanteile bei Abstimmungen in der Erbbaurechtsgemeinschaft kein Stimmrecht hatten. Nur einen sich später als außerordentlich wichtig erweisenden Umstand hatte man – wie gesagt, es waren viele erfahrene Juristen beteiligt – vergessen: In den Grundbüchern der acht Einheiten auf dem Eigentumsgrundstück hätte je eine Grunddienstbarkeit dahingehend eingetragen werden müssen, dass das Wohnungs- oder Teileigentum nur zusammen mit dem Kellererbbaurechtsanteil veräußert werden darf und umgekehrt. Das hatte auch der zuständige Grundbuchnotar nicht bedacht.

Die Zeit ging ins Land und alles war gut. Aber plötzlich drohten die 50 Jahre, für die das Erbbaurecht bestellt war, sich zum Ende zu neigen.

Nun, wenn das Erbbaurecht abläuft, endet es eben, das im Erbbaurecht erstellte Gebäude fällt an den Grundstückseigentümer, der den oder die Erbbauberechtigten zu entschädigen hat. Der Grundstückseigentümer kann aber dem oder den Erbbauberechtigten die Verlängerung des Erbbaurechts anbieten. Lehnt dieser oder bei mehreren Erbbauberechtigten auch nur einer von ihnen das Angebot ab, fällt nach dem Erbbaurechtsgesetz das im Erbbaurecht erstellte Gebäude **entschädigungslos** in das Eigentum des Grundstückseigentümers.

Ich muss hier einfügen, dass unsere Kanzlei in Erbbaurechtseinheiten residierte, die meinem Seniorpartner und nach dessen Tod seinen Erben gehörten. Ich war altershalber aus der Kanzlei ausgeschieden, meine jüngeren Kollegen gerieten in Streit, die Kanzlei fiel auseinander, ich konnte aber mit anderen Kollegen jedenfalls die Räume im Erbbaurechtsgebäude anmieten, in der die Kanzlei vor nahezu 50 Jahren ihren Anfang nahm. Zu meiner Notariatspraktikantin – nennen wir sie Renate –, mit der ich jahrelang hervorragend zusammengearbeitet hatte, hatte ich immer noch guten Kontakt – sie arbeitete jetzt in einem anderen Anwalts- und Notariatsbüro. Dieser gute Kontakt erwies sich später als äußerst wichtig.

Etwa zwei Jahre vor Ablauf des Erbbaurechts traten die Grundstückseigentümer, vertreten durch einen Fachanwalt für Miet- und Wohnungseigentumsrecht, an die Erbbauberechtigten heran und boten diesen eine Verlängerung des Erbbaurechts an. Dabei stellte der Anwalt fest, dass es bei einer Wohnungs- und Teileigentumsgemeinschaft sehr wohl Mehrheitsentscheidungen gibt – im Gegensatz zu einer Erbbaurechtsgemeinschaft, die nur einheitlich handeln kann, Erklärungen gegenüber der Erbbaurechtsgemeinschaft können nur allen Erbbauberechtigten gegenüber abgegeben werden. Und alle Erbbauberechtigten müssen ein Verlängerungsangebot annehmen, lehnt, wie gesagt, nur ein einziger ab oder stimmt nicht zu, fällt das im Erbbaurecht erstellte Gebäude eben entschädigungslos an den Grundstückseigentümer.

Der Kollege musste jetzt erst einmal alle Erbbauberechtigten finden und anschreiben. Er suchte und suchte, er kam aber nie auf 1000/1000stel, es fehlten ihm immer 10/1000stel, wo waren die geblieben? Schließlich wurde er fündig, es war ein Minierbbaurechtsanteil von 10/1000stel, verbunden mit dem Sondereigentum an einem Kellerverschlag. Doch wer war der Erbbauberechtigte? Da der Minierbbaurechtsanteil stimmrechtslos war, spielten diese Kelleranteile in den Wohnungseigentumsversammlungen des Erbbaurechtsgebäudes nie eine Rolle.

Mich ging die ganze Problematik genau genommen überhaupt nichts an. Mir war aber klar, dass bei einer Beendigung des Erbbaurechts durch Zeitablauf ein endloser Streit über den Wert des im Erbbaurecht erstellten Gebäudes entstehen würde, ganz abgesehen davon, dass erbbauberechtigte Juristen ernsthaft die Meinung vertraten, sie würden nach Ablauf des Erbbaurechts Eigentümer ihrer Einheit. Die tollsten Meinungen wurden vertreten, aber es stellte sich sehr schnell heraus, dass keiner der Beteiligten, ob Jurist oder Laie, die ungewöhnliche Symbiose zwischen Eigentum und Erbbaurecht durchschaute. Und kein Eigentümer einer Einheit im Erbbaurechtsgebäude ließ sich davon überzeugen, dass er bei Beendigung des Erbbaurechts durch Zeitablauf nur noch einen Geldanspruch haben würde.

Für mich war der Vorgang deshalb von Bedeutung, weil meine Büroräume in einer Etage lagen, deren Erbbauberechtigte die Erben meines verstorbenen Seniorpartners waren. Mein Mietvertrag wurde also durch die Auseinandersetzung tangiert. Als ich vom Vertreter dieser Erbengemeinschaft, dem Sohn meines verstorbenen Seniorpartners, gebeten wurde, mich einzuschalten und an einer Besprechung mit den Grundstückseigentümern und ihrem Anwalt teilzunehmen, lehnte ich nicht ab. Vielleicht war das eine Dummheit, ich weiß es nicht. Aber es ist nicht meine Art, eine Hilfestellung abzulehnen, wenn man mich bittet.

Die Besprechung fand in den Räumen der Kanzlei statt, in der dieser Sohn seine Kanzlei in Bürogemeinschaft betrieb. Dort traf ich dann auch meine ehemalige Notariatspraktikantin wieder. Anwesend waren die Grundstückseigentümer mit ihrem Anwalt, der Sohn meines verstorbenen Seniorpartners als Vertreter des größeren Teils der Erbbaurechtsgemeinschaft und ich – allerdings ohne jegliche Funktion und nur auf Bitten der Beteiligten, wohl weil sie wussten, dass ich wohl am besten die ungewöhnliche Konstruktion des Zusammenspiels von Eigentum und Erbbaurecht kannte, hatte ich doch die Anfangsschwierigkeiten 48 Jahre zuvor miterlebt.

Es stellte sich dann heraus, dass die Grundstückseigentümer oder besser ihr Vertreter alle Miterbbauberechtigten ermitteln konnte, bis auf einen. Der Eigentümer eines Kellererbbaurechtsanteils fehlte ihm. Er kannte zwar die Namen der im Grundbuch eingetragenen Erbbauberechtigten dieses Minianteils, konnte diese aber nicht finden. Des Rätsels Lösung war für mich kein Problem, als ich den Namen hörte. Ein Arztehepaar hatte eine der Eigentumswohnungen erworben, die nur über das Erbbaurechtsgrundstück betreten werden konnten. Sie erwarben deshalb dazu den Minikellererbbaurechtsanteil. Der Arzt starb, seine Witwe verkaufte die Wohnung, der Kellererbbaurechtsanteil wurde vergessen, im Grundbuch der Wohnung fehlte, wie ich ausgeführt habe, jeder Hinweis auf diesen Kellererbbaurechtsanteil.

Es ergab sich also folgende Situation: Der Käufer der Wohnung des Arztehepaars konnte seine Wohnung rein rechtlich gesehen nicht betreten und nicht verlassen, weil er den Kellererbbaurechtsanteil, der dazugehörte, nicht mit erworben hatte. Das hatte nur noch niemand bemerkt, bis heute nicht, wie ich weiß. Und eine Verlängerung des Erbbaurechts setzte zwingend voraus, dass auch der Eigentümer dieses Minianteils zustimmte. Den zu finden, war aber wirklich die Aufgabe des Kollegen, der die Grundstückseigentümer vertrat.

Der fand auch heraus, dass die Witwe des Arztes im Grundbuch als Eigentümerin eingetragen war, er wusste aber nicht, wie er die finden sollte. Er wandte sich hilfesuchend an mich. Der Anfang des Ariadnefadens war in den Grundakten zu suchen. Um die einzusehen, hätte der Kollege aus Freiburg anreisen müssen. Das konnte ich ihm nun wirklich ersparen und ich versprach ihm, für ihn die Grundakten der Wohnung kollegialiter einzusehen in der Hoffnung, dort einen Hinweis auf die Witwe zu finden.

Dank meiner guten Beziehungen zum Grundbuchamt konnte ich die einschlägigen Grundakten einsehen, ich müsse sie aber selbst suchen, wurde mir erklärt. Das war kein Problem. Die Grundakten brauchte ich, weil dort der Kaufvertrag verwahrt war, mit dem die Witwe die Wohnung verkauft hatte. Ich fand die Grundakten und den Kaufvertrag und dort fand ich auch eine neue Anschrift der Verkäuferin, teilte diese dem Kollegen mit und dachte, das Problem sei gelöst und alles sei erledigt. Weit gefehlt. Nach geraumer Zeit erhielt ich den etwas verzweifelten Anruf meines Kollegen, er habe jetzt ermitteln können, dass die Witwe und Erbbauberechtigte ebenfalls verstorben sei. Nun, mein Kollege war Fachanwalt für Miet- und Wohnungseigentumsrecht, Nachlasssachen waren nicht seine Stärke. Ich verwies ihn an das zuständige Nachlassgericht, dort könne er die Erben und deren Anschriften in Erfahrung bringen.

Einige Zeit hörte ich nichts. Das wunderte mich, denn die Zeit drängte, die Angelegenheit musste ja vor Ablauf des alten Erbbaurechts im Grundbuch vollzogen sein. Bis dahin war aber noch ein weiter Weg.

Wieder ein Hilferuf aus Freiburg. „Die Witwe ist vermögenslos gestorben, sie hat keine Erben", erklärte mir mein ratloser Kollege. Jetzt wurde es zeitlich wirklich eng.

„Beantragen Sie beim Nachlassgericht die Bestellung eines Nachlasspflegers", riet ich ihm. Glücklicherweise arbeitete das Nachlassgericht jedenfalls hier sehr zügig, der Nachlasspfleger wurde alsbald bestellt und begriff auch sofort das zu lösende Problem.

Mein Freiburger Kollege konnte nun allen Erbbauberechtigten namens seiner Mandanten die Verlängerung des Erbbaurechts anbieten. Schließlich waren jetzt auch alle Erbbauberechtigten bereit, das Verlängerungsangebot anzunehmen, denn sie hatten alle erkannt, sonst ihr Eigentum am Erbbaurechtsgebäude zu verlieren, möglicherweise entschädigungslos, wenn auch nur einer von ihnen das Angebot ablehnen würde.

Einer meiner Kollegen aus der alten Kanzlei, Anwaltsnotar geworden, fertigte nun den erforderlichen nicht ganz einfachen Vertragsentwurf, wurde aber mit der Schwierigkeit konfrontiert, drei Grundstückseigentümer und alle Erbbauberechtigten – nach meiner Erinnerung waren es 14 – an einen Tisch zu bekommen. Außerdem war er sich offenbar nicht sicher, ob sein Vertragsentwurf funktionieren würde. Fehler konnte man sich nicht mehr leisten – die Uhr tickte gnadenlos.

Jedenfalls erhielt ich zu meiner Überraschung diesen Vertragsentwurf mit der Bitte um Überprüfung. Ich sah relativ rasch, dass es so, wie der Kollege sich dies dachte, nicht funktionieren würde. Als ich ihm meine Bedenken mitteilte, bat er mich, die Angelegenheit doch selbst zu übernehmen.

Ich sagte unsinnigerweise zu, ohne mir wirklich klar zu machen, welche Arbeit damit auf mich zukam und welches Risiko ich einging, wenn es nicht gelingen würde, die Verlängerung rechtzeitig in die Grundbücher zu bekommen.

Ich brauchte einen funktionierenden Vertragsentwurf – kein Problem, den konnte ich selbst fertigen.

Ich brauchte einen Notar, der dieses Hasardspiel mit der Zeit mitmachte. Ich dachte an meine Notariatspraktikantin Renate und deren Chef. Der wusste, was er an ihr hatte und ich wusste, dass er das tat, was sie sagte, und ich wusste auch, was sie konnte. Ich erläuterte ihr die Problematik, sie begriff und war sofort bereit zu helfen, ihr Chef ebenfalls.

Alle Beteiligten gleichzeitig an einen Tisch zu bringen war unmöglich. Also Vertragsabschluss auf Seiten der Erbbauberechtigten durch einen vollmachtlosen Vertreter mit nachfolgenden notariell beglaubigten Vollmachtsbestätigungen. Alle Beteiligten waren mit diesem Vorgehen einverstanden, sie hatten alle begriffen, was auf dem Spiel stand.

Aus den noch zur Verfügung stehenden Monaten waren Wochen geworden. Renate rief mich an und meinte: „Denken Sie daran, dass die Erbbaurechtsverlängerung steuerrechtlich wie die Neubestellung eines Erbbaurechts behandelt wird, wir brauchen also steuerrechtliche Unbedenklichkeitsbescheinigungen des Finanzamts". Daran hatte ich tatsächlich noch nicht gedacht. Mir wurde etwas heiß.

In Fachkreisen wurde der Kampf mit der Zeit bekannt und diskutiert. Dass schafft der nie, hieß es. Steueranzeige, Steuerbescheide, Steuerzahlung, Erteilung der Unbedenklichkeitsbescheinigungen, außerdem Genehmigung des Vertrags durch das Nachlassgericht, die der Nachlasspfleger brauchte, Vollmachtsbestätigungen, das konnte in der noch zur Verfügung stehenden Zeit niemals klappen. Es wurden, so wurde kolportiert, schon Wetten abgeschlossen.

Eines hatte ich schon früh gelernt: Wenn alles schief zu gehen droht, ist statt Hektik erst einmal Ruhe angesagt. Außerdem gilt der alte Grundsatz: Geht nicht gibt es nicht.

Ich überlegte mir, wie ich die ganzen zeitraubenden Einzelschritte beschleunigen konnte.

Zuerst musste ich versuchen, das Grunderwerbsteuerfinanzamt auf meine Linie zu bringen. Wie? Reden ist immer das Beste. Ich rief bei dem zuständigen Grunderwerbsteuerfinanzamt an und hatte Glück. Ich wurde mit einer Dame verbunden, die nicht nur bereit war, meine Story anzuhören, sondern auch selbst vom Ehrgeiz gepackt wurde, die Sache durchzuziehen. „Schicken Sie mir sofort den Vertragsentwurf", erklärte sie, „ich kann dann den Computer schon vorprogrammieren. Wenn ich dann eine beglaubigte Abschrift des Vertrags als Steueranzeige erhalte, kann ich die Steuerbescheide gleich ausdrucken und zustellen lassen". Das hörte sich gut an und ich bat sie, mir dann Kopien der Steuerbescheide zukommen zu lassen. Das versprach sie mir und hielt Wort.

Dann rief ich den WEG-Verwalter an und erklärte auch ihm die Situation. „Sie müssen jetzt etwas tun, was Sie überhaupt nicht dürfen", sagte ich ihm. „Sobald ich die Grunderwerbsteuerbescheide erhalten habe, erhalten Sie Kopien und überweisen die angeforderten Beträge einzeln an die Finanzkasse – zu Lasten des Hauskontos. Verrechnung mit den eigentlichen Steuerschuldnern kann später erfolgen." Er war einverstanden.

Den Freiburger Kollegen bat ich, beim Nachlassgericht für eine rasche Genehmigung zu sorgen. Er wolle das versuchen, versprach er.

Und nun ging alles blitzartig. Das war auch dringend nötig. Aus Monaten waren nur noch wenige Wochen geworden.

Der Vertragsentwurf war längst beurkundungsfähig fertig und lag in Kopie dem Finanzamt vor.

Renate sorgte für eine sofortige Beurkundung. Beglaubigte Abschriften gingen unverzüglich an das Finanzamt und das Nachlassgericht.

Die Grunderwerbsteuerbescheide waren nach wenigen Tagen bei mir, der Verwalter zahlte sofort die angeforderten Steuern und ebenso rasch hatte ich die erforderlichen Unbedenklichkeitsbescheinigungen des Finanzamts und die Genehmigung des Nachlassgerichts.

Alle Beteiligten hatten ihre Versprechen gehalten. Die erforderlichen Vollmachtsbestätigungen lagen alle vor. Der Vorlage aller Urkunden beim Grundbuchamt zum Vollzug stand nichts mehr im Wege. Den „schwarzen Peter" hatte jetzt der Grundbuchnotar, der die erforderlichen Einträge in alle Grundbüchern – das waren ja nicht gerade wenige – vor Ablauf der Frist vornehmen musste. Er schaffte es und knapp zwei Wochen vor Fristablauf war, was niemand für möglich hielt, alles erledigt.

Ein Problem beschäftigte mich aber doch noch: Es konnte doch nicht sein, dass ein Erbbaurecht erlosch und das im Erbbaurecht erstellte Gebäude entschädigungslos an den Grundstückseigentümer fiel, wenn auch nur ein Teilerbbauberechtigter ein Verlängerungsangebot ablehnte. Ich hatte an dieses Problem noch nie gedacht, hatte aber auch noch nie einen Erbbaurechtsvertrag zu entwerfen. Das muss doch im Erbbaurechtsvertrag geregelt sein, dachte ich. Es gab zahlreiche Musterverträge in ebenso zahlreichen Formularbüchern. Nichts. Es gab **den** Kommentar zum Erbbaurechtsgesetz, den ich durchsuchte. Nichts. Ich schrieb dem Verfasser des Kommentars, Professor an der juristischen Fakultät einer deutschen Universität, einen Brief, schilderte die Problematik mit dem Anfügen, dass dazu in seinem Kommentar nichts zu finden sei. Wieder nichts.

Aber doch: Nach etwa 4 Wochen rief mich der Herr Professor tatsächlich an. Es war ein sehr nettes Gespräch auf Augenhöhe. „An dieses Problem habe ich, das muss ich zugeben, nicht gedacht. Das muss natürlich im Erbbaurechtsvertrag geregelt werden", meinte er. „In der Neuauflage meines Kommentars werde ich dazu Ausführungen machen. Bis die herauskommt, wird es allerdings noch dauern".

Ob in dieser Richtung etwas geschehen ist, weiß ich nicht. Ich habe die Problematik nicht weiter verfolgt. Ich zog mich damals altershalber langsam aus dem aktiven Geschäft zurück.

Rettung in letzter Minute

Das Jahr neigte sich dem Ende zu. Freitag, 30. Dezember. Der Jahreswechsel führt regelmäßig zu allerlei Änderungen bei gesetzlichen Vorschriften, insbesondere auch im Steuerrecht. Änderungen im Steuerrecht nicht zu beachten, konnte zu irreparablen Fehlern führen und sehr teuer werden.

Die Telefonzentrale vermittelte mir ein Gespräch mit einem männlichen Wesen, das ich nicht kannte. Es meldete sich ein Herr – nennen wir ihn Helfferich -, entschuldigte sich für die Störung und fragte, ob er für den nächsten Tag einen Notariatstermin bekommen könne. „Herr Helfferich, Sie wissen, dass morgen nicht nur Samstag, sondern der 31. Dezember, also Silvester ist, unsere Kanzlei ist morgen geschlossen". „Das weiß ich wohl, aber ich habe übersehen, dass am Jahresende eine steuerliche Frist abläuft, wenn ich die versäume, entsteht mir immenser Schaden. Können Sie nicht eine Ausnahme machen?" Er beschrieb mir sein steuerliches Problem, das mir durchaus bekannt war. Er war ja nicht der Einzige, den es betraf, etliche meiner Dauermandanten hatten dasselbe Problem schon längst gelöst. Erforderlich war eine Urkunde, die, wie ich aus diesen erledigten Vorgängen wusste, einen Umfang von 5–6 DIN A4-Seiten hatte.

Ich ließ mich breit schlagen. „Kommen Sie um 10.00 Uhr in meine Kanzlei und bringen Sie Zeit mit. Ich werde da sein, ich habe aber niemand, der die sicher erforderliche Schreibarbeit erledigen könnte." Ich hörte ein deutliches Aufatmen am anderen Ende der Leitung.

Herr Helfferich kam am nächsten Tag pünktlich um 10 Uhr, trug sein Anliegen vor und übergab mir die notwendigen Unterlagen. Ich ließ ihn im Wartezimmer Platz nehmen und bat um Geduld.

Ich setzte mich an eine damals noch mechanische Schreibmaschine und fertigte die erforderliche Urkunde. Meine Sekretärin hätte das erheblich schneller erledigt, aber so ganz langsam war ich auch nicht und außerdem, Herr Helfferich musste eben warten.

Die Urkunde war fertig, ich las sie wie vorgeschrieben dem Herrn Helfferich vor, genehmigt und unterschrieben und ein Stoßseufzer meines Überraschungsmandanten. „Wenn ich das heute nicht mehr fertig gebracht hätte, hätte mich das einen sechsstelligen Betrag gekostet, ich danke Ihnen!"

Aus den überlassenen Unterlagen hatte ich entnommen, dass Herr Helfferich aus Freiburg kam. Ich fragte ihn, wie er aus Freiburg ausgerechnet nach Stuttgart und hier in unsere Kanzlei gekommen sei.

Um das Folgende zu verstehen, muss man wissen, das Freiburg im ehemaligen Großherzogtum Baden, Stuttgart aber im ehemaligen Königreich Württemberg liegt. Herr Helfferich brauchte einen Notar. In Baden gab es aber nur beamtete Notare, die nicht bereit waren, an Silvester ins Amt zu kommen und die erforderliche Urkunde selbst zu schreiben, was sie im Zweifel ohnehin nicht konnten.

In Württemberg gab es neben den beamteten Notaren auch freie Notare und eine beschränkte Zahl von Anwaltsnotaren. „Ich solle ins Württembergische gehen, wurde mir empfohlen, da finde sich vielleicht ein freier Notar, der helfen könne und dazu auch bereit sei. Ich dachte, da gehe ich am besten gleich nach Stuttgart, da gibt es am meisten Notare. Notare fand ich viele, aber keiner war bereit, an Silvester und außerdem Samstag zu arbeiten, schon gar nicht, wenn er kein Personal hatte." „Und wie kamen Sie dann ausgerechnet auf mich?" „In einer Notariatskanzlei, bei der ich angefragt habe, hat man mir Ihre Anschrift und Telefonnummer gegeben. Vielleicht hätte ich Glück. Ihre Kanzlei sei wohl die einzige in Stuttgart, sagte man mir, die mir noch helfen würde – und ich hatte Glück – ich danke Ihnen!" Jemanden hängen lassen, wenn ich ihm helfen konnte, war nie mein Ding. Und auch unter Kollegen einen guten Ruf zu haben, war schließlich auch etwas wert. Bei mir tauchten jedenfalls immer wieder neue Mandanten auf, die auf Empfehlung von Kollegen kamen, die offensichtlich kein Interesse daran hatten, einen komplizierten Fall selbst zu übernehmen.

Das Testament

Es ist nicht einfach, ein vernünftiges Testament zu entwerfen, denn geregelt werden soll die Situation, die sich zum Zeitpunkt des Todes des Erblassers ergibt.

Dieser Zeitpunkt liegt aber in einer ungewissen Zukunft. Wie sich die Situation zu diesem Zeitpunkt dann darstellt, ist also ungewiss und erfahrungsgemäß selten so, wie man sich dies zum Zeitpunkt der Testamentsformulierung und -errichtung vorgestellt hat. Erstaunlich ist auch, wie viele Fachleute oder solche, die meinen, es zu sein, Rechtsanwälte, Notare, letztwillige Verfügungen für ihre Mandaten entwerfen, die präzis zu dem führen, was der Erblasser vermeiden wollte, nämlich zum Streit unter den Erben. Ich hatte das frühzeitig in der eigenen Familie erlebt. Mein Großvater errichtete in den Dreißigerjahren des vorigen Jahrhunderts seine letztwillige Verfügung, die den damaligen Verhältnissen Rechnung trug. Er starb im Jahre 1944, insbesondere die Folgen des Luftkriegs, die schon eingetreten waren und die noch folgten, hätten bei Erfüllung des Letzten Willens, wie er niedergelegt war, zu wirtschaftlich unsinnigen Ergebnissen geführt. Eine Erbengruppe wollte gleichwohl mit der Begründung, der letzte Wille des Verstorbenen sei heilig, an den nicht mehr vertretbar gewordenen Verfügungen festhalten, die andere Erbengruppe lehnte dies vehement ab und setzte sich schließlich durch. Der Familienfrieden war aber nachhaltig gestört.

Ich hatte aus dieser Familiengeschichte schon frühzeitig gelernt, dass Testamente nicht zu viele Einzelregelungen enthalten dürfen, dass Testamente immer wieder daraufhin überprüft werden müssen, ob sie der inzwischen eingetretenen Situation im Bereich der Familie und der wirtschaftlichen Entwicklung noch gerecht werden. Und außerdem wurde mir klar, dass die Motive, die zu der gewählten Formulierung geführt hatten, nicht in das Testament gehören.

In meine Kanzlei kamen zwei Geschwister, deren Mutter – schon lange Witwe – verstorben war. Sie brachten das Testament der Mutter mit. Sie berichteten, die Mutter habe sich vor Jahren an einen Rechtsanwalt gewandt mit dem Ziel, den Nachlass so zu regeln, dass jeder Streit unter den Erben, ihren vier Kindern, vermieden und der Nachlass schon im Testament verteilt werde. „Wir haben noch zwei Geschwister", berichteten sie „und wir streiten immer mehr". Schon beim ersten Durchlesen hatte ich den Eindruck, dass der Kollege kaum einen Fehler ausgelassen hatte, den man bei der Testamentsformulierung machen kann. Das fing mit der Überschrift an:

„Ich will alle meine Kinder gleich behandeln".

Diese Absicht ist ja sicher liebevoll gedacht und kann nur gebilligt werden, man darf diese Absicht, dieses Motiv aber niemals in das Testament schreiben, zumal wenn man die einzelnen Nachlassgegenstände und -werte anschließend zuteilt. Über deren echten

Wert kann man immer streiten und dann heißt es zum Beispiel, „das Bild im Schlafzimmer hat gar nicht den Wert, den Mutter ihrer Verteilung zu Grunde gelegt hat". In diesem Fall war es aber noch viel schlimmer: Die Mutter war Eigentümerin zahlreicher Grundstücke, bebaut, nicht bebaut, aber bebaubar, Bauerwartungsland und landwirtschaftliche Grundstücke. Diese ließ sie auf Anraten ihres Anwalts durch einen Grundstückssachverständigen schätzen. Im Testament teilte sie dann die einzelnen Grundstücke ihren Erben entsprechend den Schätzergebnissen so zu, dass jedes Kind wertmäßig dasselbe erhielt – aber eben zum Zeitpunkt der Testamentserrichtung. Zum Zeitpunkt ihres Ablebens hatten sich die Wertverhältnisse aber völlig verändert. Ackerland war Bauland geworden, Bauerwartungsland war durch Umplanung der Stadt unbebaubar geworden – kurzum, die Verteilung nach den Schätzwerten zum Zeitpunkt der Testamentserrichtung war völlig aus den Fugen geraten. Was sollte nun gelten? Die Teilungsanordnung oder die Absicht, alle Kinder gleich behandeln zu wollen? Meine beiden Geschwister pochten auf die Teilungsanordnung, die sehr zu ihren Gunsten ausfiel. Die anderen beiden Geschwister pochten auf die Gleichbehandlung und über die akuten Grundstückswerte war man sich sowieso nicht einig. Der zuständige Notar als Nachlassrichter lud alle Erben zu einer Besprechung der Situation in das Notariat. Ich begleitete meine Mandanten zu diesem Termin. Die beiden anderen Erben waren, wie ich jetzt erst erfuhr, ebenfalls durch einen Anwalt vertreten, den ich gut kannte. Wir, die beiden Anwälte, waren uns sehr rasch darüber einig, dass in dieser Situation die Klärung der Problematik vor Gericht das Dümmste sein würde, was man anstellen könnte. Wir begannen damit, eine Grundstücksverteilung nach den akuten Werten zu suchen, die dem Wunsch der Gleichbehandlung am ehesten gerecht würde.

Der Notar, leise lächeln hinter seinem Schreibtisch sitzend, unterbrach uns und sagte:
„Wenn Sie am Teilen sind, teilen Sie nicht durch vier, sondern durch fünf".

Vier Erben und zwei Anwälte schauten ihn verständnislos und verwundert an.

„Ja, wissen Sie denn nicht" wandte er sich an die Erben, „dass Sie noch einen Bruder haben?"

Der Notar sah in noch verwundertere und verständnislosere Gesichter.

Er klärte uns auf:

Als Vater und Mutter sich als junge Menschen kennen lernten, wurde daraus alsbald Liebe, die zur Hochzeit führen sollte. Es gab aber ein großes Problem: So Anfang des 20. Jahrhunderts musste jedenfalls in gut bürgerlichen oder sogenannten besseren Kreisen die Braut als Jungfrau unberührt in die Ehe gehen. Diese Braut, also die Mutter der vier Erben, hatte schon ein Kind – nach damaliger Vorstellung in Sünde gezeugt. Ein geschickter Arzt hätte die Braut wieder in eine Jungfrau verwandeln können, aber das Kind wäre immer noch dagewesen. Auf eine unbefleckte Empfängnis hätte man sich nicht nur im pietistischen Württemberg nicht berufen können. Eine Freigabe zur Adoption war auch nicht möglich, bei den dann notwenigen Formalitäten wäre ja erst recht alles herausgekommen. Also suchte man ein kinderloses Ehepaar mit unerfülltem Kinderwunsch, das bereit war, das Kind wie ein eigenes Kind – gegen Zahlung eines angemessenen Betrags selbstverständlich – aufzuziehen. Ein solches Ehepaar konnte auch gefunden werden, das bereit war, das Kind aufzunehmen und es ohne Adoption wie ein eigenes Kind aufzuziehen. Man einigte sich auf die einmalige Zahlung eines Betrags von fünfzigtausend Goldmark, damals sehr viel Geld.

Die Braut und deren Eltern waren keine reichen Leute, sie konnten diesen Betrag niemals aufbringen. Doch die Liebe war groß, der Bräutigam verfügte über genügend Geld und konnte den Betrag auch problemlos aufbringen – aber alles muss seine Ordnung haben: Die Braut bekam den Betrag – aber nur als Darlehen! Und nur nach Unterzeichnung des Darlehensvertrags!

Damit war aber das weggegebene Kind nach wie vor das erbberechtigte leibliche Kind der damaligen Braut und nunmehr Erblasserin.

Was tun? Die vier Erben beauftragten nunmehr gemeinsam meinen Kollegen und mich, zu dem fünften Erben, der in Würzburg lebte, zu fahren. Wir sollten versuchen, mit ihm einen tragbaren Erbabfindungsvertrag auszuhandeln. Das gelang wider Erwarten so schnell, dass wir die Gelegenheit hatten, in der Kelter des nahe gelegenen Weinorts Randersacker etliche Bocksbeutelflaschen Würzburger Stein einzukaufen.

Die rasche und einvernehmliche Regelung mit dem fünften Erben führte darüber hinaus noch dazu, dass wir auch eine Regelung unter den vier „ehelichen" Erben zustande brachten, mit der sie alle zufrieden waren.

Die Revision des Notariats.

Notariate werden in regelmäßigen Abständen von Revisoren überprüft. Geprüft wird die Ordnungsmäßigkeit der Amtsführung, insbesondere der Urkundenrolle, in die jeweils alle im Kalenderjahr im Notariat beurkundeten oder beglaubigten Vorgänge fortlaufend einzutragen sind. Von allen Urkunden findet sich dort eine Mehrfertigung, von Unterschriftsbeglaubigungen ein Vermerkblatt. Geprüft wird insbesondere auch, ob der Kostenansatz, den jede einzelne Urkunde und jedes Vermerkblatt enthalten muss, nach den Vorschriften der Notarkostenordnung vorgenommen wurde.

Das Massen- und Verwahrungsbuch

Zu den Amtsgeschäften der Notare gehören auch Treuhandgeschäfte. Beim Notar hinterlegt wird beispielsweise bei einem Grundstückskaufvertrag der Kaufpreis mit der Weisung, diesen an den Verkäufer auszuzahlen, wenn alle Voraussetzungen für die Eintragung des Eigentumswechsels im Grundbuch vorliegen. Dabei ist für jedes Treuhandgeschäft bei einer Bank ein besonderes Treuhandkonto anzulegen, auf das die zu hinterlegende Summe eingezahlt werden muss.

Damit nicht genug, der Notar hat das sogenannte Massenbuch zu führen, ein Buch, in dem jedes einzelne Treuhandgeschäft mit allen einzelnen Zahlungseingängen und Zahlungsausgängen aufzuführen ist. Daneben gibt es noch das Verwahrungsbuch, in dem alle Treuhandgeschäfte eines Jahres insgesamt zu registrieren sind. Beide Bücher müssen also per Saldo zum gleichen Ergebnis führen. Wie das im Einzelnen vorgenommen werden muss, ist minutiös vorgeschrieben. Diese beiden Bücher sind für den Bezirksrevisor natürlich besonders wichtig. Er überprüft nicht nur die zahlenmäßige Richtigkeit, er überprüft insbesondere, ob alle Vorschriften eingehalten wurden, und er sollte auch überprüfen, ob die in den beiden Büchern dokumentierten Beträge auch tatsächlich vorhanden sind, wie? Natürlich durch einen Abgleich mit den Bankkontoauszügen.

Mein Seniorpartner, der zwar der Anwaltsnotar in unserer Kanzlei war, aber von der Buchhaltung und von der Führung der Verwahrungs- und Massenbücher nichts wissen wollte, war, sobald sich der Bezirksrevisor ankündigte, an den Prüfungstagen grundsätzlich verhindert, er wollte ein persönliches Gespräch mit dem Revisor vermeiden. Also war es meine Sache als sein amtlich bestellter ständiger Vertreter, dem Bezirksrevisor Rede und Antwort zu stehen, wenn er zur Prüfung kam. Für mich war das kein Problem, ich hatte mich ja vor Beginn des Jurastudiums als Bankvolontär mit den Grundzügen des Bankgeschäfts vertraut gemacht. Während der Referendarzeit besuchte ich Buchhaltungskurse und führte später die Kanzleibuchhaltung, zunächst allein und dann, als die Kanzlei größer wurde, mit einer dafür eingestellten Buchhalterin. Die Treuhandkonten waren in die Kanzleibuchhaltung integriert.

Der Revisor stürzte sich bei einer Prüfung natürlich auf das Verwahrungsbuch und das Massenbuch. Als er wieder einmal bei uns zur Prüfung erschien und bei diesen Büchern angelangt war, rief er mich dazu und hielt mir vor, die Bücher seien falsch geführt. Ich war erstaunt und wies ihn darauf hin, dass die Buchungen in den beiden Büchern und in den Bankauszügen identisch seien, was er doch leicht nachprüfen könne. Er warf mir hingegen vor, wie ich dazukäme, die einzelnen Zahlungsvorgänge so zu buchen, wie ich das getan hätte. Ich erwiderte ihm: „Ich habe entsprechend den Bankkontoauszügen gebucht, wie denn sonst?" Er hielt mir vor, dies sei völlig falsch, die Bundesnotarordnung schreibe vor, Zahlungsausgänge an dem Tag zu buchen, an dem der Überweisungsträger die Kanzlei verlasse, und Zahlungseingänge an dem Tag zu buchen, an dem der entsprechende Kontoauszug in der Kanzlei eingehe. Ich wusste schon, dass dieser Unsinn tatsächlich in den einschlägigen Vorschriften so angeordnet war, aber damit konnte man ja nun wirklich nicht arbeiten. Ich hielt dem Revisor vor, dass das Verwahrungs- und das Massenbuch kein Eigenleben führten, sondern doch die Bankvorgänge wiedergeben müssten. Mit gespielter Empörung und erhöhter Stimme hielt ich ihm vor:

„Überlegen Sie sich doch einmal: Ich gebe einen Überweisungsträger an einem Freitag zur Post. An diesem Freitag muss ich also Ihrer Meinung nach den Zahlungsausgang im Verwahrungs- und im Massenbuch eintragen. Dieser Zahlungsausgang erscheint aber frühestens im Kontoauszug vom folgenden Montag. Eine am Freitag von der Bank gebuchte Einzahlung wird dann von mir gebucht, wenn der einschlägige Kontoauszug am folgenden Montag oder Dienstag in meiner Kanzlei eingeht. Ich wünsche Ihnen viel Vergnügen bei der Arbeit, jetzt die passenden Buchungen zusammen zu suchen. Eine vernünftige Überprüfung ist doch nur möglich, wenn die Bankbuchungsdaten und die Buchungsdaten in den beiden Büchern identisch sind!".

Er stutzte, erwiderte dann aber, er müsse darauf bestehen, dass in unserem Notariat so gebucht werde, wie dies nun einmal vorgeschrieben sei. Ich sah ihn mit großen Augen an.

„Wenn Sie darauf bestehen, werde ich das selbstverständlich veranlassen. Wir werden die Bücher vorschriftsmäßig wie von Ihnen verlangt führen, auch wenn das sinnlos ist. Außer Ihnen und Ihren Kollegen wird diese Bücher aber niemand sonst ansehen. Für eine Überprüfung sind sie völlig ungeeignet. Für meine Kanzlei benötigte ich aber eine korrekte und nachprüfbare Buchhaltung, die ich deshalb weiterhin so wie bisher führen werde. Es ist zwar mühsam und verursacht doppelte Kosten, zweimal dasselbe tun, einmal mit einem brauchbaren und einmal mit einem unbrauchbaren Ergebnis, aber wenn Sie darauf bestehen,, werde ich das für Sie und Ihre Kollegen selbstverständlich erledigen."

Er stutzte nun doch und begann offensichtlich nachzudenken.

Ich fragte ihn dann: „Wer ist denn auf die wahnsinnige Idee gekommen, ein solche Regelung zu fabrizieren, wie sie in den einschlägigen Vorschriften formuliert ist?" Etwas kleinlaut erwiderte er:

„Bei der Erarbeitung der Neufassung der einschlägigen Vorschriften wussten die mit der Neuformulierung beauftragten Beamten nicht so recht, wie man die Buchungsvorschriften formulieren sollte. Sie fragten deshalb bei der Bundesnotarkammer nach und baten um Formulierungsvorschläge. „Wir haben dann die Formulierung übernommen, die die Kammer vorgeschlagen hat". „Höre ich nicht recht?", schoss es mir durch den Kopf und wollte nicht glauben, dass man bei der Bundesnotarkammer offensichtlich auch keine Ahnung von Buchhaltung hatte. Man kannte nur das nach Äußerung eines namhaften Steuerberaters und Wirtschaftsprüfers nicht überprüfbare fiskalische System.

Immerhin konnte ich aber doch einen Erfolg verbuchen: Ich erhielt für unser Notariat die Sondergenehmigung, Verwahrungs- und Massenbuch so zu führen, wie ich das gemacht und wie er es vorgefunden hatte. Und wie es einer korrekten nachprüfbaren Buchhaltung entsprach.

Der Kostenansatz

Die Gebühren des Notars richten sich nach dem Wert des Geschäfts, das er zu beurkunden hat. Bei einem Grundstückskaufvertrag ist das einfach: Der dem Kostenansatz zugrunde zu legende Wert ist der Kaufpreis. Anders ist es beispielsweise bei einem Grundstücksschenkungsvertrag, hier wird der Notar von dem Wert ausgehen, der ihm von den Beteiligten genannt wird.

Ich hatte einen solchen Grundstücksschenkungsvertrag zu beurkunden, der ein Grundstück in bester Stuttgarter Wohnlage zum Inhalt hatte. Auf meine Frage nach dem Wert wurde mir ein Betrag genannt, der weit unter dem tatsächlichen Wert des Grundstücks lag. Ich erklärte meinen Mandanten, dass ich selbstverständlich bei der Kostenberechnung von dem mir genannte Betrag ausgine. Ich wies aber darauf hin, dass Notariate regelmäßig überprüft würden – auch hinsichtlich der Kostenansätze.

„Wenn der Revisor auf diese Wertangabe stößt", erklärte ich den Vertragsparteien, „wird er sie beanstanden, denn auch er kennt sich in den Grundstückspreisen in Stuttgart aus., den Wert, den Sie mir jetzt nennen, kann ich ihm auf keinen Fall verkaufen". Ich schlug einen höheren Wert vor, der immer noch weit unter dem echten Wert lag, den ich aber, im Falle eines Falles dem Revisor glaubte erläutern zu können. „Nehmen Sie den Wert, den wir Ihnen genannt haben, das Risiko, das Sie uns nennen, übernehmen wir", war die Antwort des Sprechers der Mandanten. Ich wies noch einmal darauf hin, dass ich im Falle einer Beanstandung gezwungen sei, den mir vom Revisor genannten Wert dem Kostenansatz zu Grunde zu legen. Die sich dann ergebenden beträchtlich höheren Kosten müsste ich dann mit Vollzugsmeldung an die Dienstaufsicht nachträglich in Rechnung stellen und einfordern. Meine Warnungen blieben ungehört.

Revisoren haben einen „siebten Sinn" für zweifelhafte Vorgänge. So stieß der Revisor bei der nächsten Prüfung, wie ich das befürchtet hatte, auf diesen Vorgang, beanstandete den Kostenansatz und den zu Grunde liegenden Wert. Er wies mich an, die Kosten nach dem Grundstückswert, den er mir nannte, neu zu berechnen und bei den Kostenpflichtigen anzufordern. Die Nachberechnung hatte ich vorzulegen und den Zahlungseingang nachzuweisen. Ich machte das mit einer gewissen Freude, ich hatte schließlich deutlich genug gewarnt. Der Erfahrungssatz „Sparen kann teuer sein" hatte sich wieder als richtig erwiesen.

Problembewältigung, die man nicht lernen kann I

Wenn der Notar einen Beurkundungsauftrag erhält, lässt er sich die Angaben machen, die er benötigt, also bei einem Grundstückskaufvertrag die Personalien der Parteien, das Grundstück, den Kaufpreis und die Zahlungsmodalitäten. Er kann dann die Urkunde in Ruhe vorbereiten, notfalls auf Formularbücher zurückgreifen und mit der perfekt vorbereiteten Urkunde zur Beurkundung schreiten – meistens, aber nicht immer.

Eine große befreundete Anwaltskanzlei, die viele Mittelständler zu ihren Mandanten zählte, nahm oft unsere Dienste in Anspruch, wenn ein Notar benötigt wurde.

So wurde ich – mein Senior war vorsichtshalber in solchen Fällen verhindert – auf 10.00 Uhr in ein Stuttgarter Hotel bestellt, um Beschlüsse und Vereinbarungen der Gesellschafter zweier Gesellschaften zu beurkunden, über die man bis zu diesem Zeitpunkt sicher einig sei. Irgendwelche Einzelheiten waren mir nicht bekannt.

So gegen 9.00 Uhr wurde ich auf 12.00 Uhr umbestellt, man sei sich noch nicht ganz einig. Das wiederholte sich. Ich sollte um 14.00 Uhr kommen, dann sollte ich um 16.00 Uhr erscheinen, schließlich wurde ich endgültig auf 17.00 Uhr bestellt und traf am Versammlungsort so ungefähr 12 Personen an, die sich allerdings absolut noch nicht einig waren. Ich hörte mir die weiteren Verhandlungen an, die dann schließlich so gegen 20,00 Uhr zu einer Einigung führten. Der Verhandlungsführer kam dann zu mir und meinte: „Sie haben ja mitangehört, worauf wir uns geeinigt haben. Ich stelle Ihnen hier Frau Blumers vor, sie ist eine hervorragende Sekretärin, der Sie jetzt die Urkunde diktieren können, die wir benötigen. Die notwendigen Unterlagen liegen Ihnen ja vor". Ich war überrascht, denn damit hatte ich nicht gerechnet. Eine Urkunde vor Ort mit einer fremden Sekretärin beurkundungsfertig frei zu diktieren, ist eine Aufgabe, die der Notar nicht so sehr schätzt. Er kann nirgendwo nachschauen, hat keinen Kommentar, kein Formularbuch, kann niemanden fragen, er ist nur selbst gefordert. Hier kam mir zugute, dass ich „hauptberuflich" Rechtsanwalt war, der an solche Situationen gewöhnt ist.

Ich machte mich also ans Werk und erklärte der tatsächlich kompetenten Dame, wie eine notarielle Urkunde auszusehen hat. „Wir haben allerdings ein Problem", erklärte ich ihr, „wenn die Urkunde nicht spätestens um 23.00 Uhr fertig vorliegt, werden wir vor Mitternacht mit der Beurkundung nicht fertig. Die findet dann an zwei Tagen statt und wir müssen den ganzen Urkundeneingang ändern und auch in der Urkunde angeben, zu welchem Zeitpunkt die Beurkundung am nächsten Tag fortgesetzt wurde." Sie nickte, sie hatte verstanden.

Nun, die Dame war wirklich kompetent, wir waren um 23.00 Uhr fertig und ich rief die Beteiligten zusammen. Das führte zu einem weiteren Problem: Der Notar soll in der Urkunde feststellen, dass die Beteiligten unzweifelhaft geschäftsfähig seien. Die hatten sich aber in den drei Stunden, die wir zur Fertigung der Urkunde benötigt hatten, an der Hotelbar vergnügt und es war höchst zweifelhaft, ob sie wirklich alle noch geschäftsfähig waren. Ich rief sie zusammen, ich begann, den Urkundentext vorzulesen, sie hörten auch brav alle zu oder schienen zuzuhören, sie unterschrieben auch, ohne allzu auffällige Ausfallerscheinungen zu zeigen, wir waren gegen 23.45 Uhr fertig, alle waren zufrieden und ich sah deshalb keine Veranlassung, mich allzu sehr mit der Geschäftsfähigkeit der einzelnen Vertragspartnern zu beschäftigen. Die Urkunde erfüllte dann später auch genau und problemlos den Zweck, den zu erreichen ja Ziel der ganzen Aktion war.

Man muss ja nicht unbedingt päpstlicher als der Papst sein.

II

In meinem Terminkalender war vermerkt, dass die Beurkundung eines wichtigen und eiligen Grundstückskaufvertrags zu erledigen sei.

Die Verkäuferseite erschien pünktlich, ich konnte eine sehr sympathische, aber unzweifelhaft hochschwangere Frau begrüßen. Der Käufer verspätete sich jedoch und ließ auch nichts von sich hören. Die werdende Mama wurde unruhig und immer unruhiger. „Ich kann jetzt wirklich nicht mehr länger warten, der junge Mann – sie erwartete einen Sohn – drängt immer stürmischer ans Licht der Welt, ich muss jetzt in die Klinik und zwar pronto!". Eine Geburt in einer Anwalts- und Notariatskanzlei wäre zwar etwas Neues, aber so richtig gut waren wir auf ein solches Ereignis nicht vorbereitet. Also ab in die Klinik.

Kaum war sie weg, erschien der völlig aufgelöste atemlose Käufer, der unterwegs unverschuldet aufgehalten worden war. Es sei für ihn eine Katastrophe, wenn der Vertrag nicht an diesem Tag beurkundet würde, jammerte er.

Zwar war das ja wirklich nicht mein Problem, aber konnte ich den verzweifelten Mann einfach hängen lassen? Nein! Aber wie konnte ich das Problem lösen? Es gab nur eine Lösung: Sofort in die Klinik in der Hoffnung, dass die werdende Mama vor der Geburt noch ansprechbar und das Klinikpersonal verständig und kooperativ war. Also den Käufer und die Urkunde eiligst in mein Auto verfrachtet und in der Hoffnung, in keinen Stau zu geraten, ab zur Klinik. Wir hatten Glück. kein Stau, die Ampeln waren unerwarteterweise meist grün, sogar einen Parkplatz gefunden, an der Klinikrezeption kurz unser Anliegen erklärt und im Eilschritt in die Geburtsabteilung. Unsere werdende Mama war schon im Kreißsaal, ausgewiesen hatte sie sich schon in der Kanzlei, die diensthabenden Schwestern und auch der Arzt waren verständnisvoll und hilfsbereit. Sie holten sie aus dem Kreißsaal in einen freien Nebenraum, für sie war die Erledigung der Angelegenheit auch so wichtig, dass sie wohl ihrem nach außen drängenden Baby erklärte, es müsse noch etwas warten. Die werdende Mama war nach meiner Überzeugung „geschäftsfähig" im Sinne des Gesetzes, also los mit der Beurkundung. Die Urkunde musste ich natürlich vorlesen, ich habe wohl nie zuvor und auch später nie eine Urkunde zwar immer noch verständlich, aber doch so schnell vorgelesen wie in diesem Krankenhaus.

Eine derartige Aktion gehört sicher nicht zur Amtspflicht eines Notars. Aber hätte ich die Mandanten hängen lassen sollen? Das gehörte nicht zum Stil unserer Kanzlei. Das Ergebnis? Die werdende Mutter unterschrieb, bekam wenig später ihr gesundes Kind, dem Käufer fiel ein Stein vom Herzen, als alle Unterschriften unter dem Vertrag waren und alle waren glücklich! Was will man mehr?

Eine unruhige Nacht

In meiner Kanzlei saß eine in Stuttgart recht prominente Persönlichkeit. Ich ließ den Herrn nicht lange warten, nicht weil er prominent war, sondern weil mein Personal angewiesen war, Termine so zu vergeben, dass Wartezeiten vermieden wurden. Es ging um die Errichtung der letztwilligen Verfügungen des Herrn. Meine Sekretärin brachte mir den Herrn in mein Büro, wir besprachen sein Anliegen, hatten über den Inhalt des zu errichtenden Testaments lange diskutiert und schließlich vernünftige und klare Formulierungen gefunden. „Schicken Sie mir den Entwurf zu, wenn Sie ihn fertig haben. Wir besprechen dann das weitere Vorgehen". Mit diesen etwas seltsamen Worten verabschiedete sich mein Mandant.

Ich entwarf das Testament und schickte ihm eine Fassung zu. Er rief mich an, erklärte sein Einverständnis und fragte mich, ob ich bereit sei, zur Beurkundung in seine Wohnung zu kommen.

„Selbstverständlich, wenn Sie das wünschen. Ich bin aber verpflichtet, Sie auf die dadurch entstehenden Mehrkosten hinzuweisen". „Das ist mir egal", war die Antwort. „Ich stelle mir das so vor: Sie bringen das Original komplett mit, das sofort wirksam wird, wenn ich und Sie unterschrieben haben. Sie bringen eine Ausfertigung des Testaments mit, dessen Ausfertigungsvermerk Sie unterschreiben, sobald das Original ordnungsgemäß unterzeichnet und die Ausfertigung rechtswirksam ist." Ich wunderte mich, offenbar verstand der Herr etwas von den Formalitäten. „Sie bringen dann auch gleich Ihre Rechnung mit. Geht das alles so?" Ich wunderte mich noch mehr, antwortete ihm aber ohne weitere Fragen, wenn er das so wünsche, könne ich das schon so erledigen.

Der Termin wurde vereinbart, ich erschien pünktlich in der Wohnung, ich las meinem Mandanten den Originaltext aus der Originalurkunde vor, er war einverstanden und unterschrieb, ich unterschrieb ebenfalls, das Testament war damit formgültig errichtet. Ich konnte dann den Ausfertigungsvermerk auf der Zweitschrift, die schon mit dem Amtssiegel versehen war, unterzeichnen und hatte damit eine rechtsgültige Ausfertigung des Testaments. Ich wunderte mich immer mehr und verstand den Sinn der ganzen Aktion absolut nicht. „Geben Sie mir die Ausfertigung und Ihre Rechnung, die Sie hoffentlich dabei haben". Die hatte ich dabei, er hatte ja darum gebeten. Er schaute die Rechnung kurz an, holte seinen Geldbeutel und gab mir den Rechnungsbetrag in die Hand und lehnte sich zufrieden in seinen Sessel zurück. „Jetzt habe ich alles erledigt, was noch zu erledigen war. Ich danke Ihnen, dass Sie mir dabei geholfen haben. Ich verabschiede mich jetzt von Ihnen und wenn Sie gegangen sind, werde ich meinem Leben ein Ende setzen". Ich hatte viel erwartet, aber ich wäre nie auf diese Lösung des seltsamen Verhaltens meines Mandanten gekommen. Ich stand auf der Straße. Ich überlegte fieberhaft, was ich unternehmen könnte, um diesen angekündigten Suizid zu verhindern. Den Pfarrer anrufen und um Hilfe zu bitten? Mich an die Polizei wenden? „Nichts wirst Du tun, raunte mir eine innere Stimme zu. Wenn er sich umbringen will, ist das seine Sache und auf keinen Fall strafbar und Du unterliegst einer absoluten Schweigepflicht, auch wenn Dir Dein Gewissen etwa anderes zuflüstern will".

Die nächsten Stunden waren für mich quälend. Ich wusste, dass sich eben jetzt ein Mensch das Leben nehmen wollte, ich wusste, dass ich das verhindern konnte, aber ich wusste auch, dass ich gerade das nicht durfte. Ich schlief schlecht, sehr schlecht in dieser Nacht. Am nächsten Morgen hörte ich die Frühnachrichten an. Nichts. Vielleicht hatte man ihn noch nicht gefunden. Ich schaltete jede Stunde die Nachrichtensendung ein – nichts. Gegen Abend hatte ich die Hoffnung, dass er seinen Entschluss doch aufgegeben hatte, fragen konnte ich ja nicht, denn außer mir wusste ja niemand von seiner Absicht. Als er dann selbst in einer Nachrichtensendung auftrat, wusste ich endlich, dass er seine mir gegenüber geäußerte Absicht aufgegeben hatte.

In meinem Beruf erlebt man häufig unangenehme Situationen. Ich wünschte mir, nie mehr in eine solche Situation, wie ich sie geschildert habe, zu kommen. Einmal genügt.

Firmenwahrheit und Firmenklarheit

Es gab eine Zeit, da war im Gesellschaftsrecht das Prinzip der Firmenwahrheit und der Firmenklarheit sozusagen heilig. Wollte man etwa eine GmbH gründen, brauchte diese natürlich einen Namen, die Firma, unter der sie agieren wollte. Diese Firma musste aber den Namen eines Gesellschafters enthalten oder aus dem Zweck des Unternehmens entnommen sein, also **Maier GmbH,** wenn einer der Gesellschafter Maier hieß, oder **Waschmaschinen-GmbH**, wenn die Gesellschaft Waschmaschinen herstellte, oder auch **Maier Waschmaschinen-GmbH,** wenn der Gesellschafter Maier mit seiner Gesellschaft Waschmaschinen herstellen wollte.

Meldete man eine neu gegründete GmbH beim Amtsgericht zur Eintragung in das Handelsregister an, legte die zuständige Abteilung die Unterlagen der IHK (Industrie- und Handelskammer) vor. Erst wenn die IHK bestätigt hatte, dass gegen die gewählte Firma keine Bedenken bestünden, und auch sonst alle vorgeschriebenen Formalitäten eingehalten waren, wurde das Unternehmen in das Handelsregister eingetragen.

Der bei der IHK für die Firmen zuständige Abteilungsleiter war in der Beurteilung der Zulässigkeit einer Firma sehr streng, er war aber auch mein Bundesbruder und deshalb besonders streng in der Prüfung der Firmenzulässigkeit, wenn die Firmengründung in unserem Notariat beurkundet wurde.

Nun gab es aber Mandanten, die genau das, was vorgeschrieben war, nicht wollten, sondern sich eine Firma mit einem reinen Phantasienamen in den Kopf gesetzt hatten, beispielsweise – englisch wurde ja immer moderner – **Sunshine-GmbH**, eine Firma, die vom Badehandtuch über Tanga und Bikini bis zur Sonnencreme alles Einschlägige vertreiben sollte. Ich erklärte meinen Mandanten, dass und weshalb dies in Deutschland nicht möglich sei. „Dann reden Sie mit der IHK, das muss doch möglich sein", forderten sie mich auf. Was tut man nicht, wenn der Mandant es wünscht. Die Ablehnung war, wie ich wusste, vorprogrammiert.

Ich berichtete meinen Mandanten. „Das muss gehen, lassen Sie sich halt etwas einfallen", wurde mir erklärt. Geld spielt keine Rolle.

Und ich ließ mir etwas einfallen: „Wir gründen in den Vereinigten Staaten, eine Firma, **Sunshine Inc.**", schlug ich vor. „In Idaho ist es am billigsten. Wenn diese Firma dort registriert ist, gründen wir mit dieser Firma als Gesellschafter die von Ihnen gewünschte Firma **Sunshine-GmbH** in Deutschland als Namensfirma. Ist sie im Handelsregister eingetragen, verkauft die Firma **Sunshine Inc.** ihren Geschäftsanteil an der deutschen Firma **Sunshine-GmbH** an einen der deutschen Gesellschafter und scheidet aus. Dann haben Sie das, was Sie wollen. Die amerikanische Firma kann man dann wieder löschen". „Machen Sie das", forderten mich meine Mandanten auf, „aber wie kommen wir zu der amerikanischen Firma?" „Lassen Sie das meine Sorge sein, das werde ich schon für Sie erledigen".

Bevor ich mich ans Werk machte, rief ich aber doch den Firmenpapst bei der IHK, meinen Bundesbruder, an. Ich erläuterte ihm meine Absicht. „Ja, wenn du das so machst, geht das", stimmte er mir zu. „Und was soll dann der ganze Quatsch?", fragte ich ihn. „Das frage ich mich manchmal auch", war seine Antwort, aber erweichen ließ er sich nicht.

Also machten wir uns ans Werk. Ich brauchte etliche Wochen, bis alles erledigt war. Meine Mandanten waren zufrieden, sie hatten, was sie wollten, der Firmenpapst der IHK war zufrieden, denn die von ihm vertretenen Prinzipien blieben unangetastet und ich hatte wieder gelernt, dass man mit etwas Phantasie manchmal auch etwa vermeintlich Unmögliches durchsetzen kann.

Perfektionismus

Die Schwäbische Treuhand AG – kurz Schitag – Wirtschaftsprüfer und Steuerberater – hatte selbstverständlich eine Rechtsabteilung, die ebenfalls mit Juristen besetzt war. Die durften aber aus standesrechtlichen Gründen keine Rechtsanwälte sein. Ebenfalls aus standesrechtlichen Gründen muss ein zugelassener Rechtsanwalt eine eigene Kanzlei und eine Kanzleianschrift haben.

Wir boten einem als Rechtsanwalt zugelassenen Juristen, der bei der Schitag in deren Rechtsabteilung beschäftigt war, in unserer Kanzlei einen Kanzleisitz, ein Büro, eine Anschrift und eine Telefonnummer an, sein Problem war jedenfalls nach damaliger Rechtslage gelöst.

Er revanchierte sich damit, dass er in seiner Abteilung bei der Schitag anfallende Beurkundungsgeschäfte zur Beurkundung in unser Notariat vermittelte. Das funktionierte dann so, dass wir vom zuständigen Sachbearbeiter der Schitag die kompletten Urkundenentwürfe erhielten, an denen nichts, aber auch gar nichts geändert werden durfte. Was aus dem Hause Schitag kam, war jedenfalls nach dortiger Meinung perfekt, Bedenken konnte es also nicht geben.

Beliebt war die Schitag deshalb bei den Rechtspflegern der Registergerichte aber nicht gerade, auch die Notare bei den Grundbuchämtern waren über die Schitagurkunden nicht immer begeistert. Dazu kam, dass die von Mitarbeitern der Schitag entworfene Urkunden einen besonderen Stil aufwiesen, der sie sofort als Schitag-Urkunden erkennen ließ, egal welcher Notar die Beurkundung vornahm.

Ich erhielt in einer Handelsregistersache einen umfangreichen Urkundenentwurf mit der Bitte, die Beteiligten zur Beurkundung einzuladen. Diese seien davon unterrichtet und erwarteten einen zeitnahen Beurkundungstermin. Nun, es war ohnehin das Prinzip unserer Kanzlei, wenn irgend möglich rasche Termine zu vergeben, so auch hier. Bedenken hatte ich allerdings, was den Inhalt der vorbereiteten Urkunde anbelangte, aber ändern durfte ich nichts und den Schitagmandanten irgendwelche Bedenken vorzutragen, war unmöglich. Sie hätte die gute Geschäftsverbindung zur Schitag nur gestört oder gar beendet.

Die Beurkundung war vollzogen, ich reichte die Urkunde beim zuständigen Registergericht zum Vollzug ein. Die Rechtspfleger bei den umliegenden Registergerichten hatten nach meiner Erfahrung durchaus Freude daran, den aus ihrer Sicht arroganten Schitagleuten eins auszuwischen, wenn sich eine Gelegenheit bot. Der Rechtspfleger in dieser Sache hatte dieselben Bedenken wie ich und schickte der Schitag eine sogenannte Zwischenverfügung, also eine Verfügung, in der das Gericht mitteilte, dass und welche Umstände und Hindernisse dem Vollzug der Urkunde im Handelsregister entgegenstünden. Das empörte indessen den Sachbearbeiter bei der Schitag, der alsbald dem Registergericht klarzumachen versuchte, dass die Ansicht des Rechtspflegers falsch und die Urkunde ohne weiteres vollzugsfähig sei. Es entwickelte sich ein umfangreicher Schriftwechsel zwischen Schitag und Gericht, die Zeit verging. Der Schitagmandant war nicht erfreut, er wollte und sollte, ja genau genommen er musste weiterarbeiten, wenn er Schaden vermeiden wollte, Voraussetzung dafür war aber die Erledigung im Handelsregister.

Der Mandant kam etwas verzweifelt zu mir. „Warum ist die Sache im Handelsregister immer noch nicht erledigt?", klagte er. Ich erläuterte ihm, dass sich Schitag und Registergericht nicht einig seien und jede Seite auf ihrem Standpunkt beharre. „Können vielleicht Sie etwas unternehmen?", fragte er mich. „Kann ich nicht, das ist Sache der Schitag, an die Sie sich wenden müssen.

Ich habe von Ihnen dazu keine Vollmacht und kein Mandat". „Ich erteile Ihnen hiermit die Vollmacht und das Mandat, aber sorgen Sie dafür, dass die Sache umgehend erledigt wird." „Ich will es versuchen", erwiderte ich.

Als der Mandant gegangen war, rief ich den zuständigen Rechtspfleger, den ich (wie alle Rechtspfleger in der Umgebung) gut kannte, an, wünschte ihm zuerst einen guten Tag ohne Ärger, fragte nach Frau und Kindern, bis er mich unterbrach und meinte, das sei sehr nett von mir, aber sicher nicht der Grund meines Anrufs. „Da haben Sie recht, ich rufe in der Handelsregistersache der Firma ... an. Ich denke, Sie haben jetzt die Schitag genug geärgert, die Kuh muss jetzt vom Eis, was wollen Sie noch haben?", fragte ich ihn. Er lachte, erklärte mir seine Beanstandungen und wie er sich deren Beseitigung vorstelle. „Das bekommen Sie noch diese Woche", versicherte ich ihm, „und Sie versprechen mir dafür, dass Sie die Sache dann sofort erledigen". „Klar", war die Antwort. Er bekam postwendend, was er noch wollte und hielt sein Versprechen. Der Mandant war natürlich zufrieden, die Sache war erledigt und auch der Chef des Schitagmitarbeiters bedankte sich. Man muss eben die richtigen Leute kennen und mit ihnen reden können.

Es gab bei der Schitag aber − und nicht nur da − auch den

verhinderten Perfektionismus.

Mit den württembergischen Grundbüchern kam man nur zurecht, wenn man sie zu lesen verstand. Das ist zunächst wörtlich zu verstehen, denn die Eintragungen vor allen Dingen in alten Grundbüchern waren von Hand geschrieben, aber eben in der zur Zeit der Eintragung üblichen Sütterlinschrift, die der offensichtlich jüngere Schitagmitarbeiter, der mir einen Urkundenentwurf übersandte, nicht lesen konnte. Das war nicht schlimm, kam immer wieder vor und damit war er nun wirklich nicht allein. Er entschuldigte sich aber deshalb bei mir. „Sie sind es gewohnt, von uns beurkundungsfertige Entwürfe zu bekommen, hier fehlen aber der Grundstücksbeschrieb und Eintragungen in Abt. II. Das kann ich alles nicht lesen und in Abt. II sind Verweisungen auf ein Servitutenbuch, die ich nicht verstehe", erklärte er mir. Und was ein Servitutenbuch ist, weiß ich auch nicht und schon gar nicht, wo man es findet.

In einem königlich-württembergischen Güterbuch, das es bis zum Inkrafttreten des Bürgerlichen Gesetzbuches im Deutschen Reich im Jahr 1900 gab, waren alle Grundstücke, die einem Gemeindebürger gehörten, eingetragen. Dieser besaß also ein Güterbuch, das alle Grundstücke enthielt, die ihm auf der Gemeindemarkung gehörten. Außerdem gab es ein Servitutenbuch und ein Unterpfandsbuch.

Im Servitutenbuch waren Dienstbarkeiten eingetragen, beispielsweise Wegerechte, Leiterrechte, das Traufrecht und anderes mehr, oder auch Pflichten, wie sie heute in Abt. II der Grundbücher eingetragen werden. Im Unterpfandsbuch waren Hypotheken und Grundschulden eingetragen, wie man heute sagen würde, das Unterpfandsbuch ist heute also die Abt. III.des Grundbuchs.

Im Jahr 1900 wurden alle Eintragungen im Güterbuch, im Servitutenbuch und im Unterpfandsbuch in das neue Grundbuch übertragen, die Eintragungen im Servitutenbuch aber nicht im Volltext, hier stand in Abt. II des neuen Grundbuchs nur z. B.: „Rädlesrecht, siehe Servitutenbuch Nr. … Seite …". Man musste also wissen, was unter dem Begriff Servitutenbuch überhaupt zu verstehen ist, wo man es finden kann, wenn es sich tatsächlich um ein real existierendes Buch handelte, und was ein Rädlesrecht überhaupt ist. Das alles ist kein Problem, wenn man das bis 1900 im Königreich Württemberg geltende Württembergische Landrecht kennt. Bei einem jungen Schitag-Mitarbeiter waren diese Kenntnisse nicht vorauszusetzen, noch nicht einmal bei seinen

Vorgesetzten. Wer in Württemberg als Notariatsmann tätig sein wollte, musste die einschlägigen Kenntnisse haben. Ich hatte sie und versprach dem sichtlich erleichterten Schitagmann, seinen Entwurf fachgerecht zu ergänzen. Die Urkunde wurde dann beim Grundbuchamt beanstandungslos vollzogen.

Teil V

Rund um die Justiz

Die Justiz baut

I. Das Oberlandesgericht

Es ist schon lange her. Nach dem Krieg waren die Stuttgarter Gerichte mehr schlecht als recht untergebracht, die repräsentativen alten Gebäude zerstört. Neubauten waren dringend erforderlich. In den Jahren 1950 bis 1953 entstand in der unteren Archivstraße das neue Stuttgarter Oberlandesgericht – für Stuttgarter Verhältnisse ein Hochhaus mit immerhin 9 Stockwerken. Das travertinverkleidete Gebäude erhielt alsbald den Namen „Turm der Gerechtigkeit". Neben dem Eingang prangte und prangt bis heute ein großes, in die Wand eingelassenes Relief. Zu sehen sind drei ehrwürdige Köpfe, offensichtlich der Gerechtigkeit verpflichtete Honoratioren, darunter kleiner Männlein, Weiblein, Kinderchen, erkennbar dem rechtsuchenden Publikum angehörend. Dieses Relief trägt den offiziellen Titel „Der Schwur". Bei den drei dargestellten Herren handelt es sich nicht um vom Künstler frei gestaltete Figuren wie die Figuren darunter, hier ließen sich vielmehr bedeutende Herren für die Nachwelt in den Travertin meißeln, der damalige Oberlandesgerichtspräsident Robert Perlen (links), der Ministerpräsident Reinhold Maier (mitte) und der Justizminister Josef Beyerle (rechts). In der „Szene" hieß dieses Relief nur „der Kindlesprozess", auf hochdeutsch Rechtsstreit über Alimenteansprüche.

Auf dem Platz vor dem Eingang steht bis heute eine Stele, es ist – so die offizielle Lesart – der Genius auf der Verfassungssäule. In Juristenkreisen vornehmlich der Rechtsanwälte kursierte allerdings eine andere Symboldeutung: Bei der Figur handele es sich um die Göttin Justitia, die mit verhülltem Haupt entsetzt über die Urteile des Oberlandesgerichts fluchtartig das Weite sucht.

Erst runde 40 Jahre später im Jahr 1994 wurde das „Mahnmal" eingeweiht, ein unauffälliges Schriftband in der Begrenzungsmauer des Vorplatzes zur Urbanstraße, das an die Todesurteile erinnern soll, die dort in der NS-Zeit vollstreckt worden sind. Das Schriftband ist so unauffällig, dass ich es bis heute, ich muss es gestehen, nicht gelesen habe, obwohl ich dort mehr als 50 Jahre ein- und ausgegangen bin.

Im Laufe der Jahre wurde das Gebäude für das Oberlandesgericht zu eng, zu klein und nicht mehr zeitgemäß. In den alten und schon etwas heruntergekommenen Gebäuden Olgastraße 2 – 6 residierte das Amtsgericht Stuttgart in wenig repräsentativen Räumen. Also holte die Politik zu einem großen Wurf aus: Den Turm der Gerechtigkeit sollte das Landgericht erhalten, für das Amtsgericht sollte ein modernes Gebäude am Neckartor entstehen, für das Oberlandesgericht war ein seiner Bedeutung angemessener Neubau an der Olgastraße/Ulrichstraße geplant.

In der freien Wirtschaft hätte man wohl zuerst das Amtsgericht gebaut, die nach dem Umzug aller Referate des Amtsgerichts frei gewordenen alten Gebäude abgerissen und auf dem frei gewordenen Gelände das neue OLG errichtet. Die Politik oder die Öffentliche Hand ging anders vor:

Zuerst wurden im Gerichtsviertel oder in seiner Nähe alte Gebäude angemietet und für die Zwecke des Amtsgerichts mehr schlecht als recht hergerichtet. Nach erfolgtem Umzug sämtlicher Dienststellen in die zum Teil weit auseinanderliegenden angemieteten Gebäude wurden die alten Amtsgerichtsgebäude abgerissen, um das frei gewordene ebenerdige Baufeld wurde eine kleine Mauer als Sicherungsmaßnahme errichtet und dann geschah – nichts. Die notwendigen Gelder für den Neubau des Oberlandesgerichts waren noch nicht vorhanden oder bewilligt. Im Jahr darauf, als offenbar wieder Geld im Landeshaushalt eingestellt war, wurde mit dem Neubau für das OLG begonnen und das Untergeschoss zügig fertiggestellt, dann geschah wieder nichts, das bereitgestellte Geld war wohl aufgebraucht. Das fertige Untergeschoss wurde als Lager für bereits gelieferte, aber noch nicht benötigte Einrichtungsmaterialien und Einrichtungsgegenstände verwendet, sicher sinnvoll, aber nicht sonderlich durchdacht, denn z. B. die schon angelieferten Heizkörper für die einzelnen Räume, die vor dem Baustillstand nicht mehr eingebaut werden konnten und dort gelagert waren, waren, als man sie benötigte, nicht mehr da, sie waren geklaut. Bemerkt wurde das erst, als man sie vergeblich suchte.

Aber auch das olivgrüne neue OLG wurde schließlich – im Jahr 1982 – fertig. Etwas seltsam war allerdings, dass vor dem Eingang in der Olgastraße in großer Haufen rostiger Schrott aus Winkeleisen verschiedener Größen – kreuz und quer übereinander – lag, der das Bild etwas störte. Ein vorübergehender Passant fragte deshalb die dort noch beschäftigten Bauarbeiter, wann denn der Schrotthaufen abtransportiert würde. Die Antwort war in breitem Schwäbisch: „Des isch koi Schrott, des isch Kunscht". Einem meiner Kollegen, der etwas ratlos vor dem Schrotthaufen stand, rief der auf der anderen Straßenseite zufällig vorbeigehende OLG-Präsident nur zu: „Herr Weber (er hieß natürlich anders), ich kann nichts dafür!"

Nun, die Winkeleisen wurden rot angestrichen, sie waren auf einem eigens dafür hergestellten Betonpodest aufgebaut und es kam der Tag, als viele höhere und hohe Persönlichkeiten bewundernd davorstanden. Es wurde eine Rede gehalten und erläutert, dieses Kunstwerk, geschaffen von dem Künstler Christoph Freimann, symbolisiere „12 Kanten", was immer das sein mag. In einem alten Haus auf der anderen Straßenseite öffnete sich ein Mansardenfenster und eine alte weibliche Stimme tönte herunter: „Ond jetzt weihet dia den Scheiss au no ei!!". Kunst wird, wie man hier sieht, als solche nicht immer erkannt.

Ich fragte später einen mir gut bekannten Oberlandesgerichtsrat, wie es denn zu dieser „Installation", wie man heute sagt, gekommen sei. Er erläuterte mir, dass bei einem solch großen öffentlichen Gebäude auch die Kunst gefördert werden müsse. Er habe als Vertreter des Oberlandesgerichts der Auswahlkommission angehört. Fünf Kunstwerke seien zur Auswahl angeboten worden. „No hemmer des gnomme, was am wenigschte scheußlich war".

II. Das Landgericht

Nach Errichtung des Turms der Gerechtigkeit für das Oberlandesgericht in den Jahren 1950 – 1953 in der Archivstraße kam beginnend 1954 der Neubau für das Landgericht in der Urbanstraße an die Reihe. Voraus ging eine sorgfältige Planung, deren tieferer Sinn nicht immer ohne weiteres erkennbar war. Im Erdgeschoss waren Sitzungssäle an der Urbanstraßenfront vorgesehen, unterbrochen von Lichthöfen, in denen sich Rechtsanwälte mit ihren Mandanten aufhielten, während sie auf den Aufruf ihres Falles warteten. Diese Lichthöfe waren spartanisch eingerichtet, nämlich gar nicht.

Schwaben sind ja grundsätzlich sparsam, aber sie wissen sich in der Not auch zu helfen. In den fünfziger Jahren des vorigen Jahrhunderts war das Rauchen ja noch nicht verpönt und nach dem damaligen Verständnis auch nicht gesundheitsschädlich, auch im Wartebereich der Gerichte nicht verboten. Vor allen Dingen vermochte es aber die aufgeregten Bürger, die hofften, ihr Recht durchzusetzen, in der Wartezeit etwas zu beruhigen. Im sorgfältig ausgearbeiteten Plan der Staatlichen Hochbauverwaltung hatte man allerdings an solche Kleinigkeiten nicht gedacht und schon gar nicht daran, dass beim Rauchen Asche entsteht und Kippen übrig bleiben. Also gab es in den Lichthöfen, in denen es, wie gesagt, nichts gab, natürlich auch keine Aschenbecher. Die Verwaltungsabteilung des Landgerichts hätte nun – wahrscheinlich auf dem Umweg über das Justizministerium – beim

Staatlichen Hochbauamt die Anbringung von Aschenbechern beantragen müssen. Antrag – Begründung – warten – warten, das wollte man bei der Verwaltung nicht. Eingeführt wurde eine sparsame und sofort wirksame provisorische Lösung: In jedem Lichthof fanden sich alsbald in genügender Anzahl leere Heringsdosen, die ihren Zweck erfüllten, vom Publikum angenommen wurden und, weil nichts so lange haltbar ist wie ein Provisorium, dort so lange verblieben, bis man die Lichthöfe in abgeschlossene Räume verwandelte, weil man für einen reibungslosen Betrieb im Landgerichtsgebäude nach einigen Jahren weitere Räume benötigte.

Man hatte bei der Staatlichen Hochbauverwaltung aber sehr viel weiter gedacht. In den oberen Stockwerken befanden sich die Büros der Richter und der Geschäftsstellen der einzelnen Kammern.

Die Büros vornehmlich der Landgerichtsdirektoren und älteren Richter befanden sich auf der Urbanstraßenseite des langen, durch das ganze Gebäude führenden Ganges, waren also von der Sonne abgewandt, was im Sommer von Vorteil war, den Klimaanlagen gab es damals jedenfalls in solchen Gebäuden nicht. In diesen Büros gab es Handwaschbecken, aber nicht in allen. Die Büros mit Waschbecken waren für die Landgerichtsdirektoren bestimmt, die ohne solche für die Landgerichtsräte. Nun ist es aber nicht jedermanns Sache, in seinem Arbeitszimmer ein Waschbecken mit Seife und Handtuch zur Schau zu stellen oder mit anderen Worten, nicht alle Berechtigten waren von dieser Zurschaustellung moderner Hygiene in ihrem Arbeitszimmer begeistert. Das damit verbundene Problem ließ sich allerdings relativ einfach durch innerbetriebliche Tauschabsprachen lösen.

Schwieriger, weil unlösbar, war ein anderes Problem: Die Zimmer auf der anderen Seite des Mittelganges, der Bergseite und damit nach Süden zugewandt, waren im Sommer der prallen Sonne ausgesetzt. Obwohl dies nur im Sommer und bei schönem Wetter zu Problemen führte, kamen die Planer doch zu dem Ergebnis, man müsse hier an einen Sonnenschutz denken. Also wurden Jalousien nicht nur eingeplant, sondern auch installiert, aber nicht außen, sondern innen, wohl weil das billiger war. Davon, dass Jalousien an der inneren Seite der Fenster nichts nützen, -Wärmeschutzfenster gab es damals noch nicht –, hatten die Planer offensichtlich noch nichts gehört. Ob die Rechtsprechung des Landgerichts dadurch im Sommer negativ, weil überhitzt, beeinflusst wurde, konnte, soweit mir das bekannt ist, nicht festgestellt werden.

Dass ein Bauprojekt der Öffentlichen Hand nie innerhalb des vorgegebenen Kostenrahmens und nie innerhalb der vorgesehenen Bauzeit fertig gestellt werden kann, war damals noch nicht so bekannt wie heute. Als die zeitgerechte Fertigstellung des neuen Landgerichtsgebäudes fraglich zu werden schien, und insbesondere. die neuen Sitzungssäle kaum innerhalb der vorgesehenen Zeit fertig zu werden drohten, kam der Landgerichtspräsident als Behördenleiter auf eine hervorragende Idee: Pacta sunt servanda – insbesondere, wenn die Justiz Vertragspartner ist. Also, Baufortschritt hin oder her, ab Ende Oktober mussten die neuen Sitzungssäle nach Plan und Vertrag fertig sein, also sind sie auch fertig, frei nach dem Wahlspruch, dass nicht sein kann, was nicht sein darf. Der Landgerichtspräsident als Behördenleiter ordnete deshalb an, ab November als Verhandlungsorte die neuen Säle vorzusehen und die Terminladungen entsprechend auszuführen. Diese Weisung des Präsidenten wurde von den Geschäftsstellen der einzelnen Kammern des Landgerichts selbstverständlich pünktlich ausgeführt. Es geschah, was geschehen musste, die Sitzungssäle waren, erfahrungsgemäß auch selbstverständlich, eben nicht fertig. Der Hinweis, dies sei nicht hinnehmbar, weil dort die Verhandlungen stattfinden müssten, war nicht sonderlich erfolgreich. Also mussten Ersatzmöglichkeiten gesucht werden, kurzfristig, Umladungen waren teilweise zeitlich nicht mehr möglich, es entstand ein richtiges Tohuwabohu. Manche Streitparteien und Richter fanden zusammen, manche nicht und so geschah es, dass es beim Landgericht Stuttgart über Wochen keine Versäumnisurteile mehr gab – man konnte schließlich nicht wissen, ob eine Streitpartei wirklich nicht kam, also säumig war, oder nur den richtigen Verhandlungssaal nicht fand.

III. Das Amtsgericht

Nachdem das Landgericht fertig und bezogen war, wurde das neue Amtsgerichtsgebäude in Angriff genommen, nicht unter der Regie der Öffentlichen Hand, sondern privat mit dem erhofften Ergebnis der vertrags- und zeitgerechten Fertigstellung.

Der Gerichtsbetrieb in den bis zur Fertigstellung des Neubaus angemieteten Gebäuden war insbesondere deshalb etwas mühsam, weil sie sehr weit auseinanderlagen. Das spielte sich aber nach einiger Zeit ganz gut ein.

Eine Episode aus dieser Zeit ist aber sicher erwähnenswert. Eines der angemieteten Gebäude befand sich in einem Hintergebäude an der Gaisburgstraße. Auch hier gab es im Erdgeschoß einen langen Gang, von dem aus die Verhandlungsräume erreicht werden konnten. Es gab aber weder Aschenbecher noch Heringsdosen, aus gutem Grund. An der Decke des langen Gangs waren die zwischenzeitlich vorgeschriebenen Rauchmelder angebracht, mit direktem Kontakt zur nächsten Feuerwache. Große Schilder wiesen darauf hin, dass Rauchen strengsten verboten sei. Es kam aber immer wieder vor, dass ein aufgeregter rechtsuchender Bürger, der warten musste, dies vergaß und sich eine Zigarette anzündete. Es dauerte dann nur wenige Minuten, bis die Feuerwehr mit Blaulicht und Folgetonhorn anrückte, um den vermeintlichen Brand zu löschen. Diese kleine Episode, die ich des Öfteren erlebte, möchte ich doch nicht unerwähnt lassen. Ich konnte jedes Mal von meinem Bürofenster aus zusehen.

Das neue Amtsgerichtsgebäude konnte im Jahr 1991 bezogen werden.

Als Fazit ist festzustellen, dass die öffentliche Hand zur Errichtung von drei Justizgebäuden, auch wenn sie groß waren, 41 Jahre benötigte. Maximal 5 Jahre hätten genügen müssen.

—

Was sonst noch so passierte

Der Besuch in der JVA Stammheim

Stammheim war ein altes Bauerndorf, das vor den Toren Stuttgarts lag und längst eingemeindet worden war. Dort gab es Platz und dort wurde eine große moderne Strafanstalt nicht nur mit Zellen für Strafgefangene und Untersuchungshäftlinge, sondern auch mit Verhandlungssälen für Strafprozesse mit modernster Sicherheitstechnik errichtet, die JVA(Justizvollzugsanstalt) Stammheim.

Es war in der Zeit der sogenannten RAF-Prozesse, die vor dem Oberlandesgericht Stuttgart verhandelt wurden. Verhandelt wurde in einem besonderen hochgesicherten Sitzungssaal in eben dieser JVA (Justizvollzugsanstalt) Stammheim. Es galt die Sicherheitsstufe 1.

Die Gerichtgebäude in Stuttgart selbst konnte man nur durch extra eingebaute Schleusen betreten, die mit Justizwachtmeistern besetzt waren. Das Vorzeigen von Ausweisen war Pflicht.

Die drei Richter des Senats, die die Verhandlung in Stammheim zu führen hatten, hatte ihre Büroräume im obersten Stock des damaligen OLG-Gebäudes in der Archivstraße in Stuttgart. Dorthin kam man, wenn überhaupt, nur durch eine weitere bewachte Sicherheitsschleuse. Das hinderte indessen die drei hochgefährdeten Senatsmitglieder allerdings nicht, täglich außer an Verhandlungstagen – völlig ungesichert, gemeinsam, also alle drei und ohne Bodyguards immer um 12.00 Uhr ihre Festung zu verlassen und über die Straße in die ebenfalls frei zugängliche Justizkantine zum Mittagessen zu gehen, in der sich zu dieser Zeit verständlicherweise andere Justizbedienstete, Anwälte oder deren Mandanten oder auch Passanten von der Straße befanden, die Kantine war für jedermann frei zugänglich. Passiert ist trotzdem oder vielleicht gerade deswegen nichts, denn auf die Idee, hochgefährdete Personen könnten so leichtsinnig sein, kam wohl selbst der phantasievollste Terrorist noch nicht einmal im Traum.

Ich selbst habe allerdings nie einen Ausweis vorgezeigt. Ich hatte schon immer Wert darauf gelegt, nicht nur zu den Richtern, sondern auch zu den Justizwachtmeistern und den Damen der Geschäftsstellen der einzelnen Senate beim OLG oder den Kammern des LG ein gutes Verhältnis aufzubauen. Die Justizwachtmeister hatte ich schon immer freundlich begrüßt und ein paar Worte mit ihnen gewechselt, wenn ich sie traf, sie kannten mich alle, natürlich auch, wenn sie an den Kontrollen saßen – sie winkten mich immer durch.

Ganz so einfach war der Zugang zur Justizvollzugsanstalt in Stuttgart Stammheim – hochgesichert wie die Räume des RAF-Senats im OLG-Gebäude – nicht.

In meiner Eigenschaft als Notarvertreter hatte ich das umständliche Ritual, in die JVA hineinzukommen, kennen gelernt. Ich sollte dort die Unterschrift eines Häftlings einholen und beglaubigen. Hier genügte ein Ausweis nicht, ein besonderes Verfahren war vorgeschrieben.

Im Justizministerium kam man eines schönen Tages auf die Idee, unter persönlicher Führung des Herrn Justizministers einigen hochgestellten Persönlichkeiten, darunter auch die Mitglieder des Präsidiums der Rechtsanwaltskammer Stuttgart, dem ich angehörte, die Sicherheitsmaßnahmen in der JVA Stammheim, also das ganze umständliche Ritual, vorzuführen, insbesondere, wie Besucher inspiziert wurden, bevor sie überhaupt die Schwelle der JVA überschreiten durften.

Vor den Toren der JVA hatten sich zu dem mit dem Ministerium vereinbarten Termin so etwa 40 Anzug- und Krawattenträger, darunter auch ich, versammelt und warteten auf das Eintreffen des Herrn Justizministers. Der kam dann, aus Sicherheitsgründen, in einem mit zivilen Kennzeichen versehenen unauffälligen gepanzerten Dienstfahrzeug, ebenso völlig unauffällig mit vier Motoradfahrern voraus – natürlich auch zur Tarnung mit normalem Kennzeichen –, von zwei weiteren „Zivil"-Fahrzeugen gefolgt, weiteren vier Motorradfahrern hinterher, mit überhöhter Geschwindigkeit angefahren. Der auf diese Weise absolut unauffällig eingetroffene Herr Minister und sein Gefolge stiegen aus, begrüßte uns und wir begaben uns gemeinsam in die Empfangshalle der JVA. Dort erwartete uns der Anstaltsleiter, mit ihm ein Justizwachtmeister, der die Untersuchung eines Besuchers demonstrieren sollte. Dieser zeigte zunächst, wie der Inhalt aller Taschen in besondere Boxen gelegt werden mussten, wie die Taschen der Kleidung des Besuchers untersucht wurden – ja, und dann kam ein weiteres Untersuchungsritual. War der Besucher, männlich oder weiblich, mit einer Hose bekleidet, wurde er oder sie mit einem Sensor abgetastet und musste dazu die Hose herunterlassen. Der Justizwachtmeister schaute etwas ratlos in die Runde, denn es waren ja nur die hohen Herrschaften, aber keine Versuchsperson anwesend. Auch der Behördenleiter schaute etwas hilflos herum und nichts geschah. Der Justizwachtmeister konnte sich ja nicht gut selbst die Hose herunterlassen, der Behördenleiter kam auch nicht in Frage, er musste die Vorstellung überwachen.

Der Herr Justizminister als immerhin ranghöchste Persönlichkeit kam zu der Erkenntnis, dass es seine Aufgabe sei, einzuschreiten, Führungsqualität zu zeigen und die unterbrochene Veranstaltung zu retten. Er sah sich in der erlauchten Runde um und entdeckte mich, wir waren Bundesbrüder derselben Tübinger Studentenverbindung. Er kannte mich gut genug und wusste, dass ich kein Spielverderber sein und ihn nicht im Stich lassen würde. Als sein Blick mich traf, wusste ich schon, was kommen würde. Er rief mir dann auch ohne zögern zu:: „Komm, Rolf, mach's du". Überraschte, erstaunte, fast ungläubige Gesichter sah man in der erlauchten Runde. Wie bitte? Hatten sie richtig gehört? Alle schauten auf mich.

Ich ging wortlos und ganz einfach auf den Justizwachtmeister zu, öffnete meinen Hosengürtel, ermunterte ihn: „Walten Sie Ihres Amtes" und ließ – jetzt unter dem Beifall aller Anwesenden – die Hose fallen. Er zeigte dann an mir, wie er jeweils zu verfahren hatte und fuhr mit seinem Sensorgerät an mir herunter. Ich wollte von ihn dann aber doch wissen, wozu ich zu dieser Aktion die Hose hatte fallen lassen müssen. Er erläuterte mir dann eifrig, in den meisten Herrenhosen seien die Reißverschlüsse aus Metall mit der Folge, dass sein Sensor dann reagiere. „Ach, das ist ja interessant, dann muss ich also die kleine Säge, die ich hereinschmuggeln will, nur längs neben dem Reißverschluss einnähen, dann bin ich sicher, dass Sie sie nicht finden?" Er stutzte, sah mich an und rief: „Sie haben recht, daran haben wir überhaupt noch nicht gedacht!"

Die weitere Besichtigung konnte dann ohne Zwischenfälle eindrucksvoll zu Ende geführt werden und der Herr Justizminister fuhr mit seinem Gefolge in seiner unauffälligen Fahrzeugkolonne mit überhöhter Geschwindigkeit in seiner gepanzerten Limousine unbehelligt in sein Ministerium zurück.

Die Einführung von Fachanwaltschaften

Wenn Anwälte einmal als solche zugelassen waren, waren sie berechtigt, Rechtsberatung und Vertretung in Rechtsachen uneingeschränkt anzubieten und zu betreiben. Sie wachten eifersüchtig darüber, dass in dieses ihnen geschützte Gebiet kein Fremder eindringen konnte und durfte. Inkassobüros konnte man schließlich akzeptieren, am reinen Inkasso war ja nicht viel zu verdienen, jedenfalls dann nicht, wenn man eine vernünftige Organisation eines Anwaltsbüros einzurichten und zu unterhalten hatte.

Wenig begeistert war die Anwaltschaft aber über die zunehmende Zahl von Steuerberatungsbüros, obwohl diese der Anwaltschaft gar nichts wegnahmen, wie gern behauptet wurde. Während die Steuerberater über ihr Steuerrechtsgebiet hinaus keinerlei Rechtsberatung oder Rechtsvertretung anbieten und betreiben durften., unterlagen die Anwälte keinen Einschränkungen. Sie waren immer berechtigt, auch auf dem immer umfangreicher werdenden Steuerrechtsgebiet uneingeschränkt tätig zu werden. Die Frage war nur, ob sie das auch konnten, eine Frage, die man getrost verneinen darf.

Auch ich hatte am umfangreichen und komplizierten Rechtsgebiet des Steuerrechts kein großes Interesse, bis ich mit einem persönlichen Steuerrechtsproblem konfrontiert wurde.

Als mein Vater starb, hinterließ er das Familienwohnhaus, in dem ich aufgewachsen war und in dem ich zusammen mit meiner Familie und meiner Mutter wohnte. Sie wurde Erbin zur Hälfte, meine Schwester und ich erbten jeweils ein Viertel des Nachlasses. Das Wohnhaus ging also auch zur Hälfte an meine Mutter und je zu einem Viertel an meine Schwester und an mich. Meine Schwester war längst ausgezogen und wohnte mit ihrer Familie im Elternhaus ihres Mannes. Unser Haus war nach dem Tod des Vaters rechtlich korrekt ausgedrückt Eigentum der Erbengemeinschaft nach meinem Vater geworden, an der, wie gesagt, meine Mutter zur Hälfte, meine Schwester und ich je zu einem Viertel beteiligt waren. Meine Mutter schlug uns Kindern vor, ihre „Haushälfte" ihren Kindern zu schenken, meine Schwester und ich hätten dann je eine Hälfte gehabt, meine Schwester hatte daran aber kein Interesse und war bereit, ihre Hälfte mir zu verkaufen. Ich war natürlich sehr daran interessiert, Alleineigentümer zu werden.

Wenn ich hier von einer Haushälfte und von Vierteln rede, ist das rechtlich natürlich nicht richtig, das Grundstück stand korrekt ausgedrückt im Eigentum der Erbengemeinschaft nach meinem

Vater. Ziel war aber jedenfalls, dass ich das ganze Grundstück erhalten sollte. Meiner Schwester hatte ich die Hälfte des Werts auszuzahlen.

Mir war klar, dass die beabsichtigten Transaktionen steuerrechtliche Konsequenzen haben würden, Steuern wollte ich aber nur im äußersten Notfall bezahlen. Ich wandte mich an den Steuerberater, der mit der Steuerberatung der Kanzlei beauftragt war. Der versprach mir, das Problem zu überprüfen. „Ich habe die Problematik überprüft", erklärte er mir nach einigen Tagen. „Es hilft alles nichts, Sie kommen um eine Steuerzahlung nicht herum". Das gefiel mir nicht. Ich wandte mich deshalb mit derselben Frage an eine große Stuttgarter Steuerberatungs- und Wirtschaftsprüfungsgesellschaft, mit deren Rechtsabteilung ich oft zu tun hatte. Ich hatte die Hoffnung, dass man dort findiger sein würde. Die Antwort war aber dieselbe, ohne Steuerzahlung gehe es nicht. Also, sagte ich mir, musst du einmal selbst nachdenken. Ich dachte selbst nach. Ich erkannte recht bald, dass des Rätsels Lösung nicht im Steuerrecht zu finden war, sie musste vielmehr im Bereich der Nachlassauseinandersetzung gesucht werden. Dort fand ich sie auch. Ich konnte die Nachlassauseinandersetzung so gestalten, dass ich zuletzt Alleineigentümer des Grundstücks wurde, ohne einen Pfennig Steuern gezahlt zu haben. War ich aber so viel klüger als die angesprochenen Berater? Mit Sicherheit nicht. Des Rätsels Lösung war recht einfach:

Mit richtigen zivilrechtlich möglichen Gestaltungen konnte man Steuern vermeiden. Um hier Erfolge erzielen zu können, musste man eben neben dem Steuerrecht auch die erforderliche zivilrechtliche Seite und deren Möglichkeiten kennen und beherrschen. Das aber konnten die Steuerberater nicht.

Ich erkannte aber auch das Potential, nicht zuletzt auch in honorarmäßiger Hinsicht, das in dieser Kombination lag und begann, mich mit dem Steuerrecht zu befassen, das ich bis dahin vernachlässigt hatte. Das machte insbesondere dann Spaß, wenn es gelang, durch entsprechende Gestaltungen außerhalb des Steuerrechtsbereichs sogar der Steuerfahndung den Wind aus den Segeln zu nehmen.

Den Begriff des Fachanwalts ähnlich dem Begriff des Facharztes gab es damals noch nicht. Einzig und allein einen Fachanwalt für Steuerrecht hatte die Anwaltschaft bereits erfunden. Um die Genehmigung zur Führung dieser Bezeichnung bemühte ich mich und erhielt sie auch.

Ich erkannte darüber hinaus aber auch, wie umfangreich der Zusammenhang der verschiedensten Rechtsgebiete war, und welche Schwierigkeiten es bereitete, diese Zusammenhänge im Bedarfsfall auch zu erkennen und wie oft selbst beim Oberlandesgericht solche Zusammenhänge nicht erkannt wurden.

Sehr spät, nämlich erst 1996/1997, kam die Anwaltschaft doch noch auf die Idee, ähnlich wie bei den Ärzten Fachärzte bei den Anwälten Fachanwaltschaften einzuführen. Eine umfangreiche Fachanwaltsordnung entstand, zahlreiche Fachanwaltschaften wurden eingeführt, die Voraussetzungen für den Erwerb und die Erhaltung der Berechtigung zur Führung einer Fachanwaltsbezeichnung wurden minutiös festgelegt, umfassende Regelungen entstanden. Nur an eines wurde nicht gedacht:

Die Juristengeneration, der ich angehöre und die in den frühen fünfziger Jahren des vorigen Jahrhunderts studiert hatte, hatte es gegenüber heute viel einfacher. Die heutige Gesetzesflut kannten wir nicht und mussten sie uns auch nicht erarbeiten. Der Lehr- und Lernstoff war längst nicht so umfangreich wie heute. Wir konnten uns in neue Gesetze und Vorschriften in Ruhe hineindenken. Vor allen Dingen konnten wir aber noch erkennen, wie die neuen Vorschriften doch immer wieder zusammenhängen und sich gegenseitig beeinflussen. Wie durch geschickte Erbauseinandersetzung Steuern vermieden werden können, habe ich bereits geschildert. Dazu muss man aber beide Rechtsgebiete kennen.

Es genügte und genügt eben nicht, wenn man „nur" Fachanwalt für Steuerrecht war. Ein Fachanwalt für Miet- und Wohnungseigentumsrecht zum Beispiel sollte auch eingehende Kenntnisse des Erbbaurechts haben, denn auch ein im Erbbaurecht erstelltes Gebäude kann in Wohnungs- und Teileigentumsrechte aufgeteilt werden. Welcher Fachanwalt für Miet- und Wohnungseigentumsrecht kennt sich aber im Erbbaurecht aus? So gut wie keiner. Das Erbbaurecht war eher für nahezu alle Anwälte ein Buch mit sieben Siegeln, von dem nur Notare etwas verstanden. Ich schildere an anderer Stelle ein Musterbeispiel, das diese Behauptung belegt.

Wer einmal die Berechtigung zur Führung einer Fachanwaltsbezeichnung erworben hatte, musste sich aber laufend fortbilden und dies seiner Rechtsanwaltskammer auch nachweisen. Vorgeschrieben war ursprünglich eine Fortbildung von jährlich 10 Zeitstunden, was immer das sein mag.

Abgesehen davon, dass in einem Fachgebiet eine jährliche Fortbildung von 10 Stunden sowieso ein besserer Witz war, entstand umgehend eine Art Fortbildungsindustrie. Für jedes Fachgebiet gab es plötzlich Seminare, die man buchen konnte und natürlich bezahlen musste. Wer ein solches Fortbildungsseminar besuchte, bekam dann vom Veranstalter eine Teilnahmebescheinigung, die er bei seiner Anwaltskammer einzureichen hatte.

Da gab es Veranstalter, die die geforderten 10 Stunden an einem Tag anboten. Der Lerneffekt war sicher enorm. Noch vorteilhafter war das Angebot, das Seminar an einem Kurort etwa an der Nordsee anzubieten, 10 Stunden Fortbildung an einem Tag, nämlich am Freitag. Anreise am Donnerstag, Heimreise am Sonntag, schöne Tage an der See und die gesamten Kosten von der Steuer absetzbar. So ist doch Fortbildung schön!

Es gab aber auch Großkanzleien, die sich schon längst spezialisiert hatten, aber jetzt zumindest einen Kollegen benötigten, der sich

z. B. Fachanwalt für Steuerrecht nennen durfte. Der musste ebenfalls die Teilnahme an einem solchen Seminar nachweisen. Die Teilnahme war aber in einem solchen Fall reine Zeitverschwendung, denn der ohnehin schon spezialisierte Teilnehmer wusste sowieso mehr als der Referent. Ein solcher Kollege erschien, meldete sich ordnungsgemäß an, ließ sich die Teilnahmebescheinigung geben und verschwand alsbald wieder. Der Veranstalter hatte sein Geld, der Teilnehmer keine Zeit verschwendet und alle waren zufrieden, ja, bis diese Praxis auch bis zum Kammervorstand durchsickerte. Alle solchen Veranstalter wurden deshalb verpflichtet, die Teilnahmebescheinigung erst nach Beendigung der Fortbildungsveranstaltung auszuhändigen. Wer sich daran nicht hielt, wurde aus dem Kreis der zugelassenen Veranstalter ausgeschlossen.

Zum Jahresbeginn gingen nun bei den Anwaltskammern eine Unzahl solcher Teilnahmebescheinigungen ein, die überprüft und abgeheftet werden mussten. Abgeheftet wurden sie zwangsläufig von den wenig erfreuten Damen in dem Kammersekretariaten, ob aber überprüft? Jedenfalls einer meiner Kollegen hatte sich den Spaß gemacht, seine Bescheinigung an der Teilnahme an einem Kochkurs einzureichen. Auch die wurde akzeptiert.

Mir wurde nach einigen Jahren die nutzlose Teilnahme an einem solchen Seminar zu dumm. Ich teilte meiner Kammer mit, auf die Führung der Fachbezeichnung Fachanwalt für Steuerrecht zu verzichten. Und ich erlebte eine neue Überraschung: Meiner Erfahrung nach reagierte die Kammer auf Anfragen oder Mitteilungen, wenn überhaupt, erst nach geraumer Zeit. Ich hatte schon zwei Tage später die Mitteilung des zuständigen Kammervorstands in der Post, nachdem ich auf die Führung dieser Fachanwaltsbezeichnung verzichtet hätte, sei ich nicht mehr befugt, dieselbe zu führen. Mit welchen Sanktionen ich zu rechnen hätte, wenn ich mich an dieses Verbot nicht halten würde, wurde ausführlich dargelegt. Eine doch etwas seltsame Logik.

Es soll noch hinzugefügt werden, dass sich nach einigen Jahren auch bei den Kammern die Erkenntnis durchgesetzt hat, jährlich 10 Zeitstunden Fortbildung sei doch etwas wenig. Heute sind es 15 Stunden, was die ganze Sache aber auch nicht viel besser macht.

Die Chefrichterbesprechung

Bei der Stuttgarter Justiz gab es und gibt es wohl noch heute eine außergewöhnliche Einrichtung:

Jedes Jahr fand einmal eine sogenannte Chefrichterbesprechung statt, zu der in einem Jahr der Präsident des Oberlandesgerichts, im nächsten Jahr der Präsident der Rechtsanwaltskammer einlud.

Teilnehmer waren insbesondere der Oberlandesgerichtspräsident, der Landgerichtspräsident, die Amtsgerichtspräsidenten, der Generalstaatsanwalt jeweils mit Anhängen einerseits und der Präsident der Rechtsanwaltskammer mit seinen Präsidiumsmitgliedern andererseits.

Zweck der Veranstaltung war ein gemütliches Zusammensein, das Gelegenheit bot, gegenseitige Wünsche zu besprechen, Beschwerden los zu werden, Anregungen zu geben, kurz Probleme und Wünsche offen anzusprechen, die auf dem Dienstweg nicht gut angesprochen werden konnten, alles in allem eine sehr vernünftige, geradezu segensreiche Einrichtung.

Der Präsident des Oberlandesgerichts konnte für die Bewirtung auf die Dienste der Justizkantine zurückgreifen, die immer ein sehr umfangreiches Angebot an Speisen und Getränken präsentierte. Die Anwaltskammer war da um Einiges sparsamer, sie musste die Ausgaben ja aus den Mitgliedsbeiträgen finanzieren und vor den Mitgliedern verantworten.

Solche Chefrichterbesprechungen hatten oft eine humorvolle Komponente, so zum Beispiel:.

Verhandlungen vor Landgerichten fanden zu der Zeit, aus der ich berichte, vor der sogenannten besetzten Kammer statt, also vor dem Kammerpräsidenten und seinen zwei Beisitzern. Damals kam man auf die Idee, dass dies in viel Fällen doch sehr aufwendig sei und dass es doch möglich sein müsse, Gerichtsverhandlungen durch einen einzelnen Richter durchzuführen zu lassen – das Einzelrichterprinzip.

Ein entsprechender Versuch wurde durchgeführt.

Der Oberlandesgerichtspräsident war wieder an der Reihe, zur Chefrichterbesprechung einzuladen. Die Mitarbeiter der Justizkantine hatten sich wieder alle Mühe gegeben und hatten auf Tischen vor dem eigentlichen Sitzungssaal ihre Köstlichkeiten aufgebaut, insbesondere ein umfangreiches Angebot von Flaschen, Inhalt Wein meist bekannter württembergischer Lagen. Dieses Angebot mag wohl den Präsidenten der Rechtsanwaltskammer zu dem inspiriert haben, was im Verlaufe des Abends passierte.

Der Oberlandesgerichtspräsident kam auf das neue Einzelrichterprinzip zu sprechen und stellte die Frage, welche Erfahrungen die Rechtsanwälte mit dieser neuen Einrichtung gemacht hätten und was sie davon hielten.

Der Präsident der Anwaltskammer war für seine bedächtige und blumenreiche Sprache bekannt. Er hatte wohl noch das Getränkeangebot der Justizkantine vor dem Sitzungssaal mit den einzelnen Flaschen und einen mit Weinfässern gefüllten Keller vor seinem inneren Auge und meinte wohl bei sich, dass ein Fässchen Wein immer besser sei als eine noch so gute Flasche Wein. Er führte dann aus, dass die Anwaltschaft mit dem Einzelrichtersystem schon zurecht käme, obwohl man natürlich viel lieber statt einer Flasche … weiter kam er nicht, schallendes Gelächter aller Anwesenden unterbrach ihn, er hatte keine Gelegenheit mehr, seinen Satz zu Ende zu bringen, der lauten sollte: …ein ganzes Fässchen Wein antreffen würde. Es wurde noch ein heiterer Abend.

Eine Lehre, die das Leben für die Beratungspraxis schrieb.

Unter meinen Mandanten gab es viele Dauermandanten, kleine oder mittlere Unternehmer, die ihr Unternehmen selbst führten und mit allen ihren Rechtsproblemen zu mir kamen, wunderbar funktionierende Familien mit Kindern aus drei Ehen, aus der ersten Ehe des Vaters, aus der ersten Ehe der Mutter, und der gemeinsamen Ehe der beiden.

Mit dem Vater einer solchen Patchwork-Familie hatte ich Probleme seiner Unternehmen besprochen, steuerrechtlich relevante Lösungsansätze, firmenrechtlich zweckmäßige Änderungen und was eben sonst im firmenrechtlichen Bereich von Belang oder zweckmäßig sein konnte. Wie von ungefähr und ohne jeden rechtlichen Anlass fragte ich meinen Mandanten, ob er den mit seiner Ehefrau oder auch allein ein Testament errichtet hätte. „Warum fragen Sie?" „Nun, das Gesetz regelt alles, auch Ihre komplizierten Familienverhältnisse, ob aber immer zweckmäßig und so, wie Sie das wollen, ist doch sehr die Frage". „Ich habe daran auch schon gedacht, aber das muss jetzt einfach noch warten, das muss gut durchdacht sein. Oder sehen Sie das anders?" „Letztwillige Verfügungen und die Regelungen, die man damit erreichen kann, sind ein komplexes Thema, zu dem ich nichts sagen will und werde, solange ich die persönlichen Vermögens- und Einkommensverhältnisse innerhalb Ihrer Familie nicht genau kenne. Das wäre verantwortungslos. Aber ich gebe Ihnen recht. Zumal bei Ihren komplizierten Verhältnissen ist es zwingend, dass man letztwillige Regelungen mehr als einmal durchdenkt. Das kostet Zeit. Und dazu, ob dieser Teilabschnitt warten kann, werde ich Ihnen eine Geschichte erzählen, die ich vor drei Jahren erlebt habe. Sie werden dann Ihre Frage selbst beantworten können."

„In meinem Terminkalender war für den Montag der Besuch eines guten alten Mandanten angekündigt, der zur damaligen Zeit 53 Jahre alt war. Thema war sein Testament. Er trug mir seine Wünsche, seine Ideen und seine Argumente vor, die ihn geleitet hätten. Wir saßen ein paar Stunden zusammen, diskutierten seine Vorstellungen und ihre möglichen Folgen, dann erbat sich mein Mandant einen Entwurf. Obwohl ich andere sehr dringende und sicher dringendere Angelegenheiten zu erledigen hatte, machte ich mich sofort an die Arbeit, irgendetwas trieb mich dazu. Am folgenden Dienstagabend war der Entwurf fertig und ging an die Post. Am Donnerstag dieser Woche rief mich mein Mandant an. „Vielen Dank für die rasche Erledigung! Was Sie formuliert haben, ist genau das, was ich mir und wie ich es mir vorgestellt habe. Wann können wir beurkunden?" „Wann immer Sie wollen, fertige, aber noch nicht beurkundete Testamente sind mir immer unangenehm. Wir können das noch heute machen, oder morgen, bestimmen Sie den Termin." „Vor Montag kann ich nicht, aber am Montag erledigen wir das."

Wir vereinbarten einen Termin am Montag, 15.00 Uhr. Wer nicht kam, war mein sonst sehr pünktlicher Mandant. Mir wurde unwohl. So gegen 16.00 Uhr kam ein Anruf. Der Anrufer teilte sichtlich verstört und verzweifelt mit: „Herr G. hätte um 15.00 Uhr bei Ihnen sein sollen. Er kommt nicht mehr. Er ist gestern nach dem Mittagessen auf den Balkon und dort zusammengebrochen. Versuche, ihn wiederzubeleben, sind gescheitert, er ist tot, es ist furchtbar!"

„Nun können Sie die von Ihnen gestellte Frage selbst beantworten. Bei der Testamentserrichtung gibt es nur eine zwingende Bestimmung, auf die nie verzichtet werden kann: Sie müssen es errichten, bevor Sie gestorben sind".

Mein Mandant wirkte sichtlich geschockt. „Auf wann können wir einen Termin zur Testamentsbesprechung machen?", fragte er mich gequält. Ich konnte ihm einen kurzfristigen Termin geben. Wir machten uns zügig an die Arbeit und diskutierten die vielen denkbaren Varianten, die es bei den komplizierten Familienverhältnissen gab. Das Testament wurde schließlich fertig und wurde beurkundet. Mein Mandant war sichtlich froh! Ich auch.

Teil VI

Behördengeschichten

Die Staatsangehörigkeit

Was hat ein Rechtsanwalt mit der Staatsangehörigkeit zu tun? Normalerweise nichts. Dabei ist die Frage, ob man einen deutschen oder vielleicht nur einen südamerikanischen Pass besitzt, doch von erheblicher Bedeutung. Mit einem deutschen Pass ist die Einreise in viele Länder einfach, in die man mit dem „falschen" Pass nur mit Schwierigkeiten, Bürokratie und Kosten oder auch gar nicht hineinkommt. Es stellt sich dann die Frage, ob, und gegebenenfalls wie man zu einem deutschen Pass kommen kann, wenn man die deutsche Staatsangehörigkeit nicht besitzt.

Der Gedanke liegt dann nahe, einen Rechtsanwalt aufzusuchen, der von dieser Materie aber in der Regel keine Ahnung haben dürfte, dies allerdings nicht zugibt und die Übernahme des Mandats aus fadenscheinigen Gründen – etwa Überlastung – ablehnt. Mir ging es nicht anders, aber es gibt Situationen, die ein solches Verhalten nicht erlauben. Man muss. Und lernt dabei, dass es kein Rechtsgebiet gibt, in das man sich nicht einarbeiten kann.

Über drei solcher Fälle werde ich nachfolgend berichten.

Fall 1 – der Peruaner.

Eine Studienkollegin, die wie ich an der Universität Tübingen Jura studiert hatte, fand mich Jahre später in der Liste der zugelassenen Anwälte wieder und brachte einige interessante Mandanten in meine Kanzlei, darunter ihren Vater, dessen umfangreiche juristische Probleme ich offenbar zu seiner Zufriedenheit erledigen konnte. Auch sie selbst kam immer wieder zu mir, wenn sie rechtliche Probleme hatte. Einige davon lassen sich an anderer Stelle dieses Buches finden.

Aber nicht nur die zweite Familiengeneration nahm meine Dienste in Anspruch. Die drei Töchter meiner Studienkollegin, die ich schon als kleine Mädchen kennen lernte, wurden schließlich auch erwachsen und meine Mandanten.

Eines Tages tauchte die älteste Tochter, also die dritte Generation einer Familie, bei mir auf – mit einem jungen Mann im Schlepptau.

Wenn man als Anwalt drei Generationen einer Familie betreuen darf, hat man in der Vergangenheit offenbar nichts falsch gemacht. Das bedeutet aber auch, sagte ich mir, für diese Familie mit Rat und Tat zur Verfügung zu stehen, egal um welche rechtlichen Probleme es sich handelt.

Die junge Dame stellte mir ihren Begleiter als ihren Freund vor, der peruanischer Staatsangehöriger sei. Das war natürlich lästig, wenn die beiden ins Ausland reisen wollten, etwa nach Österreich oder in die Schweiz. Für sie genügte ihr deutscher Pass, er brauchte immer ein Visum oder mit anderen Worten, ein deutscher Pass für ihn wäre also schon vorteilhaft. Das war auch das Anliegen der beiden Liebesleute: Gibt es eine Möglichkeit, dem peruanischen Freund zur deutschen Staatsangehörigkeit und damit zu einem deutschen Pass zu verhelfen? Ich brauchte nicht lange nachzuschauen, das war, jedenfalls kurzfristig, ausgeschlossen.

Ich stellte aber fest, dass der junge Mann ausgezeichnet, nahezu akzentlos, deutsch sprach. Er hatte auch einen Namen, der deutsch klang – nennen wir ihn Behrend. Mir kam da eine Idee. Ich fragte ihn, wie er denn zu diesem Namen gekommen sei. Er meinte: „Ich glaube, mein Urgroßvater stammt aus Deutschland und ist wohl so um 1890 nach Peru ausgewandert". „Na, das ist ja schon etwas", sagte ich zu den beiden, „zu einem Deutschen machen, kann ich Sie nicht, aber vielleicht können wir nachweisen, dass Sie Deutscher sind!"

Ich blickte in erstaunte Gesichter. „Wir müssen herausbekommen, wer der Urgroßvater war und von woher er stammte." Der Großvater in Peru könnte vielleicht etwas wissen, berichteten sie hoffnungsfroh. Ich bekam die Adresse des Großvaters, der in den peruanischen Anden lebte und auch noch oder überhaupt perfekt deutsch sprach. Ich schrieb ihm einen langen Brief und schilderte ihm die Problematik. Und siehe da, er konnte mir helfen. Nach wenigen Tagen erhielt ich eine dicke Sendung aus Peru, der Opa in den Anden schickte mir neben anderen alten Dokumenten auch den uralten Kölner Landsturmausweis seines Vaters, den er bei seinen Unterlagen fand. Das war sozusagen der Anfang des gesuchten Ariadnefadens. Ich wandte mich an die Stadtverwaltung Köln und bat um Auskunft, ob dort über den von mir gesuchten Urgroßvater etwas zu finden sei. Eine Kopie des Landsturmausweises schickte ich mit. Ich bekam ungewöhnlich rasch Antwort. In den Archiven von Köln fanden die dortigen hilfsbereiten Archivare eine passende Geburtsurkunde, auch die Verbindung zum Kölner Landsturm und schließlich den Nachweis, dass es sich wirklich um den Urgroßvater des jungen Mannes handelte, der nach Peru ausgewandert war. Schließlich konnte ich sogar nachweisen, dass er so um 1895 nach Deutschland zurückkehren wollte, auf der Heimreise aber in Marseille erkrankte und dort seiner Krankheit erlag. Es war ihm nicht vergönnt, die Heimat wiederzusehen.

So weit, so gut. War der Urgroßvater Deutscher geblieben, galt dies wohl auch für den Großvater, den Vater und damit auch für den jungen Mann. Ob ich mit dieser Argumentation zu einem deutschen Pass für den jungen Mann kommen würde? Einen Versuch war es jedenfalls wert.

Das nächste Problem: ich musste eine deutsche Behörde finden, die sich für zuständig hielt, den Antrag auf Ausstellung eines deutschen Passes für meinen jungen Freund zu bearbeiten. Das war gar nicht so einfach, denn eine deutsche Behörde war für einen Peruaner sicher nicht zuständig.

Zunächst brauchte der junge Mann einen festen Wohnsitz, denn ohne festen Wohnsitz keine zuständige Behörde. Das war nicht so schwierig wir nahmen das Elternhaus seiner Freundin und versuchten, ihn dort anzumelden. Geht nicht, hieß es, einen Ausländer ohne Aufenthaltsgenehmigung kann man nicht anmelden. „Das ist kein Ausländer", argumentierte ich, „das ist ein Deutscher, der braucht keine Aufenthaltsgenehmigung, der wohnt hier". Dazu legte ich meine Urkundensammlung vor, die Eindruck machte und den zuständigen Beamten zu der Erkenntnis brachte, die Anmeldung sei doch zulässig. Damit stand auch das Landratsamt fest, das für unser Anliegen ohne Wenn und Aber zuständig war. Ich legte auch dort meine Urkundensammlung, ergänzt um die Geburtsurkunden des Großvaters, des Vaters und des jungen Mannes selbst vor und beantragte die Ausstellung eines deutschen Staatsangehörigkeitsausweises und eines schönen Reispasses der Bundesrepublik Deutschland. Beides erhielt ich schließlich und das junge Liebespaar war glücklich. Ich war ebenfalls zufrieden, etwas wirklich Vernünftiges erreicht zu haben.

Wenig später bekam ich die Einladung zur Hochzeit des Paares, sah dort wieder einmal drei Mandantengenerationen zusammen, nämlich die Großeltern, die Eltern, die Geschwister der Braut und natürlich das Brautpaar selbst. Nach der feierlichen Trauung ging es in den geschmückten Festsaal, Champagner wurde kredenzt, Kaffee und Kuchen serviert und es wurden, wie üblich, feierliche Reden gehalten, aber nicht nur in Deutsch, sondern auch in Spanisch, denn es waren zahlreiche Freunde und Verwandte aus Peru, die kein Deutsch verstanden, zur Hochzeit gekommen. Auch der Bräutigam hielt eine Ansprache, natürlich auch auf Deutsch und auf Spanisch.

Ich hörte dann plötzlich meinen Namen. Der Bräutigam deutete dabei auf mich und sagte : „Dort sitzt der Mann, dem nicht nur ich, sondern dreißig weitere peruanische Verwandte (die alle vom Ur-großvater abstammten) einen deutschen Pass zu verdanken haben, den sie sonst nie erhalten hätten!". Ich erhielt einen Beifall, der mir fast peinlich war. Aber irgendwie war ich mit dem Ergebnis einer nicht alltäglichen und auch mühsamen Arbeit doch sehr zufrieden.

Fall 2 – nur peinlich

In unserer Nachbarschaft wohnte vor dem 2. Weltkrieg eine jü-dische Familie mit zwei Töchtern und einem Sohn. Die drei, meine Schwester und ich waren gute Freunde. 1938 gelang es der ganzen Familie gerade noch, nach Brasilien zu entkommen. Die Freundschaft hielt. Nach Kriegsende konnten wir wieder in Verbindung treten und wir besuchten uns gegenseitig regel-mäßig. Unsere jüdischen Freunde bekamen aber immer wieder Schwierigkeiten bei der Einreise. Weshalb?

Die Erklärung ist einfach: Das NS-Regime hatte allen deutschen Juden die deutsche Staatsangehörigkeit aberkannt. Sie waren also staatenlos. Nach Kriegsende und als es die Bundesrepublik Deutsch-land gab, bekamen alle Juden, die sich ständig in der Bundesrepu-blik aufhielten, die deutsche Staatsangehörigkeit automatisch zu-rück. Im Ausland lebenden deutschen Juden wollte man aber die deutsche Staatsangehörigkeit nicht aufdrängen, sie bekamen sie, wenn sie das wollten, wieder zurück, sie mussten nur einen ent-sprechenden Antrag stellen, was allerdings weithin unbekannt war.

Eine der beiden jüdischen Spielkameradinnen heiratete in Sao Paulo einen ebenfalls ausgewanderten deutschen Juden, der aber leider frühzeitig starb. Aus der Ehe ging ein Sohn hervor. Alle waren also staatenlos, so jedenfalls ihre Überzeugung.

Weil dies auf Dauer ein unhaltbarer Zustand war, als Staatenloser war man doch irgendwie ein Paria, nahm unsere Freundin nach dem Tod ihres Mannes die brasilianische Staatsangehörigkeit an. Sie heiratete wieder, ebenfalls einen deutschen vertriebenen Juden. Dieser erfuhr von der einfachen Möglichkeit, die deutsche Staatsangehörigkeit wieder zu bekommen, beantragte sie in seiner dafür zuständigen Heimatstadt Eisenach und der Fall war für ihn problemlos erledigt.

Meine Freundin aus Kindertagen beauftragte mich, für sie und ihren Sohn die deutsche Staatsangehörigkeit zu beantragen und deutsche Pässe zu beschaffen. Da sie aus Stuttgart stammte, waren die Stuttgarter Behörden zuständig. Mir schien das eine einfache Aufgabe – aber weit gefehlt. Für den Sohn bekam ich zwar problemlos den deutschen Pass. Mein Antrag für die Mutter Dora wurde aber abgelehnt mit folgender Begründung, die wohl nur in einer deutschen Amtsstube erfunden werden konnte:

Dora war Jüdin, ihr wurde von den Nationalsozialisten die deutsche Staatsangehörigkeit entzogen. Sie heiratete in Brasilien, wie gesagt, einen deutschen Juden – beide nahmen an, staatenlos zu sein. Dora beantragte nach dessen Tod für sich, nicht aber für ihren Sohn, die brasilianische Staatsangehörigkeit, die sie auch erhielt.

Der für meinen Antrag zuständige Beamte recherchierte pflichtbewusst und umfangreich. Er stellte überraschend fest, dass der verstorbene Ehemann von Dora „nur" Halbjude war. Nur ein Elternteil war jüdischer Herkunft. Halbjuden wurde vom NS-Regime die deutsche Staatsangehörigkeit aber nicht automatisch aberkannt, fand er heraus. Das war richtig, der Ehemann war also Deutscher geblieben. Also, so argumentierte der Sachbearbeiter, wurde Dora durch ihre Heirat mit einem Deutschen, der überhaupt nicht wusste, dass er Deutscher geblieben war, wieder deutsche Staatsangehörige, das wusste sie deshalb selbst natürlich auch nicht. Der gemeinsame Sohn war als Sohn eines Deutschen von Geburt an Deutscher und hatte als solcher natürlich

Anspruch auf einen deutschen Pass. Den bekam ich sofort. Dora sei durch ihre Heirat mit einem Deutschen wieder Deutsche geworden, habe aber durch die Annahme der brasilianischen Staatsangehörigkeit auf ihre durch Heirat erworbene deutsche Staatsangehörigkeit, so die Argumentation, freiwillig verzichtet und habe deshalb keinen Anspruch mehr auf Wiedereinbürgerung. Ich habe vergeblich versucht, dem Herrn klar zu machen, dass sein Standpunkt, wenn auch vordergründig logisch, gleichwohl unhaltbar sei. Er könne meine Mandantin nicht büßen lassen, dass sie nicht wusste, was selbst deutschen Behörden unbekannt war, nämlich, dass sie durch die Heirat eines vermeintlich Staatenlosen, der aber Deutscher geblieben war, Deutsche geworden war. Außerdem könne man mit dem besten Willen nicht auf etwas verzichten, von dem man keine Kenntnis habe. Auch mein Hinweis, dass sein angekündigtes Verhalten bei der Deutschen Botschaft in Sao Paulo Unverständnis und bei den Deutschen in Sao Paulo Empörung ausgelöst hätte, interessierte ihn nicht im Geringsten. Mein Antrag wurde abgelehnt.

Dora hatte keine Lust mehr, sich weiter mit deutschen Behörden herumzustreiten. Ich sollte meine Bemühungen einstellen. Sie könne auch als Brasilianerin leben. Das passte mir aber nun überhaupt nicht. Ich entschloss mich, etwas zu tun, was ich genau genommen ohne Mandat nicht tun durfte. Mir war das aber gleichgültig. Ich ging gegen den ablehnenden Bescheid beim Verwaltungsgericht vor, behauptete das Mandat und erhob Klage. Offensichtlich hatte das Verfahren bei der Behörde aber doch inzwischen Aufsehen erregt, denn zur Verhandlung kam als Vertreter des Amtes der Behördenleiter persönlich. Bei Gericht war der Fall sehr schnell geklärt. Der Behördenleiter erklärte sofort und ohne Umschweife, der Bescheid werde selbstverständlich aufgehoben und dem Antrag werde ebenso selbstverständlich stattgegeben. Die Sache sei peinlich genug.

Ende gut, alles gut. Der Behördenleiter kam nach der Verhandlung auf mich zu. Ich hätte doch gleich zu ihm kommen und von der geplanten Entscheidung seines Mitarbeiters berichten können. Dann wäre es zu der Blamage für seine Behörde erst gar nicht gekommen. Ich habe lediglich erwidert, ich hätte ihn damit nicht belästigen wollen und dafür auch keine Notwendigkeit gesehen, denn auf die Idee, dass sein Mitarbeiter, ohne nachzudenken auf seinem Standpunkt beharren würde, sei ich nicht gekommen. Er nahm das schweigend zur Kenntnis.

Ich schreibe diese Zeilen im Jahr 2021 und Dora lebt immer noch in Sao Paulo, die freundschaftliche Beziehung besteht nach wie vor, das Internet macht es einfach. Doras zweiter Mann ist leider vor wenigen Monaten im Alter von 98 Jahren gestorben.

Fall 3 – Scheidung auf Englisch

Unsere Kanzlei hatte eine umfangreiche Bibliothek, darunter das Internationale Privatrecht, eine vielbändige Loseblattsammlung, die jährlich auf den neuesten Stand gebracht wurde. Benützt wurde sie hauptsächlich von mir. Wenn beispielsweise verheiratete Ausländer in Deutschland ein Grundstück erwarben, musste im Kaufvertrag das Eherechtsstatut angegeben werden, bei Italienern etwa zum Gesamtgut der Errungenschaftsgemeinschaft nach italienischem Recht.

Ich hatte unter meinen Mandanten einen Engländer, der seinen ständigen Wohnsitz in Deutschland, nämlich in Stuttgart, hatte. Er war verheiratet, die Ehe war längst gescheitert, aber noch nicht geschieden. Seine Ehefrau, sie war ebenfalls englische Staatsangehörige, lebte in London. Er beauftragte mich, für die Scheidung der Ehe zu sorgen. Ich hatte schon Scheidungen einer Ehe zwischen einer Deutschen und einem Iraner und anderer mehr oder weniger exotischer Ehen erreicht, Engländer waren aber nicht darunter. Ich betrat Neuland. Zuerst prüfte ich nach, nach welchem Recht die Ehe zu scheiden war. Das einschlägige Kapitel im „Internationalen Privatrecht" gab die eindeutige Antwort: Englisches Ehescheidungsrecht war anzuwenden. Ich fand aber noch etwas, was meinen Mandanten und mich außerordentlich erfreute. Zwar war unzweifelhaft das englische Gericht in London für das Verfahren zuständig, aber ebenfalls unzweifelhaft konnte die Klage auch bei dem für den Wohnsitz meines Mandanten zuständige deutsche Gericht erhoben werden, in diesem Fall also beim Landgericht Stuttgart. Davon machten wir selbstverständlich Gebrauch. Die Richter der zuständigen Kammer waren davon nicht sehr begeistert, sie waren sich schon im Klaren, dass ihre Zuständigkeit gegeben war, aber ebenso eindeutig war, dass sie englisches Recht anzuwenden hatten, das sie verständlicherweise nicht kannten. Sie hatten aber nicht wie ich im Nebenzimmer eine umfangreiche Bibliothek mit dem Titel „Internationales Privatrecht".

Der Kammervorsitzende – wir kannten uns aus vielen Verhandlungen – rief mich an und versuchte mir klarzumachen, dass englisches Recht bei einem englischen Gericht doch besser aufgehoben sei, ob ich nicht doch besser die Verweisung des Rechtsstreits an das zuständige Londoner Gericht beantragen wolle. Wollte ich aber nicht. Ich erklärte dem Kollegen vom Landgericht, dass und weshalb ich das Verfahren in Stuttgart haben wolle. Er akzeptierte schließlich meine Gründe und ergab sich in sein Schicksal. Die zuständige Kammer des Landgerichts Stuttgart erledigte das Verfahren dann auch, wie zu erwarten war, souverän.

Fall 4 – Sicherheitsmaßnahmen

In einem grenzüberschreitendenden Fall, den ich zu bearbeiten hatte, musste ein umfangreicher Brief so schnell wie irgend möglich nach New York gelangen. Die schnellste Möglichkeit, die ich kannte, bestand darin, die Sendung dem Kapitän einer in diesem Fall nach New York fliegenden Linienmaschine mitzugeben.

Ich rief bei der Lufthansa am Stuttgarter Flughafen an. „Das ist selbstverständlich möglich", erklärte mir eine freundliche weibliche Stimme. „Wenn Sie den Brief in der nächsten Stunde zum Lufthansafrachtschalter am Flughafen bringen, kommt er heute noch nach New York".

Der Brief war versandfertig. Rein ins Auto, den Berg hinauf zum Fernsehturm, die Mittlere Filderlinie entlang, die Flughafenrandstraße, ich war in einer Viertelstunde am Flughafenfrachthof.

Dort gab es viele große Türen mit jeweils dem Firmenlogo einer Fluggesellschaft. Ich fand die Pan Am, die British Airways, Swiss Air, SAS und was sonst noch Stuttgart anflog. Was ich nicht fand, war der Lufthansafrachtschalter. Aber da war ja noch eine Tür, da stand zwar nichts drauf, aber vielleicht verbarg sich die Lufthansa hinter dieser Tür. Ein Versuch kann ja nichts schaden. Überraschender Weise ging die Tür auf, sie war nicht verschlossen. Durch die Tür gelangte ich in einen langen Gang, der in Richtung Flugfeld verlief. Rechts waren drei Türen, sie waren verschlossen. Links waren drei Türen, sie waren auch verschlossen. Aber am Ende des Ganges war noch eine Tür. Habe ich es bei sechs Türen versucht, kann ich es auch noch bei der siebten versuchen, dachte ich. Gedacht, getan, ich hatte eigentlich nicht daran geglaubt, ich drückte die Klinke und die Tür ging auf. Ich stand aber nicht vor dem Lufthansafrachtschalter, sondern – auf dem Flugfeld! Einfach so. Kein Mensch war zu sehen, vor mir standen etliche geparkte Flugzeuge und ein paar Flughafenfahrzeuge, ich hätte nach Belieben herumspazieren und allerlei Unfug oder Schlimmeres anrichten können, niemand hätte etwas bemerkt. Ich zog mich vorsichtshalber zurück, ich wollte auf keinen Fall mit einem Terroristen verwechselt werden, wenn mich doch noch jemand bemerkt und das SEK alarmiert hätte. Ich wollte schließlich nur einen völlig harmlosen Brief abgeben. Zurück auf dem Frachthof fand ich schließlich einen hilfsbereiten Menschen, der mir den Weg zum Lufthansafrachtschalter zeigte.

Dort angekommen fragte ich den vorhandenen Pförtner nach dem Weg zu Herrn Leonhard, an den mich die Dame bei meinem Anruf vom Büro aus verwiesen hatte. „Was wollen Sie von dem?", fragte mich der Cerberus. „Ich will ihm einen Brief bringen, ich bin an ihn verwiesen.". „Das geht nicht, das hier ist ein Hochsicherheitsbereich, hier kann man nicht einfach hineinlaufen. Der Herr Leonhard muss schon herunterkommen und den Brief abholen. Ich rufe ihn an.".

„Ich war zwar schon auf dem Flugfeld, ohne dass irgendjemand etwas von mir wollte, aber wenn Sie mich nicht hineinlassen, muss der Herr Leonhard eben herunterkommen.". Der Herr Leonhard kam, auch zu mir heraus, denn herein durfte ich ja nicht, nahm den Brief entgegen, der dann auch pünktlich mit der nächsten Lufthansalinienmaschine nach New York transportiert wurde.

Von der offenen Tür zum Flugfeld, die mir schon der Türhüter nicht geglaubt hatte, sagte ich nichts mehr. Ich sah darin keine Gefahr für den Flughafen, denn kein Terrorist auf dieser Welt kommt auf die Idee, dass man durch eine ungesicherte Tür unbemerkt samt etwa benötigtem Sprengstoff in einen Hochsicherheitsbereich einfach hineinspazieren und auch wieder herausspazieren kann.

Lieber Leser, ich bin kein Schwindler oder Fantast, ich versichere Ihnen, dass sich auch diese Geschichte wie alles andere in diesem Buch genauso wie geschildert zugetragen hat.

Fall 5 – Die Geschwindigkeitsbegrenzung

Wenn man von Stuttgart nach Tübingen fahren will, wählt man die B 27. Sie führt über die Fildern, quert das Aichtal in einem leichten Bogen über die Aichtalbrücke und anschließend weiter leicht ansteigend vierspurig mit einem Mittelstreifen autobahnähnlich ausgebaut einige Kilometer gerade aus. Es gibt keine Wohnge-biete, die lärmgeschützt werden müssten, es besteht auch keine Gefahr, dass Wild die Straße überqueren könnte.

Auf der Strecke über die Aichtalbrücke war damals – sehr wohl nachvollziehbar – die Geschwindigkeit auf 80 km/h begrenzt. Es folgte eine kurze freie Strecke, zu Beginn der leichten Stei-gung am Anfang der langen Geraden fand sich aber wieder ein 80 km-Schild, das niemand so richtig verstand. Für die Polizei war das aber ein idealer Standort, um auf Geschwindigkeitssün-der Jagd zu machen, aber nicht etwa mit einem Streifenwagen, sondern mit einem getarnten Alltagsauto. Dieser Wagen war un-auffällig am Beginn der Steigung in einer Parkbucht abgestellt, startbereit, um etwaige Geschwindigkeitssünder verfolgen zu können – Radarpistolen gab es damals noch nicht.

Eine meiner Dauermandantinnen, eine Geschäftsfrau, die es eilig hatte, geriet natürlich sofort in die Falle. Sie sah plötzlich einen Mercedes hinter sich und beschleunigte noch mehr, weil sie sich von dem vermeintlichen Drängler nicht überholen lassen woll-te. Der überholte aber doch und hielt sie alsbald an, um sie mit dem erheblichen Geschwindigkeitsverstoß zu konfrontieren. Es war doch Einiges zusammengekommen. Die Folge war nach ei-nigen Tagen ein Brieflein vom Amtsgericht Reutlingen: Geld-buße und 1 Monat Fahrverbot.

Meine Mandantin jammerte. „Ein Monat Fahrverbot ist für mich eine Katastrophe, ich brauche meinen Führerschein.". „Bei ei-ner so hohen Geschwindigkeitsüberschreitung ist es so gut wie unmöglich, von dem Fahrverbot wegzukommen", erläuterte ich ihr. Trotz meines Hinweises auf die vorprogrammierte Aus-sichtslosigkeit bat sie mich, doch einen Versuch zu machen. Ich legte also Rechtsmittel ein und wir trafen uns vor dem Amtsge-richt Reutlingen wieder. Der Richter ließ sich erstaunlicherwei-se auf eine Regelung ein, die ich für unmöglich gehalten hatte: Die Geldbuße wurde verdoppelt, das Fahrverbot fiel weg. Zuvor hatte ich noch geltend gemacht, es sei wenig verständlich, wenn am Beginn einer vierspurig autobahnähnlich ausgebauten kerzengeraden Bundesstraße eine Geschwindigkeitsbegrenzung angeordnet werde.

Dazu der Richter: „Schauen Sie einmal genau hin: Das Schild steht genau auf der Grenze zwischen dem Landkreis Esslingen und dem Landkreis Reutlingen. Aufgehoben wird die Geschwindigkeitsbegrenzung dann wieder an der Grenze zwischen dem Landkreis Reutlingen und dem Landkreis Tübingen. In umgekehrter Fahrtrichtung ist das ebenso, das hat der Landrat des Kreises Reutlingen so angeordnet mit der Begründung, in seinem Landkreis werde nicht schneller als 80 gefahren."

Nun, meine Mandantin war glücklich und zufrieden. Mir ließen die Worte des Richters aber keine Ruhe. Ich fuhr die Strecke selbst ab und siehe da: Da, wo am Beginn der Steigungsstrecke das 80 km Schild stand, wurde die 80 km-Begrenzung auf der Gegenseite aufgehoben, beides genau auf der Kreisgrenze. Umgekehrt war es genauso. Exakt an der Stelle, an der die Begrenzung Richtung Tübingen aufgehoben wurde – an der Kreisgrenze –, wurde sie auf der anderen Seite Richtung Stuttgart angeordnet und an der Grenze zum Kreis Esslingen aufgehoben.

Ich wandte mich schriftlich an den Herrn Verkehrsminister des Landes Baden-Württemberg, schilderte den Vorgang und machte geltend, es überschreite die Kompetenz eines Kreisfürsten, in seinem Kreis nach Gutsherrenart auf Bundesstraßen Geschwindigkeitsbegrenzungen anzuordnen. Es sei kein vernünftiger Grund erkennbar, an dieser Stelle die Geschwindigkeit zu begrenzen.

Ich erhielt erstaunlicherweise relativ rasch vom Ministerium eine Antwort. Die Geschwindigkeitsbegrenzung sei sehr wohl gerechtfertigt und erforderlich. Seit die Geschwindigkeit dort begrenzt sei, sei die Unfallhäufigkeit auf dieser Straße erheblich zurückgegangen. Unterzeichnet war das Schreiben nicht vom Herrn Minister, sondern von einem im Ministerium tätigen höheren Beamten, der später – kurz und glücklos – Ministerpräsident des Landes Baden-Württemberg wurde.

Aber siehe da, welches Wunder: Als ich etwa vier Wochen später die Strecke wieder einmal befuhr, waren die Schilder spurlos verschwunden. Sie fanden sich etliche Kilometer weiter in Richtung Tübingen vor einer wirklich unfallträchtigen Kurve. Umgekehrt war es genauso.

Ich hatte wieder gelernt: Man darf sich nicht alles gefallen lassen.

Meine Kanzleikollegen hielten mir allerdings immer wieder vor, wenn man so gegen Behörden vorgehe, schade dies dem guten Ruf der Kanzlei. Ich solle solche Aktionen unterlassen. Meine Erfahrungen waren indessen ganz anders. Es sprach sich herum, dass man sich jedenfalls bei dieser Kanzlei nicht leisten könne, keine, nichtssagende oder törichte Antworten zu geben.

Fall 6 – Das Finanzamt und die Zwangsvollstreckung

Ein sichtlich verzweifeltes Ehepaar schilderte mir seine Geschichte.

Die Eheleute hatten eine Gastwirtschaft geführt, die aber aus welchen Gründen auch immer Pleite ging. Übrig blieben beträchtliche Schulden, auch Steuerschulden, die Privatinsolvenz, die es heute gibt, wurde erst sehr viel später eingeführt.

Das Ehepaar fand im Nachbarort Arbeit, einem Ort, den sie nur mit der öffentlichen Buslinie erreichen konnten. Dass sie überhaupt eine Arbeit fanden, war damals Glückssache, an einen Fahrtkostenersatz durch den Arbeitgeber war nicht zu denken. Das gab es damals nicht.

Die Beiden präsentierten mir ein Schreiben des Finanzamts, in dem es lakonisch hieß, sie würden aufgefordert, die noch offenen Steuerschulden binnen 14 Tagen zu bezahlen, ansonsten würden ihre Gehaltskonten gepfändet.

„Das können wir nicht bezahlen und wenn unser Arbeitgeber einen Pfändungs- und Überweisungsbeschluss erhält, werden wir sofort entlassen", klagten sie.

Kurz entschlossen rief ich den zuständigen Finanzbeamten an. Ich fragte ihn, ob er denn unbedingt die Löhne meiner Mandanten pfänden müsse. So sehe es das Gesetz vor und so werde er handeln, erklärte er mir. Ich hielt ihm die Folgen seines angekündigten Handelns vor:

„Herr – nennen wir in Maier –, wenn Sie die Pfändung durchführen, wird meinen Mandanten gekündigt, Sie erhalten nichts mehr für Ihren Fiskus, meine Mandanten werden arbeitslos, sie beziehen Arbeitslosenunterstützung, sie bekommen Wohngeld und müssen sonstige soziale Unterstützung in Anspruch nehmen, das ist doch sinnlos!"

„Das hat mit dem Fiskus nichts zu tun, das wird von anderen Stellen bezahlt", war die Antwort.

Ich war im ersten Augenblick sprachlos. Aber dann wurde ich doch etwas laut am Telefon.

„Erzählen Sie mir doch keinen solchen Blödsinn! Das zahlt doch nicht irgendein zuständiges Amt, das zahlt letztlich der Steuerzahler, also Sie und ich! Und ich als Steuerzahler bin nicht bereit, einen solchen Schwachsinn nur um der Einhaltung einer Vorschrift willen zu akzeptieren. Entweder wir vereinbaren jetzt eine Zahlung der Steuern in Raten, die meine Mandanten leisten können, oder ich werde dafür sorgen, dass Sie die Geschichte in den Medien hören und lesen können!"

Herr Maier wurde etwas zugänglicher. Wir vereinbarten schließlich die Zahlung der Steuerschuld meiner Mandanten in Raten, die sie leisten konnten.

Herr Maier sagte dann aber noch zu mir: „Ich gebe zu, Sie haben ja recht, aber Sie müssen auch mich verstehen. Ich mache das jetzt seit mehr als 25 Jahren. Und dann bekomme ich als neuen Vorgesetzten einen frischgebackenen jungen Regierungsrat, der vom Leben keine Ahnung hat, der mir dann vorwirft, mich nicht streng an die Vorschrift gehalten zu haben, und mir einen Vortrag hält, weshalb dies ein verantwortungsloses und nicht tolerierbares Verhalten sei, das zumal einem so erfahrenen Beamten wie mir nicht passieren dürfe."

„Ich verstehe Sie", meinte ich. „Und ich lasse Sie gegebenenfalls aber nicht im Regen stehen. Wenn Ihnen in Zukunft eine solche Figur Vorwürfe macht, rufen Sie mich an. Ich werde dem oder der betreffenden Vorgesetzten dann schon den Irrsinn seiner oder ihrer formalistischen Handlungsweise klar machen". Ich hörte allerdings nie mehr etwas von ihm. Wahrscheinlich wusste er sich selbst zur Wehr zu setzen.

Fall 7 – Die Ausnahmegenehmigung

Während meiner Referendarausbildung war ich dem Landratsamt Leonberg als Verwaltungsrechtsstation zugeteilt. Der Referendar sollte in einem Schnelldurchgang einen Monat lang lernen, was es in einem Landkreis so zu tun und zu entscheiden gibt.

Donnerstag, Fronleichnam, stand an, also ein Feiertag, aber nicht überall. Feiertag war das in Baden-Württemberg, nicht aber in Hessen. In Baden-Württemberg galt also das LKW-Fahrverbot, auch in Bayern, aber nicht in Hessen und weiter nach Norden.

Am frühen Mittwochnachmittag erschien bei dem Oberamtmann, dem ich zugeteilt war, ein LKW-Fahrer, ein richtiger Trucker. Er erklärte, sein 40 -Tonner sei bis zum Abend geladen und stehe am frühen Donnerstagmorgen fahrbereit zur Fahrt nach Norden bereit. Er könne morgens um sechs Uhr losfahren, er sei nach ein paar Kilometern auf der Autobahn und spätestens nach einer Stunde in Hessen und könne dann am späten Abend sein Ziel erreichen. Am Freitag könne er dann abladen. Wenn er erst am Freitag abfahren könne, verliere er das ganze Wochenende, Abladen sei dann erst am Montag möglich.

„Ich bitte um eine Ausnahmegenehmigung, die mir die Fahrt am Donnerstagmorgen zur Autobahn und weiter bis zur Landesgrenze erlaubt", erklärte er dem Oberamtmann.

„Das ist ausgeschlossen, morgen ist Feiertag, da gilt das LKW-Fahrverbot, und Verbote sind dazu da, beachtet zu werden!", war die Antwort. Der Fahrer versuchte, zuerst bittend, dann immer ärgerlicher, den Beamten umzustimmen – vergeblich. Dieser blieb hart.

Ich hörte mir die Auseinandersetzung einige Zeit an, bis mir der Geduldsfaden riss. „Was soll denn das", wandte ich mich an meinen Oberamtmann, „geben Sie ihm doch die Ausnahmegenehmigung, der fährt morgen früh um sechs los und ist in einer Stunde weg! Das stört doch niemand!"

„Nein", war die Antwort, „das geht nicht, das kann ich nicht verantworten, Verbot ist Verbot und Verbote müssen eingehalten werden!"

„Dann gehen Sie zum Ober – dem Oberregierungsrat, seinem Vorgesetzten – und lassen sich die Ausnahme genehmigen, wenn Sie dafür die Verantwortung nicht übernehmen wollen!"

„Ich kann doch den Ober nicht mit einer solchen Lappalie belästigen", schnauzte er mich an.

„Geben Sie mir die Unterlagen, dann gehe ich zum Ober, wenn Sie sich nicht trauen." Ziemlich aufgebracht gab er mir den Antrag. „Dann gehen Sie eben, wenn Sie Ihrer Karriere im Wege stehen wollen", meinte er dazu.

Dem Manne muss geholfen werden und einen solchen Unsinn lasse ich nicht zu, sagte ich mir, marschierte zum Behördenchef, wobei es mir ziemlich egal war, ob ich ihn störte. Ich klopfte an, trat ein und trug ihm kurz und bündig den Vorgang vor. Er schaute mich etwas ungläubig an und meinte dann spontan, „was soll der Unsinn, der Mann bekommt natürlich seine Ausnahmegenehmigung".

Der Trucker und ich, wir waren zufrieden. Der Oberamtmann mochte mich allerdings danach nicht mehr. Von aufmüpfigen Referendaren hielt er nichts.

Fall 8 – Der Kompressor und der Minister

Am Schillerplatz in Stuttgart steht ein altehrwürdiges Gebäude, der Prinzenbau, im Grundbuch als Prinzenbau mit Schweinestall beschrieben. Das Gebäude beherbergt das Justizministerium. Zwischen dem Prinzenbau und dem rechtwinklig dazu stehenden Fruchtkasten gibt es einen schmalen Durchgang, der zur Rückseite eines an der Königstraße stehenden Geschäftshauses führt. Wer sich auskennt, kann vom Schillerplatz zwischen Prinzenbau und Fruchtkasten zum Treppenhaus des Geschäftshauses und über das Treppenhaus direkt in die Königstraße kommen.

Eines schönen Tages früh morgens rief mich ein alter Mandant an, der in diesem Gebäude an der Königstraße sein Ladengeschäft betrieb. „Hören Sie" – im Hintergrund hörte ich lautes Motorengeräusch – „da steht ein Baukompressor, der macht einen Höllenlärm, wir verstehen in unserem Laden das eigene

Wort nicht mehr". „Wer baut denn da?", fragte ich zurück. „Im Justizministerium wird etwas gebaut", war die Antwort. „Kann man da nicht etwas unternehmen? Der Lärm ist unerträglich!"

Ich versprach meinem Mandanten, hier etwas zu unternehmen, obwohl ich wirklich nicht wusste, ob und wie ich hier vorgehen könnte.

Nun, ich rief die Telefonzentrale des Ministeriums an und bat die freundliche Dame, mich mit dem für Bauarbeiten, die gerade im Gebäude durchgeführt würden, zuständigen Herrn zu verbinden.

„Was macht ihr da eigentlich?", fragte ich bei dieser Gelegenheit. Ein Aufzug werde eingebaut, damit der Herr Minister keine Treppen mehr laufen muss, meinte sie und verband mich weiter. Es meldete sich ein forscher Ministerialrat. Ich stellte mich als Rechtsanwalt und Vertreter meines Mandanten vor und fragte ihn, ob er für die derzeit im Ministerium durchgeführten Bauarbeiten verantwortlich sei. Er bejahte diese Frage.

„Herr Ministerialrat, im Durchgang zwischen Ministerium und Fruchtkasten steht ein Baukompressor, der einen Höllenkrach verursacht. Im Ladengeschäft meines Mandanten versteht man das eigene Wort nicht mehr, sorgen Sie dafür, dass das umgehend aufhört". Das ginge nicht, meinte er. Es seien wichtige Bauarbeiten im Ministerium durchzuführen, Durchbrüche seien herzustellen und für die Bohrhämmer werde der Kompressor benötigt. „Ich weiß", meinte ich, „für den Herrn Minister wird ein Aufzug eingebaut, das ist natürlich sehr wichtig, aber der Kompressor muss trotzdem weg". „Es tut mir sehr leid", war die Antwort, „aber das muss Ihr Mandant aushalten, die Arbeiten sind sehr wichtig! Ich kann leider nichts für Sie tun."

Ich wurde zwar ärgerlich, aber ganz ruhig. „Jetzt hören Sie mir einmal gut zu, Herr Ministerialrat, ich gebe Ihnen jetzt eine halbe Stunde Zeit, dann ist es 10.00 Uhr. Wenn der Kompressor dann nicht verschwunden ist, bin ich eine halbe Stunde später beim Amtsgericht und beantrage den Erlass einer einstweiligen Verfügung gegen das Ministerium, die die Entfernung des Kompressors anordnet". „Das können Sie nicht tun", kam es empört zurück. „Und ob ich das kann, Herr Ministerialrat, und Sie können sich nicht vorstellen, wie sich der Amtsrichter freut, wenn er eine einstweilige Verfügung gegen sein Ministerium erlassen kann. Die Uhr läuft, Herr Ministerialrat, auf Wiederhören". Ich legte den Hörer auf, schaute auf die Uhr und wartete gespannt.

Eine knappe halbe Stunde später rief mich mein Mandant begeistert an: „Der Kompressor ist weg", berichtete er. Geht doch, dachte ich.

Ich wollte aber doch wissen, was passiert war. Ich ging zur Baustelle und fragte einen der Bauarbeiter, was sie denn mit dem Kompressor gemacht hätten. „Ach, da kam einer vom Ministerium ganz aufgeregt und wichtig, der Kompressor müsse sofort weg, und zwar wirklich sofort. Das haben wir dann halt gemacht." „Wo habt ihr ihn denn hingestellt?", fragte ich. „Da hinüber, wo die Büros vom Kultministerium sind, die schlafen ja sowie so nur so vor sich hin", war die nicht unbedingt freundliche, aber eindeutige Antwort.

Es hatte sich wieder als richtig erwiesen, man braucht sich insbesondere von Personen, die sich für sehr wichtig halten, nicht immer alles gefallen lassen.

Teil VII

Der Zug nach Osten

Die Wende

I. Grenzöffnung in Ungarn

Im Jahr 1989 kündigte sich der Niedergang der DDR an. Die Ungarn öffneten die Grenzen und viele DDR-Bürger nützten die Gelegenheit, illegal über die Grenze ins Ungewisse zu fliehen, meist ohne Papiere. Über Österreich kamen sie in die Bundesrepublik. Da in einem wohlgeordneten Staatswesen ein Mensch ohne Papier kein solcher ist, mussten sie zuerst schauen, zu neuen Papieren zu kommen. Aber wie?

Höheren Orts kam man auf die Idee, den mit nichts gekommenen Menschen aus der DDR die Möglichkeit zu eröffnen, ihre Personendaten eidesstattlich versichern zu lassen. Für die Entgegennahme eidesstattlicher Versicherungen waren bei uns die Notare zuständig.

Unsere Kanzlei war selbstverständlich bereit, hier behilflich zu sein. Als nahezu ständig vertretender Notarvertreter war dies in der Regel meine Aufgabe. Dieser Aufgabe unterzog ich mich ausgesprochen gern, ich wollte diese mit nichts geflohenen Menschen kennen lernen. Ich kam auf diese Weise mit vielen DDR-Bürgern, die die Flucht ins Ungewisse gewagt hatten, in Kontakt und in ein meist sehr interessantes Gespräch.

Ich fragte einmal einen jungen Mann, nachdem wir das „Amtliche" erledigt hatten, ob und wie er sich im sogenannten „Goldenen Westen" angekommen fühle – er hatte bereits bei einer Baufirma im Westen Arbeit bekommen.

„Wissen Sie", meinte er, „wir haben hier mit drei Problemen zu kämpfen. Als Erstes müssen wir selbst herausfinden, wohin wir uns zu wenden haben, wenn wir irgendwelche Fragen haben oder wo wir erforderliche Anträge stellen können. Solche Eigeninitiativen sind wir nicht gewohnt. Uns hat man immer von oben vorgeschrieben, was wir zu tun hatten oder wo wir uns zu melden hatten, man hat uns immer geführt".

„Dann", fuhr er fort, „müssen wir uns erst daran gewöhnen, am Tag 8 Stunden zu arbeiten. Wir waren ganz bestimmt nicht faul, aber dass an einem Bau so viel Material vorhanden war, dass das für den Tag reichte und wir den ganzen Tag arbeiten konnten, kam so gut wie nie vor. Es kam immer zu Zwangspausen, wir warteten eben, bis neues Material kam".

„Und schließlich mussten wir hier erst lernen, dem Vorarbeiter sofort zu sagen, wenn von uns benötigtes Material auszugehen drohte. Der sorgte dann selbstverständlich für Nachschub, der dann auch – für uns unvorstellbar – sofort kam. Zwangsruhezeiten gab es im Westen einfach nicht."

Ich wusste zwar, wie Planwirtschaft – nicht – funktioniert, aber ich hatte jetzt eine bessere Vorstellung.

II. Der Mauerfall

Im November 1989 war die Mauer gefallen. Erste Kontakte entstanden, ich erinnere mich, dass wir den Besuch eines Kollegen aus der ja noch existierenden DDR bekamen. Ich lud ihn zum Mittagessen in ein Restaurant ein. Wir unterhielten uns zunächst im normalen Ton über die Belanglosigkeiten, die in einer solchen Situation üblich sind. Ich interessierte mich dann aber doch für das Leben eines Rechtsanwalts in der DDR. Er gab bereitwillig Auskunft, aber er flüsterte nur noch. Es dauerte ein paar Minuten, bis ich begriff weshalb. Ich sagte ihm, er könne ruhig normal weiter reden. „Bei uns interessiert sich kein Mensch für das, was wir hier miteinander diskutieren". Er sprach daraufhin wieder normal, aber ich merkte, wie schwer ihm das fiel. Und außerdem wurde mir klar, wie vorsichtig man in der DDR mit jeder Äußerung sein musste. Erinnerungen an die NS-Zeiten wurden wach, die ich, wenn auch als Kind, erlebt und noch keineswegs vergessen hatte.

Ich weiß nicht mehr, wie das alles zustande kam, aber meine Kanzleikollegen und ich kamen auf die Idee, doch einmal in der DDR nachzuschauen, ob man dort ein Geschäftsfeld erschließen könne.

Einer meiner Kollegen packte in den Kofferraum seines Autos einen Tischkopierer, Toner und etliche tausend Blatt Papier. Damit fuhr er „auf gut Glück" nach Dresden. Dort traf er den Kontaktmann, den Baden-Württemberg nach Dresden gesandt hatte, der zwar schon ein Büro, aber sonst nichts hatte. Er konnte nicht so recht etwas ausrichten, seine vorgesetzte Behörde hatte nämlich vergessen, ihn mit Büromaterial zu versehen. Er bekam den Tischkopierer und auf seine Frage, ob er etwas Papier bekommen könne, erhielt er auch die etlichen tausend Blatt Papier aus dem Kofferraum. Dieses Geschenk an das Land Baden-Württemberg war der beste Türöffner.

Die Idee, in Dresden ein Büro zu eröffnen, war geboren. Dank der inzwischen entstandenen Beziehungen zu dem mittellosen Herrn aus Baden-Württemberg – er spielt dort heute eine nicht unbedeutende Rolle – konnten wir im sogenannten Robotrongebäude ein kleines Büro mieten. Natürlich kann man nicht einfach ein Büro mieten und ein Schild „Rechtsanwalt" an die Tür schrauben. Dazu bedarf es schon einer obrigkeitlichen Genehmigung, die wir alsbald beim DDR – Justizministerium beantragten. Erstaunlich rasch erhielten wir die Genehmigung zur Eröffnung einer Anwaltskanzlei, auch die Rechtsanwaltskammer in Stuttgart machte keine Schwierigkeiten, obwohl wir damit genau genommen eine verbotene Zweigniederlassung eröffneten.

Ein junger unternehmungslustiger Kollege, ein Ravensburger, wir verhandelten mit ihm über den Eintritt in unsere Kanzlei, war nicht nur bereit, sich uns anzuschließen, er war auch bereit, als „Statthalter" unserer Kanzlei ständig nach Dresden zu gehen. Und was noch wichtig war: In einem teilweise noch nicht fertig gestellten Plattenbau konnten wir eine kleine Wohnung mieten.

Ein Problem war allerdings die Kommunikation mit dem Büro in Dresden. Das Telefonnetz funktionierte damals jedenfalls zwischen der BRD und der DDR nur äußerst mangelhaft, Westkontakte sah die Führung der DDR nicht gern, also brauchte man auch keine Telefonverbindungen.

Die Telefonverbindung zwischen der DDR und der Schweiz war indessen recht gut. Wir versuchten diesen Weg unter Mithilfe von Schweizer Kollegen über die Schweiz– das funktionierte, war aber äußerst mühsam und für die hilfsbereiten Schweizer Kollegen eine Zumutung – oder aber zwei oder drei Kollegen saßen im Stuttgarter Büro abends an ihren Telefonen und wählten ununterbrochen unsere Nummer in Dresden, die wir bekommen hatten. Es gelang dann meistens, nach einem Wählmarathon von einer Viertelstunde oder mehr eine Verbindung zu bekommen.

Die Verbindung zu unserem Dresdener Kollegen hielten meine jüngeren Kanzleikollegen aufrecht, die immer wieder nach Dresden flogen – es entwickelte sich damals ein regelrechter Flugtaxiverkehr. Die Kanzlei in Dresden begann zu florieren. Unser Rat wurde immer mehr gefragt. Das konnte ich auch bei meinen Besuchen in Dresden – per Auto oder Flugzeug – immer wieder feststellen.

Die Mauer war im November 1989 gefallen. Wir waren in Dresden immer mehr gefordert. Im Winter 1989/1990 – es war Schnee gefallen, der auch liegen blieb, fielen mir im Stadtgebiet von Dresden lange etwa 5 m breite Streifen auf dem Boden auf, die sich wie eine Art Gitternetz durch das Gelände zogen, auffällig sichtbar, weil sie schneefrei waren. „Da taut der Schnee weg," erklärte man mir, „weil darunter die Rohre der Fernheizung verlaufen." Mir fiel auch auf, dass es in unserer Plattenbauwohnung keine Heizungsregulierung gab. Wenn es zu warm wurde, musste man Fenster öffnen. Und – ungewohnt – die recht großen Treppenhäuser waren ebenfalls geheizt. In westlichen Augen war dies eine unverantwortliche Verschwendung. Hatten „Westler" in solchen Plattenbauten dann hin und wieder das Sagen, wurde gegen eine solche Verschwendung sofort eingeschritten und die Heizung in den Treppenhäusern abgestellt. Das hätte man besser nicht machen sollen. Jede Wohnung war ein fertiges Betonelement, die einzelnen Elemente wurden nebeneinander und übereinander zusammengestellt. Die Verbindung der einzelnen Einheiten untereinander bestand aus in die Betonteile eingelassene Stahlstangen. Das funktionierte, wenn im Gesamtgebäude, also auch in den Treppenhäusern, einfach überall dieselbe Temperatur herrschte. War das nicht der Fall, entstand im Bereich der Temperaturdifferenz Schwitzwasser, die Verbindungsstangen begannen zu rosten und die Statik zu beeinträchtigen. Auch in der DDR hatte man sich etwas gedacht, westliche, oft arrogante, aber letztlich doch nur eingebildete Überlegenheit war häufig fehl am Platze.

328 Tage nach dem Mauerfall, nämlich am 3. Oktober 1990, erfolgte die Wiedervereinigung, aber anders, als sich das viele vorstellten. Es schlossen sich nicht zwei Staaten zusammen, die DDR wurde vielmehr in die BRD eingegliedert und hatte die westlichen Vorschriften, die Gerichtsorganisation, die Verwaltungsvorschriften zu übernehmen. Dass es für die Behörden und Gerichte in der jetzt ehemaligen DDR zu erheblichen Schwierigkeiten kommen würde, mit dem westdeutschen Verwaltungs- und Gerichtssystem zurecht zu kommen, war vorprogrammiert. Die Rechtssysteme der DDR und der BRD gingen ja 45 Jahre getrennte Wege.

Die Sachsen führten für ihr Land Sachsen das bayerische Notariatssystem ein, holten sich aber für die tägliche praktische Arbeit württembergische Notariatspraktikanten, die das sächsische Notariatssystem wieder aufbauen sollten. Stuttgarter Richter flogen nach Dresden, um dort auszuhelfen und die dortigen Richter in die westliche Gerichtssystematik einzuführen. Ja, und wir mischten überall mit, wo unser Rat gefragt war, wir waren vor Ort immer präsent.

Meine jungen Kollegen hatten Kontakt zu einem westlichen Bauunternehmer bekommen, der sich im Straßenbau rings um Dresden engagieren wollte. Material wie Kies und Sand war vorhanden, über das einzelne Eigentümer verfügen konnten, was fehlte, war ein entsprechender Vertrag. Woher nehmen? Das war einfach. Für Verträge war schließlich ich zuständig, vor allen Dingen für solche, für die es kein Muster gab. Meine jungen Kollegen „beorderten" mich als nach Dresden. Ich setzte mich dieses Mal ins Auto und fuhr los, ohne zu wissen, was mich erwartete. Am späten Nachmittag kam ich in Dresden an. In unserem kleinen Büro erwarteten mich der westdeutsche Unternehmer und die ostdeutschen Materiallieferanten, denen das Misstrauen ins Gesicht geschrieben stand. Mir war klar, wenn ich hier etwas erreichen wollte, musste ich zuerst Vertrauen herstellen. Wie man das anstellt, hatte ich bei Verhandlungen mit Bauern von der Schwäbischen Alb gelernt. Die Methode funktionierte auch bei sächsischen Straßenbaumaterialieferanten. Nur, Verträge über die Lieferung solcher Materialien waren auch für mich Neuland und auch in einem Formularbuch, das ich ohnehin nicht hatte, hätte ich nichts Passendes gefunden. Es gab eine einfache und praktikable Lösung: Selbst nachdenken. Im Grunde genommen ist das ja ganz einfach, sagte ich mir. Der eine will Material, der andere will dafür Geld. Der Vertrag musste also Bestimmungen darüber enthalten, welche Menge Material wann wohin zu liefern sei und welcher Betrag wann wohin dafür bezahlt werden musste. Ich ließ mir die Vorstellungen der Vertragsparteien schildern und bastelte dann an diesem Abend noch einen Vertrag zusammen, den die Vertragsparteien akzeptierten und unterschrieben. Ich hatte mich bemüht, nur das hineinzuschreiben, was wirklich erforderlich war. Wie mir später bestätigt wurde, hat das dann in der Folgezeit auch bestens funktioniert.

In unserer kleinen Wohnung konnte ich übernachten. Als ich einmal über Nacht in Dresden war, am anderen Morgen aus dem Fenster schaute, sah ich einen großen Hof, in dem eine westdeutsche Supermarktkette in aller Eile einen kleinen Supermarkt aufgebaut hatte. Der Markt war noch geschlossen, aber vor der Eingangstür hatte sich schon eine lange Schlange gebildet. Ich fragte meinen Kollegen, der ständig im Dresdener Büro war, was das denn für eine Veranstaltung sei. Er belehrte mich: „Die Leute wissen, dass es in diesem Laden Dinge gibt, die man bisher in der DDR nicht kaufen konnte. Aber sie können nicht glauben, dass das Angebot sozusagen nie ausgeht und dass man um 12.00 Uhr immer noch das ganze Sortiment kaufen kann, das um 8.00 Uhr angeboten wurde. Also steht man vorsorglich einmal an. Ich würde noch viel lernen müssen!

Es begann eine interessante Zeit.

Ehemalige Grundstückseigentümer, die enteignet worden waren und ihre Grundstücke zurück haben oder Entschädigungsansprüche stellen wollten, versuchten, an alte Unterlagen heranzukommen, mit deren Hilfe sie ihre Ansprüche gelten machen konnten. Gab es die alten Grundbücher noch? Keiner wusste so recht Bescheid. Aber da hatte doch eine westdeutsche Anwaltskanzlei in Dresden ein Büro aufgemacht, die könne in solchen Fällen angeblich sehr rasch und kompetent helfen, hieß es. Das war auch richtig so, wir waren wohl in dieser Anfangszeit das einzige Büro, das in der Regel beglaubigte Grundbuchauszüge binnen 24 Stunden beschaffen konnte. Ein Wunder? Kein Wunder, die Lösung des Rätsels war so einfach. Man muss nur mit den richtigen Leuten in deren (Fach-) Sprache reden können, dann hat man alsbald Erfolg. Mit Arroganz und Forschheit war mit Sicherheit nichts zu erreichen.

Ich wusste sehr bald, dass die Dresdener Grundbücher alle noch vorhanden waren. Ich wusste auch, wo sie waren und ich wusste vor allen Dingen, dass württembergische Notariatspraktikanten den Schlüssel zum Erfolg in den Händen hielten. Hatte ich einen entsprechenden Auftrag, marschierte ich zum zuständigen Amt. Die dort tätigen sächsischen Damen reagierten in der Regel sehr zurückhaltend und abweisend, wenn ein Besucher, insbesondere ein westdeutscher seine Forderungen stellte. Als ich zum ersten Mal den einschlägigen Amtsraum betrat, begrüße ich die sächsischen Damen mit einem breiten schwäbischen „Grüß Gott" und wünschte ihnen ebenfalls auf schwäbisch einen schönen Tag. Sie verstanden dann rasch, der will nichts von uns, der will zu seinen Landsleuten. Sprachliche Missverständnisse sorgten manchmal für Heiterkeit. Nach kurzer Zeit kannten mich alle dort tätigen Damen, ich kannte sie umgekehrt ebenso, wir kamen prächtig miteinander aus. Wenn wir dann ein wenig sächsisch – schwäbisch miteinander geredet und viel gelacht hatten, kam dann doch irgendwann die Frage, was ich denn eigentlich wolle.

„Ich möchten den Herrn Notariatspraktikanten Maier (er hieß natürlich anders) sprechen, können Sie mich zu ihm führen?", fragte ich. Bereitwillig wurde ich hinter den Tresen gebeten und kam alsbald zu dem Herrn Maier. Der war in doppelter Hinsicht erfreut, statt des angekündigten Rechtsanwalts aus Sachsen kam zwar ein Anwalt, aber einer, der nicht nur waschechtes Schwäbisch sprach, sondern sich überraschenderweise im Grundbuchwesen ausgesprochen gut auszukennen schien. Aus Sachsen kam der sicher nicht. Ich fragte dann zuerst, wie es meinem Gesprächspartner in Dresden so ginge, was seine Familie denn sage, wenn er so lange weg sei und worüber man halt bei solchen Gelegenheiten zu reden pflegt. „Aber deshalb send Se net zu mir komme, was brauchet Se denn?", fragte der Herr Maier aber dann doch. „Vom Grundstück Leonorenstroß 17 sott i en beglaubigta Grunduchauszug han." „Na kommet Se mit, vielleicht fende mer's.".- Wir stiegen in die Katakomben, er suchte einige Zeit und meinte dann, „Do hemer's scho."

Er zog den Band aus dem Schrank, legte das Grundbuch auf den Kopierer, den es schon gab, kopierte den ganzen Inhalt, versah die Kopie mit dem Beglaubigungsvermerk, den er unterzeichnete, fügte das Dienstsiegel hinzu und schon hatte ich den so begehrten beglaubigten Grundbuchauszug, den zu beschaffen für andere so schwierig und langwierig war. Nach Bezahlung der Gebühr verabschiedete ich mich vom Kollegen aus dem Schwabenland, den Damen aus Sachsen und konnte meinem Mandanten geben, was dieser so dringend benötigte.

Ich habe nie verraten, wie ich so schnell an die begehrten beglaubigten Grundbuchauszüge kam und wie einfach das war, nicht einmal meine eigenen Kollegen wussten das so ganz genau. Das soll nur der Alte machen, war wohl die einhellige Meinung. Dabei war des Rätsels Lösung so einfach. Man musste nur mit den richtigen Menschen in der richtigen Art und Weise reden. Wenn man sich dann zwar als Rechtsanwalt zu erkennen gab, aber als einer, der sich im Grundbuchwesen bestens auskannte, war man sowieso ein Exot.

III. Die Wiedervereinigung

Bis zum Kriegsende gab es in Deutschland ein einheitliches Rechtssystem und einen einheitlichen Gerichtsaufbau. In der DDR entwickelte sich aber ein völlig anderes Rechtssystem als in der Bundesrepublik. Am 3. Oktober 1990 erfolgte die Wiedervereinigung, aber nicht etwa in der Weise, dass sich zwei Staaten zusammenschlossen, die DDR wurde vielmehr in die BRD eingegliedert. So mussten sich zum Beispiel die sächsischen Richter in diese neue Welt erst einarbeiten, das war sicher ziemlich mühsam. Sie wurden von Väterchen Staat auch nur ungenügend mit Gesetzestexten und Kommentaren versorgt, aber wir konnten helfen und besorgten, was fehlte. Auch das öffnete viele Türen, die sonst verschlossen geblieben wären.

Bei Gericht halfen auch Stuttgarter Richter aus, die an entsprechende sächsische Gerichte abgeordnet wurden, Richter, die meine Kollegen und ich von Stuttgart her kannten. Man traf sich dann abends auf dem Flughafen vor dem gemeinsamen Flug nach Stuttgart.

Einige lustige Geschichten kommen mir dazu in Erinnerung.

An Tagen, an denen erfahrungsgemäß kein großer Andrang herrschte, setzte die Lufthansa eine kleine 2-motorige Saab ein. Mancher Fluggast kannte nur große Flugzeuge und fühlte sich in einem so kleinen Ding überhaupt nicht wohl. Aber wenn es keine andere Möglichkeit gibt, muss man es wagen. Als an einem späten Abend der Pilot die Motoren anließ, tönte aus der Kabine eine tiefe Stimme: „Die deant genauso wia dahoim mei Rasemäher". Das wirkte auf die ohnehin schon Ängstlichen nicht gerade beruhigend.

Der Dresdener Flughafen wurde immer wieder durch starken Nebel gestört. Ich fuhr abends im Taxi zum Flughafen und sah schon auf der Fahrt Nebel aufkommen. Das passte überhaupt nicht in mein Konzept, ich hatte am nächsten Tag in Stuttgart einen wichtigen Gerichtstermin, den mir kein Kollege abnehmen konnte. Am Flughafen angekommen, hörte man die Motoren eines kreisenden Flugzeugs. Wenig später kam die Durchsage, die Abendmaschine müsse wegen des Nebels ausfallen. Nun, die erste Frühmaschine am nächsten Tag würde mich rechtzeitig nach Stuttgart bringen. Ich ging sofort zum Info-Schalter und fragte nach, ob ich am nächsten Tag mit der ersten Frühmaschine nach Stuttgart kommen würde. „Selbstverständlich", war die Antwort, „morgens fliegen wenig Fluggäste nach Stuttgart". Ich war beruhigt, aber nicht lange. Die Dame am Infoschalter fuhr in breitem sächsischen Dialekt, den ich nicht kopieren kann und nicht kopieren können werde, fort: „Das könnte ein Problem werden, wenn die Maschine, die da oben kreist, nicht landen kann, dann ist sie morgen früh nicht da und wenn sie nicht da ist, kann sie nicht fliegen und Sie können dann auch nicht fliegen.". Also trotz des wütenden Protestes meiner Frau, die mich begleitet hatte, sofort zum Avis-Schalter und eines der letzten noch verfügbaren Autos gemietet und ab auf die Autobahn. Um drei Uhr morgens war ich in Stuttgart, meine Frau war stocksauer, aber der Termin war gerettet. Ob dieser Einsatz wirklich nötig und vernünftig war, erscheint mir heute doch recht zweifelhaft, gedankt hat es mir niemand.

Dasselbe Szenario an einem Samstagmorgen. Die Frühmaschine nach Stuttgart konnte nicht starten, einfach deshalb, weil sie nicht da war. Sie konnte wieder einmal am Freitagabend wegen Nebels nicht landen. Ein Richter vom Amtsgericht Stuttgart-Bad Cannstatt, ein glühender Anhänger des VfB Stuttgart, der auch in Dresden aushalf, war am Verzweifeln. Das Spiel am Samstagmittag, durfte er auf keinen Fall versäumen. Er rannte hektisch herum und kam schließlich glücklich zu meinem Kollegen und mir zurück. „Ich habe eine Lösung gefunden, ich kann nach Berlin fliegen und von dort komme ich rechtzeitig nach Stuttgart", jubelte er. Ich war skeptisch, ging wieder zum Avis-Schalter und holte mir ein Auto. Da es geschneit hatte und die Autobahn stellenweise glatt war, war sie mehr oder minder leer. Jedenfalls waren meine Frau und ich so rechtzeitig in Stuttgart, dass wir das Spiel des VfB hätten besuchen können, wir waren aber beide keine Fußballfans. Der fußballfanatische Richterkollege landete aber, als wir in Stuttgart eintrafen, gerade in Berlin und es geschah das Undenkbare, er versäumte trotz aller seiner Anstrengungen das Spiel. Mit solchen Schicksalsschlägen musste man einfach rechnen, wenn man in Sachsen aushalf.

Über unsere Tätigkeit in Dresden könnte ich ein ganzes Buch schreiben. Das ist nicht der Sinn dieser Erinnerungen. Eine Geschichte soll ab er doch festgehalten werden:

Viele DDR-Bürger, die wie auch immer in den Westen gelangten, verloren ihren Grundbesitz, den sie in der DDR hatten. Ob sie einen Rückübertragungsanspruch hatten, konnte oft nicht kurzfristig festgestellt werden. Es waren aber häufig Grundstücke darunter, für die es Interessenten gab, die investieren wollten. Das war natürlich sehr erwünscht und so wurde das Investitionsvorranggesetz erfunden. Gab es einen Investor für ein Grundstück, dessen Schicksal noch nicht geklärt war, konnte diesem das Grundstück zu seiner freien Verfügung gestellt werden, er musste den Verkehrswert bezahlen, der an den ehemaligen Grundstückseigentümer ausbezahlt wurde, wenn er einen Rückübertragungsanspruch gehabt hätte. Die Zuweisung eines solchen Grundstücks erfolgte durch einen Investitionsvorrangbescheid, kurz Invorgbescheid genannt.

Es gab eine ganze Reihe von Alteigentümern, die Grundstücke am Altmarkt besessen hatten, die ihnen weggenommen worden waren, die sie aber zurückhaben und wieder bebauen wollten. Auch hier musste überprüft werden, ob sie einen Rückübertragungsanspruch hatten.

Wir vertraten einen der Alteigentümer. Der Oberbürgermeister lud zu einer gemeinsamen Sitzung ein und verkündete, die Anwendung des Investitionsvorranggesetzes bereite keine Probleme, der erforderliche Invorgbescheid liege bereits vor. Den sah ich mir an und traute meinen Augen nicht. Es war **ein** Bescheid, in dem alle Alteigentümer aufgeführt waren, die danach berechtigt waren, alle alten Grundstücke gemeinsam zu bebauen. „Herr Oberbürgermeister, so funktioniert das nicht. Jeder Alteigentümer muss seinen eigenen Invorgbescheid bekommen, der nur sein eigenes altes Grundstück betrifft.". Ungläubiges Staunen, aber dann kam doch die Erkenntnis, dass ich recht hatte. Der Oberbürgermeister sah seine Mitarbeiterin an, die für die Invorgbescheide zuständig war und der Einfachheit halber den Einzelbescheid für alle gefertigt hatte. Die Angelegenheit war aus Gründen, die ich nicht mehr in Erinnerung habe, fristgebunden. Die Dame protestierte sofort. „Es ist völlig unmöglich, dass ich in der kurzen Zeit, die wir noch haben, so viele Bescheide erstellen kann", jammerte sie. Der Oberbürgermeister schaute in die Runde, sein Blick blieb an mir hängen, er kannte mich, wir hatten uns in anderen Angelegenheiten längst kennen gelernt. „Können Sie die Bescheide in Ihrer Kanzlei vollzugsfertig vorbereiten?", fragte er mich. „Selbstverständlich, Herr Oberbürgermeister.", war meine Antwort. „Wie lange brauchen Sie dazu?" Ich wurde etwas leichtsinnig und prahlte: „24 Stunden, Herr Oberbürgermeister", war meine ebenso spontane wie leichtsinnige Antwort. „Dann machen Sie das",. erklärte er kurz und bündig. Das hieß Nachtarbeit, aber ich konnte mich auf meine Mitarbeiter verlassen. Die Sitzung war zu Ende. Als ich gerade den Sitzungssaal verlasse wollte, kam der Baubürgermeister auf mich zu. „Kommen Sie bitte mit mir mit", nahm mich an der Hand und führte mich in sein Büro. Er ging an einen Schrank und kam mit einem großen Stapel DIN A4-Papier zurück. „Wenn Sie die Bescheide fertigen, können Sie sie auch gleich auf Briefbogen der Stadt Dresden schreiben, das spart uns Zeit", drückte mir den Stapel Briefbogen der Stadt Dresden in die Hand und führte mich hinaus.

Nach den zugesagten 24 Stunden brachte ich die fertigen, auf Briefbogen der Stadt gedruckten und schon fertig adressierten Bescheide samt vorgeschriebene Rechtsmittelbelehrung ins Rathaus.

Dass wir danach die besten Beziehungen zum Rathaus hatten, muss ich nicht besonders betonen. Kosten durfte die ganze Aktion allerdings nichts. Nicht dass die Stadt Dresden das nicht hätte zahlen können. Aber unter welchem Titel hätte man diese Ausgabe verbuchen sollen? Für unser Büro war das allemal eine sehr nützliche Investition.

IV. Besuch in der NVA-Luftwaffenwerft

In Dresden befand sich die Luftwaffenwerft der Nationalen Volksarmee der DDR, die Nationale Volksarmee gab es aber nach der Wiedervereinigung in der Weise, wie sie vonstatten ging, nicht mehr. Der Kommandeur der Werft und sein Stellvertreter, hohe

Offiziere, waren damit sozusagen arbeitslos und dachten daran, ein eigenes Unternehmen zu gründen und ihre Kenntnisse und Beziehungen in dieses Unternehmen einzubringen. Aber wie mussten sie da vorgehen? Etwas Ähnliches sah der bisherige Dienstplan ja nicht vor. Sie hatten wohl von dieser Westkanzlei gehört, deren Mitarbeiter das doch wissen mussten, jedenfalls erschienen sie in unserem Dresdener Büro. Ich lernte sie dort kennen. Sie waren hochrangige Offiziere gewesen, das sah man ihnen sofort an, sie waren aber vor allem Flieger und keine Kommisköpfe. Sie waren mir sofort sympathisch.

Der ehemalige Vizekommandeur erkannte wohl aus meinen Fragen, dass ich technisch interessiert war und fragte mich, ob ich nicht mit ihm die Luftwaffenwerft besichtigen wolle. Ich war sofort begeistert dabei. Wir gingen zu seinem ehemaligen Dienstfahrzeug, einem russischen Wolga, kein westliches Luxusgefährt, aber ein recht brauchbares Fahrzeug, so schien es.

Er hatte einen Schlüssel und wir gingen einfach hinein, niemand hielt uns auf oder fragte auch nur, was wir hier zu suchen hätten. In der Montagehalle standen jede Menge russischer MIG-Düsenjäger aller noch im Einsatz befindlichen Baumuster herum, zum Teil demontiert in jedem Wartungszustand, über jedem Flugzeug die zu ihm gehörende Explosionszeichnung an der Wand.

Sie trugen polnische, ungarische, tschechische Hoheitszeichen an den Leitwerken, kurz, Hoheitszeichen aller Ostblockstaaten einschließlich der DDR-Luftwaffe selbst, die mit MIG-Jägern ausgerüstet waren. Außer den russischen wurden sie alle in Dresden gewartet, auch etliche irakische waren darunter, die wegen der dortigen kriegerischen Auseinandersetzungen nicht zurückgegeben werden konnten, es waren die dirty plains, wie man sie nannte. Für mich war es hochinteressant, solche Flugzeuge aus der Nähe und in sie hineinzusehen, wenn ich auch wirklich nichts davon verstand.

Ich hatte natürlich eine Menge Fragen an meinen sachkundigen Führer. „Wieso bleiben NVA-Piloten viel länger im aktiven Dienst als ihre Kollegen im Westen", fragte ich ihn. „Das ist ganz einfach", belehrte er mich. „So ein Düsenjäger ist ein sehr teures Wertobjekt, das man nicht gerne verliert. Und ein Düsenjäger kann, wenn ein Defekt auftritt, nicht ohne Antrieb segeln, er fällt herunter wie ein Stein. Unsere alten erfahrenen Hasen bringen aber häufig so ein defektes Teil doch noch so herunter, dass eine Reparatur noch möglich ist.".

Dann wollte ich wissen, weshalb jede Seite so ein Geheimnis um ihre Flugzeuge mache. „Die Amerikaner haben doch längst alle MIG-Baumuster in Händen, die Russen genauso die amerikanischen, weshalb also diese Geheimnistuerei?" Er lachte. „Sie haben natürlich recht. Aber Propaganda und Heimlichtuerei muss eben sein. Das Einzige, was hüben wie drüben wirklich top secret ist, ist die Freund-Erkennung, die in jedem Düsenjäger gleich welchen Staates eingebaut ist. Die wird zuverlässig zerstört, wenn so ein Flugzeug in Feindeshand" gerät."

Er brachte mich in die Kanzlei wieder zurück. Ich bedankte mich recht herzlich. Er und sein Kollege werden uns noch an einer anderen Stelle wieder begegnen.

Bemerkenswert ist aber noch: Mein „Werftführer" ist einfach auf das Werftgelände gefahren, hat aufgeschlossen und wir sind hineingegangen in die Halle voller Geheimnisse. Niemand hat uns gehindert, nun, niemand war auch da, der uns hätte hindern können. 8 Wochen später kam man offenbar aber auch höheren Orts zu der Erkenntnis, dass die NVA-Luftwaffenwerft ein Ort höchster Geheimnisse sei, der als Hochsicherheitszone streng bewacht werden musste. Ich hätte niemals mehr eine Genehmigung zum Betreten auch nur des Werftgeländes, geschweige denn einer Montagehalle mit Düsenjägern erhalten.

V. Kazan

Über meinen Besuch in der Luftwaffenwerft der NVA habe ich berichtet.

Ein paar Wochen später rief mich mein Kollege aus Dresden an und berichtete mir, die beiden ehemaligen NVA-Offiziere hätten ihn wieder aufgesucht und ihm erzählt, dass sie aus ihrer NVA- Zeit noch gute Beziehungen nach Kazan hätten. Dort seien das Kamaz-Lastwagenwerk, eine bedeutende Hubschrauberfabrik sei dort angesiedelt und die Tataren seien überhaupt interessante Leute.

Hier muss ich einfügen: Kazan ist die Hauptstadt der teilautonomen russischen Republik Tatarstan. Obwohl zu Russland gehörend, haben sich die dort sesshaften Tataren eine umfangreiche eigene Souveränität bewahrt.

Zurück zu meinem Bericht. „Die beiden ehemaligen Offiziere der NVA-Luftwaffenwerft, die Sie ja kennen, haben mir vorgeschlagen, mit ihnen nach Kazan zu fliegen, sie könnten mich dort mit interessanten Leuten zusammenbringen", berichtete er mir. „Wir könnten in Kazan wahrscheinlich eine interessante Filiale aufbauen.". Er fuhr fort, dass ihn das sehr interessiere, er frage an, ob er als Abgesandter unserer Kanzlei das Angebot annehmen dürfe. Falls nicht, werde er Urlaub nehmen und auf eigene Faust an die Wolga fliegen. Wenn ich mich richtig erinnere, habe ich meine anderen Kollegen überhaupt nicht gefragt. „Natürlich nehmen Sie das Angebot der beiden Herren an und selbstverständlich als Abgesandter unserer Kanzlei.", erwiderte ich jedenfalls spontan.

Sein Bericht nach seiner Rückkehr war sehr interessant. Zunächst hatte er bereits eine junge polnische Juristin gefunden, die fließend polnisch, russisch und deutsch sprach und an einer deutschen Universität promoviert hatte. Sie lebte in Kazan und war mit einem Deutschen verheiratet, der im Auftrag der BASF nach Kazan gegangen war und die BASF dort vertrat. Sie war sehr daran interessiert, für uns örtliche Statthalterin in einem neu zu gründenden Büro zu werden. Meine anderen Kanzleikollegen stimmten der Gründung einer Kanzlei in Kazan zu.

Kasan oder besser Kazan liegt an der Wolga, Hauptstadt der teilautonomen Republik Tatarstan,, die nach dem Zerfall der Sowjetunion entstanden war und einen ähnlichen Status in Russland wie Südtirol in Italien hat. Die Bewohner sind, wie der Name schon sagt, mehrheitlich Tataren, die man aber nicht mit den Krimtataren verwechseln sollte.

Man fragt sich vielleicht, was die Republik Tatarstan mit den Erinnerungen eines bundesdeutschen Rechtsanwalts zu tun haben könnte.

Nun, wir hatten frühzeitig den Sprung nach Dresden gewagt, der alsbald zum Erfolg wurde. Unser unternehmungslustiger Statthalter in Dresden und ich hatten die Kommandeure der NVA-Luftwaffenwerft kennen gelernt, das waren interessante Leute. Ich habe davon berichtet.

Nun ging alles ganz schnell. Der Kollege fand in Kasan rasch ein Büro, eine russische Sekretärin, die fließend deutsch sprach und sich auf eine solche Arbeitsmöglichkeit freute, und Beate, und unsere polnische Juristin.

Es war nun die Frage, wie wir in Kasan auftreten wollten. Mit einer GmbH konnte man dort etwas anfangen, mit einer Rechtsanwaltssozietät absolut nichts. Eine GmbH, überhaupt eine Gesellschaft für Rechtsanwälte, war damals berufsrechtlich undenkbar. Einen vernünftigen Grund für diese Einstellung gab es zwar nicht, den konnte mir auch keiner meiner Kollegen vom Kammervorstand nennen, aber wenn das so war, war es ebenso. Ich versuchte es mit einem Trick, nämlich der Gründung einer

GmbH, die nach ihrer Satzung nur im Ausland tätig sein durfte. Der Registerrichter beim Handelsregister fragte pflichtgemäß bei der Rechtsanwaltskammer nach. Mein Antrag wurde abgelehnt, was ich schon erwartet hatte. Ich war lange genug selbst im Kammervorstand und kannte die dort herrschende Denkweise, die ich nie verstanden hatte. Die deutschen Rechtsanwälte und ihre Standesvertretung waren ja Meister darin, sich selbst und ihren Mitgliedern im Wege zu stehen. Mir war eigentlich schon von vornherein klar, dass wir eine Unterstützung für unser Vorhaben seitens der Anwaltskammer nicht zu erwarten hatten, aber man kann es ja einmal versuchen.

Wir sahen allerdings keine Veranlassung, uns in Kasan an die einschlägigen und streng überwachten Vorschriften der BRAO, der Berufsordnung für Rechtsanwälte zu halten, und brachten im Flughafen in Kasan ein sehr großes Werbeschild an, das auf unsere Kanzlei in Kasan hinwies.

Es meldeten sich recht rasch tatarische Unternehmen, die an Geschäftsbeziehungen mit deutschen Unternehmen interessiert waren, es meldete sich aber zu unserer Überraschung das Präsidialamt. Die autonome Republik Tatarstan war ja noch recht jung, sie entstand erst nach dem Zusammenbruch der Sowjetunion, sie brauchte eine Verfassung. Die Amerikaner waren recht rasch und boten der jungen Republik eine Verfassung nach amerikanischem Muster an, so etwas wollte der Präsident aber nicht, ihm schwebte eine Verfassung nach Art unseres Grundgesetzes an. Er fragte bei uns an, ob wir so etwas liefern könnten. Konnten wir natürlich, obwohl keiner von uns von dieser Materie auch nur die geringste Ahnung hatte. Wir fanden aber an einer norddeutschen Universität einen jungen Staatsrechts-Professor, der uns einen Entwurf lieferte. Ins Russische übersetzt und nach Kasan geliefert, fand er dort offensichtlich Anklang.

Mein „Statthalter" in Kazan ließ mich wissen, man wünsche dort einen Vortrag über das deutsche Grundbuchwesen, das

Handelsregister und das Liegenschaftskataster. „Das ist Ihr Fachgebiet, jetzt müssen Sie nach Kazan kommen", erklärte er mir. Das wollte ich mir auf keinen Fall entgehen lassen. Die Formalitäten waren rasch erledigt, ich holte mir bei der Bank 3000 US-Dollar als Betriebskapital für das Büro Kazan und traf meinen Kollegen am Flughafen Frankfurt/Main zum gemeinsamen Direktflug mit der Lufthansa nach Kazan. Am Flughafen von Kazan holte uns unsere Beate ab, brachte uns in unser Büro und mich dann in eine großzügige voll eingerichteten Wohnung im achten Stock eines größeren Wohnhauses unter. Ich habe nie herausbekommen, wem die gehörte, ich stellte nur fest, dass im 6. Stock Tag und Nacht eine Wache saß, an der nur vorbeikam, wer sich als Berechtigter ausweisen konnte.

Würde ich meine Erlebnisse, die ich in den nächsten Tagen hatte, erzählen wollen, sie würden allein ein Buch füllen. Einige Episoden sollen aber auch in diesen Erinnerungen festgehalten werden.

Zuerst wollte ich meine Dollar in Rubel verwandeln. Der deutsche Ehemann unserer Beate kam mit seinem Jeep mit Ludwigshafener Nummer und längst abgelaufener TÜV-Plakette zum Büro. Er war sehr hilfsbereit und wollte mich zur Wechselstube am Bahnhof bringen. Die Zufahrt zum Bahnhof war aber von Militärposten abgesperrt. Mein Fahrer, der fließend russisch sprach, redete mit einem der Posten und durfte alsbald weiterfahren. In der großen Bahnhofshalle herrschte ein für den Westeuropäer faszinierendes quirliges orientalisches Leben, wie wir es aus Filmen oder aus dem Fernsehen kennen, nur im Original viel beeindruckender und lebendiger. In der Halle war die Geldwechselstube, an der ich problemlos meine Dollar in Rubel wechseln konnte. Ich war plötzlich Millionär, zum ersten und letzten Mal in meinem Leben und leider eben nur ein Rubelmillionär.

Zurückgekehrt in unser Büro fragte ich meinen Führer und Fahrer: „Wie haben Sie das fertig gebracht, dass wir plötzlich weiterfahren durften? Nicht einmal ausweisen mussten wir uns!"

„Ach", lachte er, „das war ganz einfach. Ich habe dem Posten erklärt: sehen Sie den älteren Herren hinten in meinem Auto? Das
ist der Direktor des Hauptbahnhofs in Stuttgart, der den Kaza-
ner Bahnhof besichtigen will, und schon war der Weg frei." Der
ältere Herr gefiel mir zwar nicht, aber er führte rasch zum Erfolg und die 60 hatte ich schließlich überschritten.

Für meine Vorträge hatte ich Vorlagen von Grundbüchern, Han-
delsregisterauszügen und Auszügen aus einem Liegenschaftskataster samt allen zum Verständnis erforderlichen Nebenurkun-
den, fertig zur Projektion auf die Leinwand im Vortragssaal,
mitgebracht. Nur, mehr als ein paar Worte russisch konnte ich
nicht. Aber wir hatten ja unsere Sekretärin, die gerne bereit
war, den Dolmetscherdienst zu übernehmen. Ich fragte sie, ob
sie die Manuskripte meiner drei Vorträge vorab haben wolle.
„Nein, nein", wehrte sie ab, „die brauche ich nicht, Sie reden
immer zwei, drei Sätze und ich übersetze dann sofort simul-
tan". Darüber war ich wirklich glücklich, denn solche Manuskripte hatte ich überhaupt nicht, ich hätte sie erst mühsam fertigen müssen. Mir war es schon immer am liebsten gewesen,
frei sprechen zu können.

Die Vortragsreihe wurde offensichtlich ein Erfolg. Es waren
überhaupt schöne interessante Tage, die wir unter freundlichen
Menschen erleben durften. Es waren auch lehrreiche Tage für
uns wohlstandsverwöhnten Bürger.

Die ersten Geschäfte wurden vermittelt. Dabei war wichtig, eine
gute Vertrauensbasis herzustellen. Bei einem der ersten vermittel-
ten Geschäfte wurden wir vom deutschen Geschäftspartner nach
unserem Honorar gefragt. „Wir erhalten von Ihnen nichts, unser
Mandant ist Ihr tatarischer Vertragspartner, der uns bezahlt", er-
klärten wir ihm. Er war erstaunt, offenbar war er der Meinung,
ohne irgendwelche Nebengeschäfte oder Nebenzahlungen laufe in einem solchen Land nichts.

In einem anderen Fall erbaten wir im Auftrag unseres tatarischen Auftraggebers von einem deutschen Lieferanten ein Angebot über hochwertige Maschinen. Bei der Übergabe des Angebots erklärte uns der Mitarbeiter des deutschen Unternehmens, der uns das Angebot überbrachte, mit einem Augenzwinkern, „für Sie haben wir 5 % der Auftragssumme mit hineingerechnet.". Mein Kollege, der das Kasaner Büro immer wieder auch vor Ort betreute, überbrachte das Angebot unserem Kasaner Mandanten mit dem Anfügen, „in die Auftragssumme sind fünf Prozent für uns hineingerechnet, die können Sie von der Auftragssumme gleich abziehen, die sollten wir erhalten. Unsere Auftraggeber sind aber Sie, Sie bezahlen uns, vom anderen Vertragspartner nehmen wir kein Geld.".

Auf diese einfache Weise gewannen wir das Vertrauen der tatarischen Seite und den Türöffner für weitere Geschäfte.

Ein weiteres Geschäft über drei hochwertige Maschinen war bereits abgeschlossen, die Maschinen waren auf drei Tiefladern nach Kasan unterwegs. Als sie pünktlich ankamen, gab es ein Problem: Die Maschinen wurden unter Zollverschluss geliefert. In Moskau wurden gerade die Zollvorschriften, die auch für Tatarstan galten, geändert, aber es fehlten noch die Ausführungsvorschriften, sodass die Verzollung nicht möglich war. Solche Konstellationen waren mir auch von Deutschland nur zu gut bekannt, sie sind offensichtlich international üblich. Die Problemlösung war allerdings genial, aber in Deutschland sicher ausgeschlossen:

Die Maschinen waren noch auf den Tiefladern und konnten, da noch nicht verzollt, nicht abgeladen werden. Wir machten unsere tatarischen Freunde darauf aufmerksam, dass mit jedem Tag, an dem die Tieflader herumstehen würden, deren Kosten höher würden. Dann ging alle ganz schnell. Die Fabrikhalle, für die die Maschinen bestimmt waren, wurde zum Zollausschlussgebiet erklärt, die Maschinen in die Halle gebracht und abgeladen, die Tieflader waren frei und das Problem gelöst.

Eines schönen Tages erschien in unserem Kasaner Büro eine sehr selbstbewusst auftretende deutsch sprechende Dame. Sie kam aus Bonn und war beauftragt, den Besuch einer deutschen Delegation von Politikern und Geschäftsleuten in Kasan vorzubereiten. Am Flughafen sah sie unser Firmenschild, ihr erster Weg führte sie in unser Büro. Sie bat uns, ihr bei der Organisation des Besuchs behilflich zu sein. Dazu waren wir natürlich gerne bereit. Die Dame war allerdings schon etwas anspruchsvoll, insbesondere was die Unterbringung der illustren Gäste anbelangte, aber sie musste sich mit dem begnügen, was Kasan damals anzubieten hatte, jedenfalls keine 4-Sterne- Hotels westlicher Prägung. Aber es gelang schließlich, eine angemessene Unterbringung der Besucher zu organisieren.

Bei der Planung des Besuchsablaufs kam von tatarischer Seite der Vorschlag, für die Gäste eine Fahrt auf der Wolga zu organisieren. Wir gaben diesen Vorschlag nach Bonn weiter. Als die Antwort kam, traute ich meinen Augen nicht. Neben der Zustimmung las ich dort,: „aber wer bezahlt das?" Anspruchsvoll und kleinkariert.

Der Besuch – die Organisierung der Abschiedsveranstaltung hatte man der Einfachheit halber wieder unserer Kanzlei übertragen – war nicht sonderlich erfolgreich, weil man sich auf deutscher Seite um die Mentalität der Tataren nie gekümmert hatte. So kam es, dass die deutsche Delegation enttäuscht war, dass die Tataren um nichts baten. Die deutsche Seite hätte aber wissen müssen, dass ein stolzer Tatare um nichts bittet, aber ein Angebot gerne annimmt, man muss es ihm nur in der richtigen Weise unterbreiten.

Es würde zu weit führen, im Rahmen dieser Erinnerungen aus Kasan alles zu berichten, was berichtenswert wäre. Damit könnte ich ein eigene Buch füllen.

Aber eine köstliche Geschichte zum Schluss:

Für einen anderen Mandanten hatte ich eine Angelegenheit bei der Credit Suisse in Zürich zu regeln. Ich benützte diese Gelegenheit, um ein Geschäft der Credit Suisse mit einer Kasaner Bank, deren Direktoren ich kennen gelernt hatte, zustande zu bringen. Ich berichtete, mein Schweizer Gesprächspartner schien mir aufmerksam zuzuhören. Er müsse mit einem Kollegen telefonieren, sagte er dann. Er sei für solche Geschäfte nicht zuständig. Ich hörte das alsbald geführte Telefongespräch mit an. Es wurde in breitem Züricher Schwyzerdütsch geführt, ich amüsierte mich köstlich. Hier sei ein komischer Deutscher, sprach ein Schweizer Gesprächspartner in sein Telefon, der erzähle Märchen von einer Bank in Russland, von Kasan rede er, das sei wohl eine russische Stadt mit einer Bank – er habe keine Ahnung, wo das sei –, die Interesse an der Aufnahme von Geschäftsbeziehungen zur Credit Suisse habe. Dem Spinner könne er doch gleich absagen. Als er ich wieder mir zuwandte, strahlte ich ihn an und meinte: „Es war schön, wieder einmal so richtiges Schwyzerdütsch zu hören". Ich sah, wie er erschrak und ein rotes Gesicht bekam. „Ja verschtehen Sie das?", stotterte er. „Natürlich verstehe ich das", erwiderte ich lachend, „ein waschechter Schwabe versteht doch Schwyzerdütsch!" Sein Gesicht wurde dunkelrot, stotternd erklärte er mir, dass kein Interesse bestehe. Das hatte ich erwartet. Ich nahm ihm diese Entgleisung nicht übel. Wir verabschiedeten uns in aller Form. Es ist halt nie gut, wenn man seinen Gesprächspartner falsch einschätzt. Aber er hatte ja Glück, ich hätte ihm eine Szene machen können, aber wozu? Er hatte aber was gelernt und ich hatte mich herrlich amüsiert.

Teil VIII

Zum Schluss ein Sammelsurium

Kleine Geschichten – kurz und bunt

In diesem Kapitel berichte ich über kleine Geschichten, die mir beim Schreiben so eingefallen sind, wild durcheinander, aber großes Ehrenwort, sie haben sich alle genau so zugetragen, wie ich sie zum Besten gebe. Und kurz und bunt habe ich mir beim SWR 3 ausgeliehen, ich hoffe, man verzeiht mir dort.

Gesetzgebungstechnik
oder
Wenn man auf halbem Weg stehen bleibt

Sportschützen schießen und benötigen dazu Patronen. Die sind allerdings teuer. Deshalb wurde eine Einrichtung erfunden, mit der Sportschützenpatronen vom Schützen selbst billig wiedergeladen werden können. In Hessen zum Beispiel war das problemlos möglich. Man kaufte sich ein entsprechendes Gerät, das dazugehörige Material und das war es dann. Der Schütze war sofort in der Lage, sich rasch und billig selbst neue Munition herzustellen.

Nicht so im selbsternannten Musterland Baden-Württemberg. Weil Schießen grundsätzlich gefährlich ist, muss alles, was damit zusammenhängt, zum Schutze der Bürger (und Bürgerinnen nebst sämtlichen weiteren gesetzlich eingeführten Geschlechtern) in einem Spezialgesetz geregelt werden, weil alles, was gefährlich ist oder gefährlich erscheint, schließlich einer gesetzlichen Regelung bedarf. Also wurde ein Gesetz erlassen, das das Wiederladen von Sportschützenmunition erlaubnispflichtig machte. Mein Mandant, Sportschütze, beantragte deshalb unter Bezugnahme auf dieses Gesetz beim zuständigen Amt für öffentliche Ordnung in Stuttgart die Erteilung einer

Sportschützenmunitionswiederladeerlaubnis. Die konnte natürlich nur derjenige erhalten, der „sachkundig" war. Dass er die nach dem Gesetz erforderliche Sachkunde besaß, war der Antragsteller bereit, unter Beweis zu stellen. Der Antrag wurde gleichwohl, aber doch unerwartet, mit einer Begründung abgelehnt, die man nicht für möglich halten sollte. Im Gesetz hieß es, wie erwähnt, die Erlaubnis dürfe nur erteilt werden, wenn der Antragsteller die erforderliche Sachkunde nachgewiesen habe. Jetzt hätten die Gesetzesmacher parteiübergreifend nachdenken müssen, haben das aber parteiübergreifend unterlassen. Sie begnügten sich vielmehr mit einem einfachen Satz, der bei der Gesetzesmacherei keinerlei Nachdenken erforderte, aber sehr praktikabel war, insbesondere wenn man im Augenblick nicht weiter weiß: „Das Nähere regelt eine Rechtsverordnung", stand im Gesetz. Diese Rechtsverordnung gab es aber nicht. Also argumentierte die Behörde: Da noch nicht geregelt sei, wie man die Sachkunde nachzuweisen habe, könne mein Mandant zwangsläufig seine Sachkunde auch nicht nachweisen. Ohne Sachkundenachweis sei der Antrag aber zwingend abzulehnen.

Gegen diesen in sich logischen, aber gleichwohl hanebüchenen Bescheid erhob ich für meinen Sportschützen Klage beim Verwaltungsgericht. Dort sah man sofort ein, dass der Bescheid des Amtes so unhaltbar war und dass man meinem Mandanten die Möglichkeit, seine Sachkunde nachzuweisen, eröffnen müsse. Aber wie? Da fiel einem der Richter ein, dass es in der Viehzucht und im Schlachtbetrieb Bolzenschussgeräte gibt, die zum Töten von Tieren eingesetzt werden. Das hätte ja etwas mit Schießen zu tun, meinte er. Diese Geräte müssten aber ständig überprüft werden, wie er wisse. Zuständig dafür sei das „Beschussamt" in Ulm. Die müssten doch wissen, wie man Munition wiederladen könne, dachte man bei Gericht. Mein Mandant erhielt also vom Gericht die Auflage, seine Sachkunde hinsichtlich des Wiederladens von Sportschützenmunition beim Beschussamt in Ulm nachzuweisen und bestätigen zu lassen.

Mein Mandant beantragte also beim Beschussamt in Ulm die Abnahme seiner Sachkunde in Sachen Wiederladung von Sportschützenmunition. Den dort entstandenen Verdacht, mein Mandant wolle das Amt „auf die Schippe" nehmen, zerstreute er durch die Vorlage des einschlägigen Gerichtsbeschlusses. Dem musste man natürlich auch beim Beschussamt Folge leisten. Er wurde daraufhin nach Ulm gebeten. Dort war man gespannt zu erfahren, was er eigentlich nachweisen sollte, mit dem Begriff Wiederladen von Sportschützenmunition konnte man einfach nichts anfangen. Mein Mandant musste der Prüfungskommission also erst einmal erklären, was man unter dem Begriff „Wiederladen von Munition" überhaupt zu verstehen hat, zu welchen Zwecken es benutzt wird und wie das funktioniert. Von alledem hatte man schließlich beim Beschussamt keine Ahnung. Mein Mandant erklärte der sehr interessierten Prüfungskommission, was sie zu prüfen hatte und wie sie zu prüfen hatte. Sein Vortrag war sehr überzeugend, die Prüfer hatten viel gelernt und sie bestätigten ihm gerne, dass er sachkundig im Sinne des Gesetzes war. Der gesetzlich vorgezeichnete Weg erlaubte nun der zuständigen Behörde, die Genehmigung zum Wiederladen von Sportschützenmunition zu erteilen. Wenn man das zu Hause in der Küche machen konnte, war das natürlich wesentlich einfacher als immer nach Hessen fahren zu müssen.

Auch Richter sind nicht fehlerfrei

Letzter Termin auf der Tagesordnung eines Einzelrichters beim Landgericht Stuttgart. Am späten Nachmittag. Es war Sommer und es war heiß.

Mein Gegner mit seinem Mandanten und ich mit meinem Mandanten warteten vor dem Richterzimmer auf dem Gang im Landgerichtsgebäude. Die vorhergehende Verhandlung war noch nicht zu Ende, das war nichts Ungewöhnliches. Wir waren an diesem

Tag die Letzten und den Letzten beißen wie bekannt die Hunde. Auffällig war allerdings, dass im Richterzimmer ein lauter Wortwechsel stattfand., denn schalldicht waren die Türen zu den Richterzimmern noch nicht, der Datenschutz war noch nicht erfunden.

Wir warteten schon etwa 20 Minuten auf unseren Termin, als die Tür des Richterzimmers aufging und zwei sichtlich verärgerte Kollegen mit ihren Mandanten das Zimmer verließen. Wir erwarteten nun, dass der Richter uns hereinrufen würde. Weit gefehlt, der Richter kam heraus und eilte wortlos an uns vorbei und den Gang entlang. Nun, auch ein Richter muss schließlich einmal auf die Toilette, dachten wir. Aber er kam nicht wieder. Nach einer Viertelstunde wurde mir das Warten zu lang, ich ging zur Geschäftsstelle des Richters und fragte nach seinem Verbleib. Großes Erstaunen. Die für den Richter zuständige Dame fragte mich, was wir von ihrem Chef so spät am Nachmittag noch wollten. „Wir warten auf ihn, unser Termin ist jetzt schon über 20 Minuten überzogen!" „Das kann gar nicht sein", war die erstaunte Antwort. „Mein Chef ist schon vor 10 Minuten nach Hause gegangen!".

Das war für meinen Kollegen von der Gegenseite und für mich eine neue Erfahrung, nämlich, dass ein über die vorangegangene Verhandlung sichtlich verärgerter Richter den nächsten Termin einfach vergisst, obwohl die Parteien und ihre Anwälte wartend vor seinem Büro standen und er an diesen vorbeigelaufen war. Aber es ist halt eine alte und immer wieder richtige Erfahrung: Es gibt nichts, was es nicht gibt.

Dem Richter war die ganze Geschichte natürlich mehr als peinlich, als ihn seine Sekretärin am nächsten Tag, als er in sein Büro kam, mit der Panne konfrontierte. Seine Entschuldigung haben wir, mein Kollege und ich, schmunzelnd und gerne akzeptiert. Richter sind schließlich auch nur Menschen.

Ablehnung eines Richters wegen Besorgnis der Befangenheit?

Man kann einen Richter wegen Besorgnis der Befangenheit ablehnen. Andere Richter müssen dann entscheiden, ob eine Befangenheit vorliegt, wenn der abgelehnte Richter den Antrag nicht selbst für gerechtfertigt hält. Das ist mir allerdings in meiner ganzen Praxis nur einmal passiert. 99,9 % solcher Anträge werden abgelehnt und viele Anwälte trauen sich überhaupt nicht, Befangenheitsanträge zu stellen. Richter könnten schließlich nachtragend sein und sind es auch, wie ich aus eigener Erfahrung wusste. Aber man kann sich nicht immer alles gefallen lassen und die Möglichkeit der Richterablehnung steht schließlich nicht zur Dekoration im Gesetz.

Man kann gegen einen Richter auch Dienstaufsichtsbeschwerde erheben, wenn man dazu Veranlassung zu haben glaubt. Die kolportierten Formvorschriften für die Dienstaufsichtsbeschwerde lauten aber erfahrungsgemäß: Formlos, fristlos, zwecklos.

Ich hatte mir eine andere Methode zurecht gelegt. Wenn ich etwas zu beanstanden hatte, bat ich den zuständigen Gerichtspräsidenten um ein Gespräch mit ihm und dem Richter, der sich nach meiner Meinung nicht korrekt verhalten hatte. In den meisten Fällen funktionierte das ganz gut. Es gab ein Gespräch mit dem Richter in Anwesenheit des Gerichtspräsidenten. In der Regel konnten auf diese Weise Unstimmigkeiten einvernehmlich erledigt werden. Das persönliche Verhältnis zu dem Richter verbesserte sich darüber hinaus dazuhin in den meisten Fällen.

Ein Sonderfall:

Einer meiner Kanzleikollegen erzählte mir ziemlich aufgeregt, was ihm passiert war. Er habe bei Gericht um die Verlegung eines Termins gebeten, weil er in eine Terminkollision geraten war.

Empört erzählte er mir: „Meine Sekretärin hat mir berichtet, Richter P. habe sie angerufen und aufgefordert, in meinem Terminkalender nachzuschauen, welche Einträge dort zum Terminzeitpunkt zu finden seien". Offenbar glaubte der Richter nicht an die Terminkollision und wollte dies auf diese doch hinterhältige Weise feststellen.

„Eine solche Aktion würde ich mir nicht gefallen lassen, das ist ein unmögliches Verhalten eines Richters, beschweren Sie sich", riet ich meinem Kollegen. Das lehnte der aber ab und meinte, mit einem Richter lege man sich nicht an. „Unsere Kanzlei lässt sich aber so etwas nicht gefallen, wenn Sie nichts tun, werde ich das Notwenige veranlassen", erklärte ich ihm. „Tun Sie, was Sie nicht lassen können", meinte er nur lakonisch.

Ich kannte den Richter recht gut und wunderte mich über dieses Vorgehen. Ich wandte mich entsprechend meiner Praxis in solchen Fällen an den zuständigen Landgerichtspräsidenten und bat um ein Gespräch mit dem Richter. Dazu kam es allerdings nicht, weil dieser, was ich ihm hoch anrechnete, um einen Termin bat, in meine Kanzlei kam und sich in aller Form entschuldigte. Damit war die Sache erledigt.

Meine Erfahrung hatte sich wieder bewährt: Man darf sich nicht alles gefallen lassen, aber man muss auch bereit sein, Entschuldigungen entgegenzunehmen. Falsch ist nur, keinen Mut zur Gegenwehr aufzubringen, wie mein Kollege, der sich nicht traute, das Verhalten des Richters zu rügen, wohl weil er befürchtete, dass er das irgendwann heimgezahlt bekommen würde. Das ist falsch. Wenn ich mit diesem Richter später zu tun hatte, begegneten wir uns offen und ohne jegliche Vorurteile.

Die Schweigepflicht

Die Anwaltschaft kam auf die Idee, man müsse – wie die Ärzte Fachärzte – Fachanwaltschaften einführen. Dies wurde dann auch in der nächsten Satzungsversammlung aller Anwaltskammern so beschlossen. Über den Sinn oder Unsinn dieses Beschlusses kann man streiten.

Einer meiner Kanzleikollegen wollte sich den Titel Fachanwalt für Verwaltungsrecht zulegen. Die dafür vorgesehenen Kurse hatte er absolviert. Erforderlich war aber noch eine Aufstellung einer Mindestzahl von beim Verwaltungsgericht anhängigen oder anhängig gewesenen Mandaten., die bei der Rechtsanwaltskammer Stuttgart, die in diesem Falle zuständig war, einzureichen war., so jedenfalls die Vorschrift.

Ich brachte diesem Kollegen eine für ihn bestimmte Sendung in sein Büro und sah bei dieser Gelegenheit, dass er fleißig an einer Aufstellung arbeitete. Neugierig fragte ich ihn, wofür denn die Aufstellung bestimmt sei, an der er so eifrig arbeite. Er stelle die einschlägigen Mandate zusammen, die er mit seinem Antrag für den Fachanwalt für Verwaltungsrecht bei der Kammer einreichen müsse.

Ich schaute mir den Fragebogen an. Da wurde gefragt

- nach dem Gericht, bei dem das jeweilige Verfahren anhängig war,
- nach dem Aktenzeichen des Verfahrens,
- nach dem Gegenstand des Verfahrens,
- nach dem Namen und der Anschrift des Mandanten.

Bei mir klingelten die Alarmglocken. „Herr Kollege, wenn Sie Name und Anschrift Ihres Mandanten preisgeben, verstoßen Sie gegen Ihre Verschwiegenheitspflicht!", hielt ich ihm vor.

„Die Kammer verlangt das aber", erwiderte er mir. „Die Kammer darf das überhaupt nicht, sie kann Sie nicht auffordern, gegen Ihre Verschwiegenheitspflicht zu verstoßen, wehren Sie sich dagegen", war meine Antwort. Vor der Rechtsanwaltskammer hatten und haben wohl noch immer die meisten Anwälte einen großen Respekt. Mit der Kammer legt man sich nicht an, war die Devise. Er werde das nicht tun, meinte mein Kollege. „Und Sie werden die Liste so nicht einreichen", war meine Antwort. Wir wehren uns" „Dann machen Sie das eben, ich kann Sie nur warnen", erklärte er mir, ich unternehme bestimmt nichts". „Und Sie reichen die Liste nicht ein, bevor der Fall geklärt ist", war meine Antwort.

Ich kannte den Betrieb in der Kammer recht gut, war ich doch selbst zwanzig Jahre Mitglied, erst des Kammervorstands und später des Kammerpräsidiums. Ich stellte in diesem Fall bei der Kammer einfach den Antrag, auf die Angabe des Namens und der Anschrift des Mandanten in der einschlägigen Aufstellung zu verzichten, dies sei schließlich die unzulässige Aufforderung zur Missachtung der Schweigepflicht. Der Antrag wurde abgelehnt. Ich wandte mich an den Kammerpräsidenten persönlich und erhielt zur Antwort, diese Angaben benötige man zur pflichtgemäßen Überprüfung des Fachanwaltszulassungsantrags. Gegen die Schweigepflicht verstoße mein Kollege nicht, wenn er der Aufforderung der Kammer nachkomme, denn die mit der Überprüfung des Antrags befassten Vorstandsmitglieder seien schließlich selbst zur Verschwiegenheit verpflichtet. Ich widersprach und machte geltend, die Schweigepflicht sei auch gegenüber selbst Schweigepflichtigen einzuhalten – mit einschlägigen Hinweisen auf Literatur und Rechtsprechung. Der Erfolg war gleich null, die Kollegen bei der Kammer beharrten auf ihrem Standpunkt. Der Hinweis auf das rechtswidrige Verhalten des ganzen Kammervorstands nützte nichts. „Wir sehen uns dann eben vor dem Anwaltssenat beim Bundesgerichtshof wieder, Sie werden dort dann eine Lehrstunde über die Schweigepflicht erhalten, auch wenn das peinlich ist", erklärte ich meinen Kollegen vom

Kammervorstand. Das beeindruckte sie nicht, sie beharrten auf ihrem Rechtsstandpunkt.

Wir sahen uns wenig später vor dem Anwaltssenat des BGH wieder. Die Verhandlung in Karlsruhe war sehr kurz. Es sei selbstverständlich und keine Frage, meinte der Senat, dass die Schweigepflicht auch Schweigepflichtigen gegenüber gelte. Die Kammer handle rechtswidrig, wenn sie persönliche Daten von Mandanten anfordere. Betretene Gesichter bei meinen Kollegen, die jetzt auch noch. die Kosten des Verfahrens zu Lasten der Kammer zu übernehmen hatten – schon ein wenig peinlich und ein glatter Verstoß gegen ihre Amtspflichten, der allerdings erwartungsgemäß unter den Tisch gekehrt wurde. Ich ließ die Kosten festsetzen, forderte mit einem gewissen Vergnügen die Kammer zur Zahlung auf und wies sie an, den Kostenbetrag als Spende unserer Kanzlei an die Hilfskasse für in Not geratene Anwälte zu überweisen. Dies geschah auch und so kam es, dass im Kammerrechenschaftsbericht eine seltsame Spende für die Hilfskasse auftauchte: ein ungerader Betrag in Mark und Pfennig.

Dienst am Richter

Beim Amtsgericht in Stuttgart-Bad Cannstatt war ein Oberamtsrichter tätig, ein netter, gemütlicher Herr, der aus dem Sudetenland kam. Trotzdem war er in einer Hinsicht gefürchtet. Wenn er an einem Vormittag so zwischen acht bis zehn Verhandlungen ansetzte, bestellte er die Parteien und ihre Anwälte – wenn sie welche hatten – in viel zu kurzen Abständen oder auch gleichzeitig. Es kam zwangsläufig zu langen und lästigen Wartezeiten.

Ich saß in seinem Verhandlungsraum und wartete wie gewöhnlich auf den Aufruf meines Falles. Ich war schon darauf vorbereitet, noch lange warten zu müssen. Die vorhergehenden

Verhandlungen nahmen sichtlich weit mehr Zeit in Anspruch, als sich der Richter dies wohl selbst vorgestellt hatte.

Zur großen Überraschung aller verkündete er plötzlich: „Ich unterbreche jetzt die Sitzung, ich muss zum Zahnarzt". Ungläubiges Erstaunen aller Anwesenden. Seine Augen suchten im Saal herum und fixierten sich schließlich auf mich. Wir hatten uns schon bei vielen Verhandlungen kennen gelernt und kannten uns gegenseitig recht gut, vor allen Dingen aber wusste er, wo ich meine Kanzlei hatte. „Herr Mayer", sprach er mich an, „Sie sind doch sicher mit dem Auto da, Sie fahren mich jetzt zum Zahnarzt, warten, bis ich fertig bin und bringen mich dann zurück. So geht es am schnellsten und Sie kommen dann auch, wenn wir zurück sind, als Erster dran". Ich fuhr ihn zum Zahnarzt, es dauerte auch nicht allzu lang, ich fuhr ihn zum Amtsgericht zurück und ich kam als erster an die Reihe. Niemand protestierte und alle waren froh, dass die Verhandlungen weitergingen. Wie sagt der Schwabe dazu kurz und bündig: So isch's no au wieder.

So nicht

Verhandlung vor dem Landgericht. Vorausgegangen war die erste Instanz, meiner Klage wurde vom Amtsrichter stattgegeben. Die Gegenseite hatte Berufung eingelegt.

Nach der Prozessordnung ist das Gericht verpflichtet, in jeder Phase des Rechtsstreits zu versuchen, denselben durch einen Vergleich zu beenden. Solche Vergleichsbemühungen sollten sich nach allgemeiner Meinung aber schon am Sach- und Streitstand orientieren und noch bestehende rechtliche Zweifel erledigen.

Das Gericht bemühte sich auch in diesem Fall mit „Engelszungen", mich zu einem Vergleich zu bewegen. Da die Rechtslage für mich aber eindeutig und klar war, wie ja auch der Amtsrichter schon festgestellt hatte, lehnte ich alle Vergleichsbemühungen trotz wiederholter Versuche, mich zu überreden, ab. Ich war dann aber doch recht verwundert, dass das Gericht nicht die Anträge stellen ließ, um dann zu entscheiden. Der Vorsitzende wandte sich vielmehr an meinen Kollegen auf der Gegenseite und erklärte ihm: „Ich empfehle Ihnen und Ihrem Mandanten, die Berufung zurückzunehmen. Nach der Vorberatung durch die Kammer ist Ihre Berufung aussichtslos, mit der Rücknahme der Berufung können Sie Kosten sparen".

Mein Kollege auf der Gegenseite und ich waren zunächst sprachlos. Mein Gegner nahm die Berufung natürlich zurück, was sollte er nach dieser Ankündigung auch sonst tun. Das Landgericht war die letzte Instanz Ich fand das Vorgehen der Kammer und ihres Vorsitzenden aber einfach geschmacklos. Zwar soll das Gericht in jeder Phase eines Rechtsstreits auf einen Vergleich hinwirken, wenn die Positionen der Parteien streitig sind. Hier war aber auch nach Ansicht des Gerichts nichts streitig, der Fall war vielmehr auch nach Ansicht des Gerichts klar und eindeutig. Man wollte mich offenbar mit aller Gewalt zu einem Vergleich überreden, wohl um sich die Ausarbeitung des Urteils zu sparen. Meine Achtung vor dieser Kammer des Landgerichts hielt sich in Zukunft sehr in Grenzen.

Der Blutrichter von Cannstatt

Es gab in Stuttgart einen Richter, den man allgemein fürchtete. Ich hielt ihn allerdings eher für einen Menschen, der in erster Linie von sich selbst eingenommen war.

Als er noch Amtsrichter beim Amtsgericht Stuttgart-Bad Cannstatt war, versah er auch das Verkehrsreferat und war als unnachsichtiger Verkehrsrichter bekannt geworden. Es kursierte das Gerücht, Berufskraftfahrer würden, wenn möglich, den Amtsgerichtsbezirk

Bad -Cannstatt umfahren. Dieser Richter war offensichtlich der Meinung, außer ihm könne niemand korrekt Autofahren. Seine Strafen fielen in der Regel auch außergewöhnlich hart aus. „Ich weiß, dass ich der Blutrichter von Cannstatt genannt werde, und ich bin stolz darauf", sprach er von sich selbst. Ich habe ihn auch selbst gehört, als er einmal verkündete, er habe bei der Fahrt ins Gericht wieder einen Verkehrsteilnehmer beobachtet, der sich fehlerhaft und rücksichtslos verhalten habe. „Den Führerschein werde ich auch noch hereinholen", tönte er.

Wir kannten uns, ich ihn sowieso, er mich, seit ich ihm in einer Verkehrsstrafsache, die er für eindeutig hielt, nachweisen konnte, dass die Spuren auf der Straße, auf die er sich stützte und auf die er sich stützen wollte, mit dem zur Entscheidung anstehenden Fall überhaupt nichts zu tun hatten. Sie gehörten zu einem anderen Unfall, der sich kurz zuvor an derselben Stelle ereignet hatte. Das hätte er vorher wissen können und das hätte er vorher wissen müssen, wenn er sich die Akten besser angesehen hätte.

Es sei aber betont, dass er durchaus auch Ideen hatte, die nach seiner Auffassung positive Auswirkungen im Straßenverkehr haben sollten. Er verstand auch, diese Ideen mit den von ihm bezweckten positiven Wirkungen durchzusetzen.

Einer meiner Mandanten hatte reichlich unüberlegt und unvorsichtig überholt, es entstand eine wirklich gefährliche Situation, die Dank des vorausschauenden und gekonnten Verhaltens der anderen involvierten Verkehrsteilnehmer ohne Unfallfolgen blieb. Der Vorfall wurde aber beobachtet, er wurde angezeigt, ein Strafverfahren war, wie ich meinem Mandanten erklärte, angesichts dessen, was er sich geleistet hatte und was er auch zugab, unvermeidlich, mit einem Fahrverbot musste er rechnen. Die Sache geriet leider in die Zuständigkeit eben dieses scharfen Richters, das Ergebnis war voraussehbar. Ich ging gleichwohl vor der Verhandlung zu ihm, um mit ihm über den Fall zu sprechen, natürlich mit dem Ziel, für meinen Mandanten ein nicht zu hartes

Verhandlungsklima zu erreichen – vergeblich. Ich versuchte, ihn selbst und sein Verhalten im Straßenverkehr anzusprechen. „Sind Sie noch nie in Eile gewesen und haben ein vor Ihnen fahrendes Fahrzeug über Kilometer nicht überholen können, haben es dann schließlich aber doch gewagt und es wurde eng?", fragte ich ihn. „Nein, nie", war die kurze und eindeutige Antwort. Ich weiß heute nicht mehr, was mich dazu veranlasst hat, ich war aber über diese Antwort so verärgert, dass ich ihm kurz und bündig entgegen hielt: „Das glaube ich Ihnen nicht. Wenn Sie in Ihrem Leben noch nie gelogen haben, jetzt haben Sie gelogen". Ich weiß und ich wusste auch damals, dass dies nicht die Art ist, wie ein Rechtsanwalt mit einem Richter umzugehen hat, aber ich war über die arrogante kurze Antwort des Richters so verärgert, dass ich nicht an mich halten konnte. Aber statt der erwarteten sicher gerechtfertigten empörten Reaktion – ich hätte mich selbstverständlich entschuldigt – erfolgte – nichts. Ich hatte offenbar und ungewollt bei dem Richter eine verletzliche Seite getroffen. Genützt hatte es meinem Mandanten allerdings nichts.

Die Unterschriften

Grundbücher, Hypothekenbriefe, Grundschuldbriefe waren zu Beginn des 20. Jahrhunderts von Hand geschrieben – in Sütterlinschrift und deshalb für viele junge Kollegen nicht lesbar. Meine Notariatspraktikantin wie in der Regel alle württembergischen Notariatsleute war im Gegensatz zu jüngeren Anwälten aber sehr wohl in der Lage, solche Schriften problemlos zu lesen.

Eines schönen Tages kam sie unvermittelt in mein Büro. „Ich habe etwas ganz Seltsames gefunden, Herr Mayer. Ich habe es mit einem alten handgeschriebenen Hypothekenbrief von 1902 zu tun, ausgestellt und unterschrieben von einem Stuttgarter Ratschreiber, das ist nichts Besonderes, aber es ist ganz merkwürdig, der heißt nicht nur wie Sie, der schreibt auch wie Sie". Ich bat sie, mir den Hypothekenbrief zu bringen. Was ich fast schon vermutete, der Ratschreiber war mein Großvater, wie ich sofort feststellte. Ich habe ihn nie kennen gelernt, er war lange vor meiner Geburt verstorben, aber ich wusste, dass er Ratschreiber in Stuttgart war. Ich erklärte ihr: „Umgekehrt wird ein Schuh daraus. Er heißt nicht wie ich, ich heiße wie er.". Was aber sehr verwunderlich war, war seine Unterschrift. Die hatte wirklich verblüffende Ähnlichkeit mit meiner Unterschrift. Ich unterschrieb auf einem Blatt Papier und kopierte die Unterschrift auf dem Hypothekenbrief 1:1 auf ein zweites Papier. Dann legte ich die beiden Unterschriften übereinander. Der Anfangsbuchstabe hatte keine Ähnlichkeit. Aber was danach kam, war – auch die Größe – zu 100% identisch. Exakt übereinandergelegt erschien lediglich eine einzige Unterschrift. Es war ein merkwürdiges, fast unheimliches Gefühl, vor den eigenen Augen zu sehen, dass Großvater und Enkel bis auf den Anfangsbuchstaben dieselbe Unterschrift hatten, der Enkel so ungefähr 80 Jahre nach dem Großvater – ein Gefühl, das mich noch heute berührt, wenn ich daran denke.

Die Identität der Unterschriften war ja schon seltsam genug, dass aber ein so uralter Hypothekenbrief überhaupt noch existierte und dann nicht bei irgendeinem Notar, sondern in einer Anwalts- und Notariatskanzlei auftauchte, in der der Enkel tätig war und mit diesem Hypothekenbrief zu tun hatte, hätte ich nie geglaubt, wenn ich es nicht selbst erlebt hätte.

Der Wandel in der Rechtsprechung
oder
Der beleidigte Richter

In einem gut geführten Notariat gab es zwei Zeitschriften, deren Abonnement ein „muss" war, die DNotZ – die Deutsche Notarzeitschrift – und die MittBayNot – die Mitteilungen des bayerischen Notariats. Wir führten selbstverständlich beide Zeitschriften, obwohl sie außer mir und meiner Notariatspraktikantin kaum einer las. Aber meine Kollegen sahen ein, dass ich diese Zeitschriften benötigte. Interessant waren vor allen Dingen die MittBayNot.

Es gab in Bayern im Gerichtsaufbau eine besondere Einrichtung, die es sonst nirgendwo gab: Das Bayerische Oberste Landesgericht, eine Instanz über dem Oberlandesgericht. Dort herrschte natürlich eine besondere übergeordnete juristische Weisheit.

Als ich wieder einmal in der neuesten Ausgabe der MittBayNot blätterte, fand ich eine Leserzuschrift. Besprochen wurde eine Entscheidung des Bayerischen Obersten Landesgerichts, die Entscheidung wurde als wegweisend gelobt, der Einsender hatte einen entsprechenden Leserbrief an die Redaktion gerichtet, nicht ohne darauf hinzuweisen, dass er Richter eben an diesem Bayerischen Obersten Landesgerichts sei. Ganz offensichtlich war er selbst an der Entscheidung beteiligt oder hatte sie sogar selbst erarbeitet.

Die Entscheidung stützte sich im Wesentlichen auf eine sehr alte Entscheidung des ehemaligen Reichsgerichts und nannte, wie sich das gehört, die Fundstelle. Die Entscheidung war aber nicht so recht stimmig und entsprach so gar nicht der Denkweise, die beim damaligen Reichsgericht vorherrschte.

Ich holte mir den Palandt, **den** Kommentar zum Bürgerlichen Gesetzbuch, der jährlich neu herausgegeben wurde. Die neuesten wichtigen höchstrichterlichen Entscheidungen des vergangenen Jahres wurden in die neue Ausgabe eingearbeitet und kommentiert. Ich fand dort auch die zitierte Entscheidung, das Reichsgerichts-Zitat belegte in der Tat die vom Einsender kommentierte neue Entscheidung. Sie war aber gleichwohl schwer verständlich.

Wir hatten in unserer umfangreichen Bibliothek sämtliche Bände der gesammelten Reichsgerichtsentscheidungen. Ich wollte nun doch wissen, ob in der zitierten Reichsgerichtsentscheidung wirklich die Meinung vertreten wurde, die entscheidend für die kommentierte neue Entscheidung war. Und siehe da, genau das Gegenteil war der Fall. Wie konnte das sein?

Wie gesagt, der „Palandt" erschien jedes Jahr in einer neuen Auflage. Da konnte es schon passieren, dass sich ein Fehler einschlich, den niemand bemerkte, denn was im Palandt stand, war ja die juristische Weisheit pur. Ich hatte mir deshalb angewöhnt, mich nie auf Zitate zu verlassen, sondern immer die Originalentscheidung nachzuprüfen, Fehler, vor allen Dingen Übertragungsfehler aus der Vorauflage, kamen nach meiner Erfahrung öfter vor, als man sich dies so vorstellt.

Ich ärgerte mich, obwohl mich der Fall überhaupt nicht berührte. Ich war aber der Meinung, dass man von einem Richter am Bayerischen Obersten Landesgericht eine sorgfältige Arbeit erwarten konnte. Ich schrieb nun nicht einen Leserbrief an die Zeitschrift, ich schrieb den Herrn, der ja die Entscheidung mit einem gewissen Stolz in den MittBayNot kommentierte, persönlich an. Ich war nicht sehr höflich, machte ihn auf den Fehler aufmerksam, nicht ohne darauf hinzuweisen, dass man von hochbezahlten Richtern eine bessere Arbeit erwarten könne. Ich gebe zu, das war deutlich, das war grob. Die Reaktion – ich erwartete eine solche überhaupt nicht – war erstaunlich: Ich erhielt von dem Herrn einen empörten Brief, in dem er mir ziemlich herablassend mitteilte, dass er auf solche Briefe wie den meinigen grundsätzlich nicht antworte. Immerhin, mir zu antworten, dass er nicht antworte, war doch auch schon eine Antwort. Aber es kam noch besser. Beim Bayerischen Obersten Landesgericht war noch ein weiterer Fall mit derselben Problematik anhängig. Der wurde einige Wochen später entschieden, In diesem Fall wurde die Reichsgerichtsentscheidung jetzt richtig angewandt mit der lapidaren Feststellung: „Das Gericht hält an seiner bisherigen Rechtsprechung nicht fest". Wohl dem, der seine Fehler so leicht reparieren kann.

Nur ein wenig Nachdenken

Mein Seniorpartner hatte sich in der Nähe von Stuttgart in einem ausgewiesenen Wochenendgebiet ein großes Grundstück, doppelt so groß wie manche andere, gekauft. Er wollte dort auch ein Wochenendhaus bauen, aber eben nach seinen besonderen Vorstellungen. Er hatte allerdings versäumt, vor dem Kauf die einschlägigen Vorschriften für die Bebauung der einzelnen Wochenendgrundstücke anzusehen. Jetzt musste er feststellen, dass alle Grundstücke in diesem Wochenendgebiet unabhängig von der Grundstücksgröße nur mit einem Haus bebaut werden durften, dessen Größe seinen Vorstellungen in keiner Weise entsprach. Ihm schwebte ein viel größeres Haus vor, das zu bauen die einschlägigen Bauvorschriften nicht erlaubten. In einem Gespräch mit ihm merkte ich, dass er an einem Problem herumdokterte, das ihn sehr beschäftigte und für das er offensichtlich keine Lösung fand.

Ich fragte nach, mit welchem Problem er sich so offensichtlich beschäftige. „Ich habe nicht aufgepasst und mich „verkauft und versäumt, vor dem Kauf die geltenden Bauvorschriften einzusehen. Ein so kleines Haus, wie ich es bauen dürfte, will ich aber nicht.“ Er erzählte mir dann, dass er an ein zweistöckiges Haus gedacht hatte.

„Wenn Sie ein wenig Geld in die Hand nehmen und sich damit anfreunden können, statt zwei Stockwerken übereinander zwei Stockwerke nebeneinander zu erstellen, lässt sich das Problem recht einfach lösen“. Verblüfft schaute er mich an. Er war schließlich ein erfahrener Rechtsanwalt, der keine Lösung gefunden hatte, und da kam sein 20 Jahre jüngerer Kollege und behauptete einfach, ihm eine funktionierende Lösung anbieten zu können.

„Wie soll das gehen?“ „Einfach. Ihr Grundstück ist so groß, dass man es in zwei selbständige und selbständig bebaubare Grundstücke teilen kann, die dann eine gemeinsame Grenze haben. Damit die Sache nicht gar so auffällig wird, versschenken Sie eines dieser Grundstücke beispielsweise an Ihren Sohn. Sie bauen jetzt „einen Stock', samt Dach so nah wie zulässig an die Grenze – nach meiner Erinnerung waren es 3,00 m – mit der Eingangstür zur Grenze. Ihr Sohn macht dasselbe spiegelbildlich auf seiner Seite. Dann haben Sie Ihre zwei Stockwerke eben nebeneinander. Vor jeder Haustür muss natürlich ein Vordach sein, das baurechtlich bis zur Grenze reichen darf. Damit reichen die beiden Vordächer von Haustür zu Haustür und erlauben einen trockenen Zugang zu jeder Haustür, aber auch von Haustür zu Haustür, wenn die beiden Grundstückseigentümer auf einen Zaun verzichten. Dann bauen die beiden Grundstückseigentümer jeweils ihr Haus, Papa bezahlt alles, muss man es ja nicht an die große Glocke hängen. So nach etwa zwei Jahren, wenn alles fertig ist, schenkt der Sohn sein Grundstück an Sie zurück. Sie haben dann Ihre zwei Stockwerke auf einer Ebene und noch ein zweites Dach dazu, eben auf zwei Grundstücken.".

„Und das soll gehen?", kam die Frage zurück „Das geht", war meine Antwort. Immer noch etwas zweifelnd meinte mein Partner: „Dann veranlassen Sie alles Notwendige".

Nach ein paar Jahren lud mein Partner die ganze Kanzlei auf sein Grundstück ein. Ich konnte dann sehen, dass der Plan wunderbar aufgegangen war.

Überraschende Probleme der Ausbildung

Ich erhielt unerwartet den Anruf eines mir aus vielen Verhandlungen gut bekannten Landgerichtsdirektors. „Darf ich Sie etwas Privates fragen?", begann er das Gespräch. Ich wunderte mich etwas und antwortete, gespannt, was kommen würde, „selbstverständlich."

Seine Tochter studiere Jura und müsse ein Praktikum bei einem Anwalt nachweisen. Ob sie das bei mir ableisten könne, war seine Frage. Ich war mehr als überrascht, blitzschnell schoss es mir aber durch den Kopf, wenn ein Richter dir seine Tochter für eine Ausbildungsstation anvertrauen will, hast du ihn offensichtlich in vorausgegangenen Verhandlungen vor seiner Kammer von deinen Fähigkeiten so überzeugt, dass er ausgerechnet bei dir die richtige Ausbildungsstation für seine Tochter zu finden glaubt – ein schönes und ehrlich gemeintes Kompliment. „Selbstverständlich", war meine spontane Antwort. „Wann will sie kommen?" Wir vereinbarten einen Termin, ich bedankte mich auch für das Vertrauen, das er mir damit entgegenbrachte. Ich habe mir nie Gedanken darüber gemacht, wie in der Richterschaft über die Anwälte, die bei ihnen auftraten, geredet wurde. Ich kam noch nicht einmal auf den doch naheliegenden Gedanken, dass sie das tun würden.

Die junge Dame kam, sie war wissbegierig und hatte eine schnelle Auffassungsgabe. Ich versuchte, ihr nahezubringen, wie ein Anwalt vorgehen muss, wenn er Erfolg haben will. Das war wohl das Wichtigste, was sie bei mir lernte, denn als Tochter eines Richters kannte sie die Welt der Prozesse nur aus seiner Sicht als Richter.

Eines Tages kam sie mit einer Hausarbeit, die ihr ihr Professor aufgegeben hatte. Er hatte einen Sachverhalt dargestellt, die Aufgabe war, den geschilderten Fall zu einem Urteil zu bringen.

„Ich komme mit der Aufgabe nicht zurecht, ich verstehe sie nicht, ich bin zu dumm dazu", jammerte sie ein wenig. „Sind Sie nicht. Ich weiß, was Ihr Professor hören oder lesen will, aber mit der Sachverhaltsvorgabe, die er Ihnen liefert, können Sie die Aufgabe nicht lösen. Ihr Professor hat seine Sachverhaltsschilderung, die er Ihnen vorgegeben hat, an einem Punkt abgeschlossen, an dem jedenfalls ein erfahrener Anwalt mit der Sachverhaltsermittlung erst begonnen hätte". Ich erkannte recht schnell, welche

Problematik der Professor behandelt wissen wollte, und sorgte dafür, dass mein Schützling eine hervorragende Arbeit ablieferte.

Wir unterhielten uns aber auch eingehend über den Vorgang. „Denken Sie immer daran, dass die Aufgaben von Professoren, Richtern und Anwälten grundverschieden sind", erklärte ich ihr. „Der Professor konstruiert auf der Grundlage seiner Paragraphen einen Fall aus dem Leben, er zäumt den Fall sozusagen von hinten auf, er bastelt um seine Paragraphen einen Lebenssachverhalt, ohne vom wirklichen Leben viel Ahnung zu haben. Die Aufgabe des Richters ist anders. Seine Aufgabe ist, aus den Fakten, die ihm die Anwälte liefern, den richtigen und bewiesenen Sachverhalt zu ermitteln und dann auf der Grundlage der einschlägigen Paragrafen zu entscheiden. Die Arbeit des Anwalts stellt sich völlig anders dar. Er muss die Fakten, die für die Entscheidung maßgeblich sind, erst zusammensuchen und unter Beweis stellen. Das macht, wenn er ein guter Anwalt ist, gut 80 % seiner Arbeit aus, nur die restlichen 20 % sind juristische Arbeit. Zuerst muss er seine Mandanten dazu bringen, dass sie ihm wirklich alles erzählen, was von Bedeutung sein könnte. Dann muss er vorhandene Urkunden und etwa vorliegende Sachverständigengutachten auf ihre Relevanz untersuchen. Erst wenn dies alles erledigt ist, kann er an seine juristische Arbeit gehen. Allerdings nicht sofort, wenn ein Gutachten vorliegt. Ohne seine Pflichten zu verletzen, könnte er wie auch der Richter die Ergebnisse des Gutachtens seinen Überlegungen zu Grunde legen. Ist er aber gut, wird er gerade dies nicht tun, sondern das Gutachten daraufhin überprüfen, ob es keine Fehler enthält. Das ist häufig der Fall, häufiger, als man denkt". „Wie soll man das bewerkstelligen, man ist doch selbst nicht sachverständig, deshalb ist der Gutachter doch eingesetzt?" kam sofort die zu erwartende Frage? Das ist vielleicht zeitaufwendig, aber einfacher als vermutet. Auch Sachverständige sind nur Menschen und machen Fehler". Die junge Dame fand die unterschiedlichen Aufgaben eines Hochschullehrers, eines Richters und eines Anwalts sehr interessant.

Eine kleine Geschichte, die das Leben schrieb

Zum Schluss von kurz und bunt noch eine kleine Episode, die – großes Ehrenwort – nicht erfunden ist, sondern sich genau so, wie ich sie schildern werde, zugetragen hat. Die deutsche Sprache ist, wie diese Geschichte zeigt, sehr vielfältig.

Eine schwangere Frau wurde vom Landgericht als Zeugin geladen. Sie schrieb, sie könne leider nicht kommen, sie sei hochschwanger und der Terminstag sei als wahrscheinlicher Geburtstag errechnet. Das Gericht trug dem natürlich Rechnung, hob den Termin auf und bat die werdende Mutter, sich zu melden, wenn sie wieder als Zeugin vor Gericht erscheinen könne.

Nach zwei oder drei Monaten kam bei Gericht eine Postkarte an, auf der kurz und bündig zu lesen war: „ich teile mit, dass ich entbunden habe und frisch geladen werden kann".

Teil IX

Der Teil VIII sollte diese Erinnerungen abschließen,
ein oder zwei Zugaben gibt es aber auch bei den Wiener
Philharmonikern beim traditionellen Neujahrskonzert.

Zugabe 1 – 2 Kirchengeschichten

Man stellt sich vielleicht die Frage, was ein Rechtsanwalt mit der Kirche zu tun hat. Nun, was den Glauben anbelangt, sicher nichts. Was die evangelische Kirche oder die katholische Kirche als Institutionen anbelangt, gibt es aber eine Menge Berührungspunkte.

Das Disziplinargericht der Evangelischen Kirche

Während der Referendarausbildung konnte man eine Ausbildungsstation selbst wählen. Ich wählte, weshalb auch immer, den Evangelischen Oberkirchenrat und wurde auch angenommen. Ich kam, zwar evangelisch pietistisch erzogen, gleichwohl in eine mir fremde Welt, gar nicht pietistisch, und ich erkannte bald, dass der Oberkirchenrat eine Behörde wie jede andere war, in der es letztlich genauso weltlich zuging und geht, wie in jeder anderen Behörde auch.

Die evangelische Kirche in Deutschland ist die Gemeinschaft ihrer 20 lutherischen, reformierten und unierten Landeskirchen. Die evangelische Kirche in Württemberg, aber auch die evangelische Kirche in Schleswig-Holstein gehören dem Kreis der evangelisch-lutherischen Kirchen an. Das kirchliche Disziplinargericht der evangelisch-lutherischen Kirchen, das es natürlich auch gab, setzte sich aus Vertretern aller evangelisch-lutherischen Landeskirchen zusammen.

Während meiner Zeit beim Evangelischen Oberkirchenrat in Stuttgart, also in den fünfziger Jahren des vorigen Jahrhunderts, geschah in Schleswig-Holstein jedenfalls aus evangelisch-kirchlicher Sicht etwas Ungeheuerliches, Undenkbares und noch nie Dagewesenes.

Was war geschehen?

Ein amtierender Pfarrer erfüllte zur Zufriedenheit seiner Gemeinde seine Pflichten als Gemeindeseelsorger, er pflegte aber auch hingebungsvoll seine schwer und unheilbar erkrankte Ehefrau. Ihm half dabei ein weibliches Gemeindemitglied und aus dieser Mithilfe entstand mit der Zeit eine persönliche Beziehung, die über die Pflege der kranken Ehefrau hinausging, die hilfreiche Frau wurde seine Freundin. Als das schließlich ans Licht kam, machte dieser Skandal im Ort, in den Wirtschaften, in den Zeitungen und wo sonst auch immer die Runde. So etwas hatte es noch nie gegeben und so etwas durfte in der evangelischen Kirche nicht sein! Dass auch Pfarrer Menschen sind und nicht immer alle auf sie zukommenden Belastungen alleine bewältigen können, war undenkbar. Der Pfarrer, seines unverantwortlichen sündigen Verhaltens bewusst, zog deshalb die Konsequenzen und brach sofort die Beziehung zu seiner hilfreichen Freundin ab. Er sah ein, dass er seiner Gemeinde nicht mehr ein gottgefälliges Leben verkünden konnte. Er verzichtete auf sein Predigtamt und nahm eine Arbeit im sozialen Bereich an. Damit, so meinten aber die Kirchenoberen, könne man diesen ungeheuerlichen Vorfall nicht auf sich beruhen lassen. Hier müsse ein Disziplinarverfahren Klarheit schaffen und ein Exempel statuieren.

Es wurde ein Disziplinarverfahren vor dem Kirchendisziplinargericht in Kiel eingeleitet.

Das Kirchengericht setzte sich aus Vertretern aller evangelisch-lutherischen Kirchen Deutschlands zusammen. Als Vertreter des Evangelischen Oberkirchenrats in Stuttgart, also als Vertreter der württembergischen evangelisch-lutherischen Landeskirche, zog der Oberkirchenratsvizepräsident zur Gerichtsverhandlung an die Ostsee. Seinen Referendar, nämlich mich, nahm er mit. Das war großzügig, für mich völlig neu und natürlich außerordentlich interessant.

In der Verhandlung vor dem Hohen Gericht gab der Angeklagte sein verwerfliches Verhalten offen zu, verzichtete auf sein Predigtamt und bereute offensichtlich ehrlich sein Verhalten, das unverzeihlich sei. Er ziehe die Konsequenzen, verzichte auf alle Ämter und leiste für die Zukunft soziale Dienste.

Das Hohe Gericht zog sich zur Beratung zurück. Die schwarz gekleideten Hüter des Kirchenrechts und der Kirchenmoral waren nahezu einhellig der Meinung, die Verfehlungen des Pfarrers seien so schwer, dass seine Reue nicht genüge und er nicht nur seines Amtes enthoben, sondern überhaupt aus dem Dienstverhältnis mit der Kirche unehrenhaft entlassen werden müsse. Er sollte also aus dem Kirchendienst entfernt und ausgestoßen werden, ohne Rücksicht darauf, dass er damit seine ganze Lebengrundlage verlieren würde.

Meinem Vizepräsidenten passte das, wie ich seinem Gesicht ansah, ganz und gar nicht. Er äußerte sich aber nicht selbst, sondern meinte nur: „Wollen wir doch einmal unseren Referendar fragen, was der dazu meint."

Vor so vielen hohen Herren eine eigene Meinung vortragen zu müssen, war für mich wieder eine ganz neue Erfahrung. Ich dachte dann aber, wenn die schon meine Meinung hören wollen, sollen sie auch eben genau diese meine Meinung hören. Ich überlegte kurz und sagte dann kurz und bündig:

„Ich bin, das muss ich zugeben, nicht sehr bibelfest. Aber eines habe ich schon in der Kinderkirche gelernt, nämlich dass dem Herrn ein reuiger Sünder lieber ist als 10 Pharisäer."

Ich habe noch nie so viele schwarz gekleidete Figuren mit betretenen Gesichtern gesehen wie in diesem Augenblick. Das Gericht entschied dann auch: Der Pfarrer wurde nicht aus dem Dienst entlassen.

Ich war überrascht und erstaunt, was ein einziger Satz so alles bewirken kann.

Scheidung auf katholisch

Meine Notariatspraktikantin Renate war kinderlos verheiratet, sie war evangelisch getraut, zwischen ihr, ihrem Mann und meiner Familie war auch privat eine gute Freundschaft entstanden. Aber wie es im Leben manchmal so geht, ihre Ehe zerbrach und wurde geschieden, ohne Rosenkrieg und einvernehmlich. Das war für sie zwar bitter, aber sie fand sich damit ab, Was anderes blieb ihr ja auch nicht übrig.

Eines schönen Tages kam sie in mein Büro, irgendwie etwas bedrückt und unsicher, und fragte mich, ob sie mich etwas Privates fragen und mich um etwas bitten dürfe. „Klar, heraus damit, wo drückt der Schuh?", forderte ich sie auf. „Mein Ex-Mann", berichtete sie, zuerst etwas zögerlich, „will wieder heiraten.". „Das Kapitel ist doch für Sie abgeschlossen, wo ist da ein Problem?", fragte ich. „Ich selbst habe damit kein Problem mehr, das Problem habe ich hier in der Hand", war die Antwort und gleichzeitig gab sie mir einen Brief, den sie in der Hand hielt, bei näherer Besichtigung mit dem katholischen bischöflichen Ordinariat in Rottenburg als Absender. Ihr wurde mitgeteilt, ihr Ex-Mann habe den Antrag gestellt, ihre evangelische Ehe von Anfang an für nichtig zu erklären. Sie möge sich dazu äußern.

Was steckte da dahinter? Ich hatte so etwas auch noch nie gesehen. Die Lösung war recht einfach. Der Ex-Mann hatte eine andere Frau kennen gelernt, die beiden wollten heiraten, sie war aber streng katholisch erzogen, oder mit anderen Worten: Sie liebe ihn, sie würde ihn auch heiraten, aber für sie müsse der Ehebund kirchlich – katholisch kirchlich – geschlossen werden. Ohne Kirche keine Ehe. Und hier lag das Problem. Eine evangelisch geschlossene

Ehe wird auch von der katholischen Kirche anerkannt und kann aus kirchlicher Sicht so wenig wie eine katholische Ehe geschieden werden. Sie bleibt auch dann, wenn die Ehe vom zuständigen weltlichen Gericht rechtskräftig geschieden ist, nach katholischer Ansicht bestehen. Aus katholischer Sicht war der Ex-Mann also verheiratet und konnte keine neue Ehe eingehen. Die evangelische Ehe stand einer neuen katholischen Ehe im Wege, dieses Hindernis musste also aus dem Weg geräumt werden. Dafür war allerdings die katholische Kirche zuständig; die evangelische Ehe musste von der zuständigen katholischen gerichtlichen Instanz aufgelöst oder als niemals geschlossen erklärt werden.

„Da stimme ich niemals zu, unsere Ehe war immer ernst gemeint, ich wehre mich, darf ich Sie als Zeugen dafür benennen, dass wir unsere Ehe ernst gemeint haben?", sprudelte es aus ihr heraus.

Abgesehen davon, dass mich ein Verfahren nach katholischem Kirchenrecht außerordentlich interessierte – wann kommt ein Anwalt mit dieser Spezialmaterie schon einmal in Berührung –, ich würde einen Mitarbeiter nie im Stich lassen. „Sie können mich gerne als Zeugen dafür benennen, dass Ihre Ehe sehr ernst gemeint war. Um das bestätigen zu können, kenne ich Sie ja wahrlich lange genug." Ich verfasste ihr auch ihre Stellungnahme, mit der sie dem Antrag entgegentrat. Sie reichte sie beim Bischöflichen Ordinariat ein.

Die Dinge nahmen ihren geregelten Lauf. Ich bekam Post vom Bischöflichen Ordinariat. Ich sei als Zeuge dafür benannt, so hieß es, dass die evangelische Ehe meiner Mitarbeiterin von den beiden Eheleuten ernst gemeint gewesen sei – eine etwas seltsam gewählte Formulierung. Ich war gespannt, was auf mich zukommen würde. Ich ließ das Ordinariat wissen, dass ich zu einer Befragung bereit sei.

Ich erhielt alsbald vom Ordinariat ein Schreiben, in dem ich gebeten wurde, bei Pater Konstantin – er hieß natürlich anders –

vorzusprechen und meine Aussage zu machen. Pater Konstantin werde mich zur Vernehmung einladen. Pater Konstantin war der Gemeindepfarrer der für meinen Wohnbezirk zuständigen katholischen Kirchengemeinde.

Pater Konstantin rief mich an, wir vereinbarten einen Termin, zu dem ich pünktlich im Pfarrhaus erschien. Pater Konstantin begrüßte mich mit aller Höflichkeit, ja fast herzlich, die ganze Angelegenheit war ihm sichtlich mehr als peinlich, schließlich war ich nicht katholisch, was er wusste.

Nachdem wir die üblichen Höflichkeiten ausgetauscht hatten und ich an seinem Schreibtisch saß, fragte ich ihn, was er denn wissen wolle. Er holte sich einen Fragebogen her, den er offensichtlich vom Ordinariat erhalten hatte, es waren zwei DIN A 4 Seiten, gefüllt mit Fragen. Wie sich denn die Eheleute verhalten hätten, ob sie regelmäßig in die Kirche gegangen wären, woher ich das alles wisse und ob ich meine Antworten vor Gott und meinem Gewissen verantworten könne und so weiter. Der Pater arbeitete brav die Fragen ab, über die ich mich allerdings manchmal schon wunderte. Um die zu verstehen, musste man wohl schon katholisch sein.

Dann geriet Pater Konstantin ins Stocken. Er überlegte hin und her, ich war wirklich gespannt, was jetzt noch kommen würde. Schließlich fragte er mich, ich traute meinen Ohren kaum, ich sollte mich dazu äußern, ob, wenn die Eheleute miteinander schliefen, dies auch nur zu dem Zweck, ein Kind zu zeugen, geschehen sei. Ich bin normaler Weise nicht auf den Mund gefallen, aber hier war ich einen kurzen Moment sprachlos.

„Pater Konstantin, ich habe bisher alle Ihre Fragen, die zumindest teilweise schon unmöglich genug waren, beantwortet. Aber was sich mit dieser Frage Ihre Kirchenoberen leisten, geht über das Zumutbare weit hinaus. Ich kann diese Frage nicht beantworten, ich sage Ihnen auch warum: Wenn die Beiden miteinander schliefen, lag ich nicht unter dem Bett, und wenn ich unter dem Bett gelegen hätte, hätte ich nicht sehen können, ob sie verhüten. Ich gehe im Übrigen davon aus, dass auch Sie der Meinung sind, es sei höchste Zeit, dieses mehr als unangenehme Gespräch zu beenden". Ich ging, ohne mich förmlich zu verabschieden, und ließ einen sprachlosen Pater zurück. Ich nahm es ihm nicht übel, er konnte ja nichts dafür. Es gibt nur wenige Menschen, die ihren Vorgesetzten widersprechen und sie zurechtweisen, wenn diese sich nicht zu benehmen wissen.

Aber wie ging die Geschichte weiter? Nach einer gewissen Zeit wurde meiner Mitarbeiterin die bischöfliche Entscheidung zugestellt. Es hieß dort, es bestehe kein Zweifel, dass für sie die Eheschließung gewollt, ernst und bindend gewesen sei. Man habe aber feststellen müssen, dass ihr Mann immer einen Vorbehalt gemacht habe, die Ehe nicht habe eingehen wollen und sich nie als verheiratet im katholischen Sinn gefühlt habe. Für ihn habe eine wirksam geschlossene Ehe nie vorgelegen. Ich überlasse es dem Leser, wie er mit dieser Sophisterei umgehen will.

Ich wäre gegen diese für mich unmögliche Entscheidung gerne vorgegangen und hätte die Rota im Vatikan in Rom angerufen. Meine Mitarbeiterin lehnte dies aber kategorisch ab. Sie sei nicht bereit, in diesem unwürdigen Theater weiterhin mitzuspielen. Ob ihr Ex-Mann katholisch oder sonst wie die nächste Ehe mit oder ohne Vorbehalt eingehe, sei ihr nun wirklich egal. Das konnte ich verstehen.

Zugabe 2 – Der verlorene Sohn

„Suchen Sie meinen Sohn?", empfing mich mein langjähriger Mandant Kromer, als ich ihn im Besprechungszimmer begrüßte. Ich war reichlich überrascht und schaute ihn fragend an. Er erinnerte mich zunächst daran, wie ich ihn vor etwa fünfundzwanzig Jahren kennen lernte. Er war damals Mandant meines Seniorpartners. Ihn bat er in allen seinen Rechtsangelegenheiten um Rat oder beauftragte ihn mit seiner Vertretung. So sollte er damals als Notar auch eine Adoption durchführen. „Meine Frau", erklärte er, „hat eine Tochter in die Ehe mitgebracht, die will ich jetzt adoptieren, das können Sie als Notar doch machen", meinte er. Nun, er war zwar Notar, aber vom Adoptionsrecht verstand er genau genommen nicht viel oder eigentlich nichts, eine Adoption war ja auch nichts Alltägliches.

Mein Senior war schwerkriegsbeschädigt und hatte, wie ich schon ausgeführt habe, als Notar Anspruch auf einen ständigen Vertreter für das ganze Kalenderjahr; den hatte er auch. Dieser musste wissen, wie man eine Adoption durchführt,, dazu war er ja schließlich da. Dieser ständige Vertreter war ich wie meist, ich vereinbarte einen Termin. Am Terminstag war der Notar, mein Seniorpartner, vorsorglich und verständlicherweise verhindert. So erledigte eben ich die Adoption, als Folge davon wollte der Mandant aber in Zukunft mit allen seinen Rechtsachen von mir beraten und vertreten sein. Daran erinnerte ich mich dunkel und auch daran, dass man damals im konkreten Fall zur Adoption die Zustimmung eines Sohnes aus einer früheren Ehe von Herrn Kromer benötigte.

„Sie müssen mir schon etwas mehr erzählen, wenn ich Ihren doch ungewöhnlichen Auftrag erledigen soll. Ein normales Anwaltsgeschäft steckt wohl kaum dahinter", forderte ich ihn auf.

Er erzählte mir dann schließlich folgende Geschichte:

Er hatte am Kriegsende oder kurz danach geheiratet, die jungen Eheleute bekamen alsbald einen Sohn, aber die Ehe hielt nicht lange. Sie wurde geschieden, der Sohn blieb bei der Mutter. Ein Kontakt fand nicht mehr statt. Der zweiten Ehefrau meines Mandanten war dies bekannt. Mit der Adoption ihres eigenen Kindes war sie natürlich einverstanden, nicht aber mit einer Beziehung gleich welcher Art zu dem Sohn aus erster Ehe. Der Sohn sollte im Leben meines Mandanten nicht mehr existieren. Die Zeit verging, aber offenbar hatte mein Mandant seine alte Familie und auf alle Fälle seinen Sohn doch nicht vergessen.

Die zweite Ehefrau meines Mandanten Kromer erkrankte und verstarb früh – bei aller Trauer kam dem Witwer aber offensichtlich doch der Sohn aus erster Ehe wieder in den Sinn, eine Kontaktaufnahme schien ihm jetzt möglich. Er wollte ihn unbedingt wieder finden, aber wie? Einfach, wozu hat man denn einen Rechtsanwalt, auch wenn zu dessen Spezialgebieten nicht gerade – für einen Anwalt auch etwas ungewöhnlich – die Suche nach einem verlorenen Sohn gehörte. Aber was tut man nicht für einen alten guten Mandanten? Ich nahm den Auftrag an, obwohl ich keine Ahnung hatte, wie ich das bewerkstelligen sollte.

Allerdings, die Geschichte war komplizierter als ich ohnehin schon gedacht hatte und zwar deshalb, weil mein Mandant Kromer nicht nur den Sohn finden, sondern mit ihm auch eine Vereinbarung treffen wollte. Herr Kromer hatte ein Unternehmen aufgebaut und war doch recht vermögend. Er erkannte, dass dieser verlorene Sohn gleichwohl sein gesetzlicher Erbe werden und zusammen mit dem Sohn aus zweiter Ehe und der Adoptivtochter eine Erbengemeinschaft bilden würde oder doch auf alle Fälle den Pflichtteil würde verlangen können, den in bar auszuzahlen ohne Zerschlagung der Vermögenssubstanz und Gefährdung des Unternehmens kaum möglich sei würde. Er wollte deshalb sehr wohl seinen Sohn wieder finden und endlich kennen lernen, er wollte aber auch mit diesem Sohn zu Lebzeiten einen Erbabfindungsvertrag abschließen, um eine Zerschlagung seines Vermögens zu verhindern. Dazu braucht man, so dachte er, sowieso einen Rechtsanwalt, der kann dann ja auch gleich den Sohn suchen.

Ich weiß nicht, wie ich auf die Idee kam, trotz erheblicher Bedenken diesen Auftrag anzunehmen, der ja eher für einen Privatdetektiv geeignet schien. Vielleicht dachte ich an einen Privatdetektiv, der mir vor einiger Zeit geklagt hatte,, er suche seit Monaten einen Mann und seine Anschrift, sei ihm auch schon nachgereist, habe den Empfangschef eines Hotels bestochen, gegen entsprechende Gegenleistungen das Gästeverzeichnis einsehen zu dürfen, alles, was er unternommen habe, sei aber vergeblich gewesen, er wisse noch immer nicht, wo der Gesuchte wohne, dessen Anschrift zu ermitteln schließlich sein Auftrag sei. Ich fragte ihn aus meiner Sicht eher scherzhaft, ob er es denn schon einmal mit dem Telefonbuch versucht hätte. Er schaute mich mit großen Augen an. „Daran habe ich überhaupt noch nicht gedacht", meinte er. Der Wohnort des Gesuchten war bekannt, ich hatte das richtige Telefonbuch und siehe da, dort war er brav mit Anschrift und Telefonnummer verzeichnet. Wie dem auch sei, ich dachte an diese Geschichte und daran, dass ich anscheinend auch über detektivische Grundkenntnisse verfügte. Also, das ist mal etwas anderes, versuchen wir es einfach, sagte ich mir, suchen wir den Sohn. Den Namen wusste ich, und dass er irgendwo in Niederbayern zu finden sei, wusste ich auch. Das war es aber auch schon. Die Wahrscheinlichkeit, dass er immer noch unter der damaligen Anschrift zu finden sei, war allerdings gering. Aber man kann es ja mal versuchen.

Internet gab es damals noch nicht, aber Telefonbücher gab es und dass diese eine Fundgrube sein können, hatte ich mir bei meinem Rat an den Privatdetektiv schon selbst bewiesen. Unter meinen Mandanten hatte ich auch zwei Telefonbuchverlage, deren Inhaber mir bei der Suche halfen – sie hatten Kontakt zu ihren Kollegen in Niederbayern. Glücklicherweise hatte mein Mandant, im

Schwarzwald geboren, einen Namen, über den man im Schwarzwald sozusagen an jeder Ecke stolpert, den Namen hatte natürlich auch der Sohn, doch der Name war in Niederbayern völlig ungebräuchlich. Ich hatte alsbald eine möglicherweise passende und überschaubare Auswahl von Anschriften. Als Nächstes stieg ich in unseren Notariatsaktenkeller, in dem alle Notariatsurkunden seit Bestehen des Notariats verwahrt wurden. Dort musste die Adoptionsurkunde sein. Ich suchte und fand sie auch erstaunlich rasch, wir hatten eben eine gute Kanzleiorganisation. Die damalige Anschrift des Sohnes hatte sich offensichtlich nie geändert, ich konnte sie zuverlässig einer der mir genannten Telefonnummern zuordnen.

Aber wie führt man in dieser Situation ein Ferngespräch.? Etwa, „Guten Tag, ich rufe im Auftrag Ihres Vaters an, den Sie nicht kennen?". Ich gebe zu, dass ich nicht undankbar war, als sich bei meinem ersten Anrufversuch niemand meldete. Nur nützte das letztlich auf Dauer nicht sehr viel. Ich musste schließlich telefonieren und Kontakt aufnehmen. Also nächster Versuch. Er war erfolgreich, es meldete sich eine resolute, aber nicht unsympathische Frauenstimme. Ich schilderte meiner Gesprächspartnerin mein Anliegen und kam überraschend schnell und unkompliziert mit ihr in einen guten Kontakt. Es war die Ehefrau des gesuchten Sohns, die mir versprach, mit ihrem Mann, wenn er von der Arbeit nach Hause käme, sofort zu sprechen und dann zurückzurufen.

Der Rückruf kam, am Telefon war aber nicht der Sohn, sondern wieder dessen Frau, verständlich, Männer führen solche Gespräche nicht gerade gern. Ihr Mann habe sich über das Lebenszeichen seines Vaters, den er überhaupt nicht kenne, gefreut. „Ist es möglich, dass sich die beiden treffen?", fragte sie. „Das wird sich einrichten lassen", war meine Antwort. „Ich melde mich wieder".

Ich berichtete meinem Mandanten von diesem Gespräch und fragte ihn, ob er bereit sei, nach Niederbayern zu fahren. „Wissen Sie,

Sie wollen ja nicht nur den Sohn kennen lernen, Sie wollen mit ihm ja auch einen Erbabfindungsvertrag schließen. Dann muss er ja nicht unbedingt Ihr großes Wohnhaus in bester Wohnlage einer Großstadt sehen und daraus schließen, dass hier doch etliche Vermögenswerte vorhanden sein müssen, die schließlich für die Höhe einer Erbabfindung maßgeblich sind.". Das leuchtete ihm ein. „Ich geh dahin, aber nicht allein, Sie müssen mit", erklärte Herr Kromer. Damit hatte ich nicht gerechnet. Aber hatte ich A gesagt, musste ich jetzt auch B sagen. Ich wusste, dass Herr Kromer nicht gesund war und regelmäßig verschiedene Medikamente einnehmen musste, die ihm zu Hause seine Tochter herrichtete und dafür sorgte, dass er sie auch pünktlich einnahm. Ich überlegte kurz. Mit den Medikamenten wollte ich wirklich nichts zu tun haben. „Einverstanden", war meine Antwort, „aber nur unter einer Bedingung: Ihre Tochter muss ebenfalls mit und auf Sie und Ihre Medikamente aufpassen. Damit will ich nichts zu tun haben, ich bin kein Krankenpfleger, die Verantwortung übernehme ich nicht.". „Das ist sicher kein Problem, ich rede mit ihr, sie wird sicher mitgehen", war die Antwort.

Mit dem Sohn war ich immer noch nicht ins Gespräch gekommen, nur mit seiner Frau, mit der ich mich am Telefon inzwischen recht gut verstand. Ich rief sie, wie versprochen, wieder an, berichtete ihr, dass der Vater seinen Sohn treffen wolle und nach Niederbayern – den Ort kann ich nicht nennen, um nicht zu viel zu verraten – kommen wolle. Wir vereinbarten einen Termin und ich bat sie, in einem Hotel in der nahegelegenen Stadt drei Einzelzimmer zu bestellen. Sie hatte mir zuvor berichtet, dass ihre Familie außerhalb der Stadt auf einem Hof in einem kleinen Weiler wohne.

Abreise im großen Kromerschen Mercedes, die Tochter fuhr. Ich hätte lieber mein eigenes Auto genommen, eines, mit dem man auch im Winter bei Schnee problemlos fahren kann, ohne Bleiplatte im Kofferraum, die damals die meisten Mercedesfahrer, auch mein Mandat, im Winter dabei hatten, um mehr Gewicht auf die Hinterachse zu bekommen.

Im Hotel angekommen bat ich Herrn Kromer um Autoschlüssel und Autopapiere. „Ich fahre jetzt erst einmal allein zu der Familie Ihres Sohnes und Ihr Auto gehört ab jetzt mir. Ihr Sohn muss nicht wissen, dass Sie ein so teures Auto haben". Das leuchtete ihm ein.

Am Ziel angekommen fand ich ein richtiges Idyll vor. Ein Bauernhaus im Grünen, Ziegen, Gänse Hühner und ein herzlicher Empfang. Ich lernte jetzt auch den Sohn kennen, der als Meister in einer Baufirma arbeitete und nebenher mit seiner Frau seine kleine Landwirtschaft betrieb. Ich traf den Sohn, seine Frau und eine junge Frau an, die Tochter der beiden.

Wir kamen recht schnell in ein nettes Gespräch. „Wir könnten uns doch gemeinsam im Hotel zum Abendessen treffen", schlug ich dann vor. „Gerne", war die Antwort, „alle?" „Selbstverständlich alle", erwiderte ich und war etwas erstaunt. Ich dachte an Vater, Mutter und Tochter. Weit gefehlt, die Frage war berechtigt, denn es waren schließlich die Eltern, fünf Kinder und ein Schwiegersohn, also nicht drei, sondern acht. Aber es blieb selbstverständlich bei „alle".

Ich bat darum, telefonieren zu dürfen. Das Telefon stand in dem Zimmer, in dem wir uns befanden. Ich wurde hingeführt und dann war ich plötzlich allein, die Familie hatte den Raum verlassen, ich sollte ganz offensichtlich ohne Mithörer telefonieren können. Das fand ich ausgesprochen rücksichtsvoll. Ich rief die Frau Kromer jun., die Adoptivtochter meines Mandanten an, berichtete ihr und bat sie, im Hotel einen Nebenraum zu organisieren, in dem 11 Personen zu Abend essen könnten. Ich wusste, sie war patent und würde das sofort erledigen.

In „mein" Auto passten 5 Personen, die anderen 4 fuhren im Wagen der Familie, wir fuhren los. Unterwegs schoss es mir plötzlich durch den Kopf, ob ich nicht doch etwas voreilig gewesen sei. Herr Kromer war ja nicht mehr der Jüngste und hatte gesundheitliche Schwierigkeiten und Probleme mit dem Herzen; wie würde er das Zusammentreffen mit seinem Sohn, den er noch nie gesehen hatte, verkraften? Nun, ändern konnte ich jetzt nichts mehr, sollten die Dinge eben ihren Lauf nehmen.

Im Hotel sammelte sich die Familie in der Lobby. Ich bat sie zu warten. Ich suchte und fand die Tochter mit dem sichtlich aufgeregten Vater auf der Hotelterrasse, die genau wie die Lobby einen direkten Zugang zu dem wunschgemäß reservierten Nebenraum hatte. Ich hatte auch als altgedienter Rechtsanwalt schon etwas Herzklopfen vor dem ersten Zusammentreffen von Vater und Sohn. Weshalb auch immer, ich war der Einzige, der sah, wie Vater und Sohn gleichzeitig, der eine von der Terrasse her, der andere von der Lobby aus, den Raum betretend wortlos aufeinander zu gingen und sich um den Hals fielen. Das war auch für den nüchternen Juristen bewegend. Meine Sorgen waren überflüssig gewesen, es wurde noch ein sehr harmonischer Abend, an dem es viel zu erzählen gab.

Damit war aber erst die Hälfte meines Auftrags erledigt. Ich musste noch die Erbabfindung zustande bringen. Diese Aufgabe behielt ich mir für den nächsten Tag vor.

Über den Erbabfindungsvertrag als solchen u reden, war aber erst die halbe Miete. Ich musste schließlich eine Summe anbieten. Ich wusste zwar, dass Herr Kromer vermögend war, aber mit Einzelheiten war ich absolut nicht vertraut. Um aber jedenfalls wenigstens nach aktuellem Stand einen möglichen Pflichtteil des Sohnes der ungefähren Höhe nach ausrechnen zu können, fragte ich Herrn Kromer, wie hoch er den Wert seines derzeitigen Vermögens einschätze. „Herr Kromer, ich weiß, das geht mich nichts an, aber ich muss es wissen, sonst kann ich die Höhe eines möglichen Pflichtteilsbetrags nicht abschätzen. Ich muss doch einen Anhaltspunkt für den Betrag haben, den ich Ihrem Sohn anbieten kann." Er ließ mich im Stich: „Ach, das machen Sie schon richtig, ich vertraue Ihnen", war alles, was er mir erwiderte, aber eine Zahl nannte er mir nicht. Ich kannte seine Vermögensverhältnisse relativ gut, aber keineswegs vollständig und so genau, wie dies für eine vernünftige Beratung erforderlich gewesen wäre. Ich wiederholte meine Bitte, aber mein Mandant Kromer blieb standhaft stumm. „Kann ich 250.000 DM anbieten?", fragte ich schließlich. Nach kurzer Überlegung nickte Herr Kromer, ließ mich aber ansonsten „im Regen stehen". Wenn ich das alleine machen soll, lieber Herr Kromer, dachte ich, dann mache ich das auch alleine und Sie müssen dann akzeptieren, was auszuhandeln mir gelingt – wenn es mir gelingt.

Für den nächsten Tag, es war ein Samstag, waren wir bei Familie Kromer jun. zum Mittagessen eingeladen. Bei dieser Gelegenheit wollte ich die Causa Erbabfindung zu Wege bringen. Dazu musste zunächst die „Regie" richtig geführt werden. Meinen Mandanten konnte ich dabei nicht gebrauchen. Er ließ sich deshalb zu seinem Bedauern entschuldigen. Die Tochter musste ab er mit, sie musste die Kinder ablenken, denn die konnte ich bei dem zu führenden Gespräch auch nicht dabei haben. Das machte sie auch perfekt, sie ließ sich alle Tiere, Hunde, Katzen, Ziegen, Schafe und was sonst noch so zur Familie gehörte, und herumsprang, ausführlich zeigen.

Ich erklärte dem Sohn Kromer jun., welche Vereinbarung sein Vater mit ihm treffen wolle. Seine Reaktion überraschte mich. „Ich will das nicht", erwiderte er mir spontan. „Mir steht doch gar nichts zu und außerdem, ich habe ein gutes Einkommen, mir gehört ein schönes Haus, ich lebe sorgenlos. Die Sorgen stehen aber sofort vor der Tür, wenn ich 250.000 Mark verwalten und erhalten muss. Und genau das will ich nicht.!" Diese Reaktion hatte ich nicht erwartet, aber irgendwie verstand ich ihn sogar. Seine Frau war allerdings realistischer eingestellt. „Hans, überleg dir das doch, die Elisabeth will studieren, die Gerda braucht dringend einen neuen Schreibtisch und und und. Das alles können wir dann problemlos finanzieren.". Das leuchtete ihm dann doch ein und wir konnten uns auf eine Erbabfindung gegen Zahlung von 250.000 DM einigen. Kromer-Junior sollte zu diesem Zweck in den nächsten Tagen nach Stuttgart kommen. Der Erbabfindungsvertrag war zu beurkunden und das Geld sollte er ja auch erhalten.

Das nachfolgende Mittagessen, zu dem wir ja eingeladen waren, war hervorragend. Es gab ein Spanferkel mit allen dazugehörigen niederbayerischen Beilagen. Köstlich.

Aber was machte Herr Kromer Senior, für den der Erfolg meiner Mission doch so wichtig war? Als wir ins Hotel zurückkamen, fanden wir ihn in seinem Zimmer, aufgeregt, bleich – vor der Minibar – und ernährte sich mühsam wie ein Eichhörnchen – von Erdnüssen!

Das Ende ist rasch erzählt. Wir fuhren nach Stuttgart zurück, sein Auto hatte ich Kromer ordnungsgemäß „zurückgegeben"; allerdings hatte die Fahrt noch eine Überraschung bereit, die wohl wenige erleben und unbeschadet überstehen: Am Steuer saß wieder die Tochter, wir fuhren auf der Autobahn auf der rechten Fahrspur, vor uns ein PKW mit zwei Fahrrädern auf dem Dach. Unsere Fahrerin wechselte auf die Überholspur und setzte zum Überholen an. In diesem Augenblick lösten sich die Fahrräder und flogen sechs bis acht Meter hoch in die Luft. Ich kann versichern, es ist außerordentlich unangenehm, mit vielleicht 120 km/h auf der Autobahn zu fahren und über sich zwei Fahrräder fliegen zu sehen, ohne zu wissen, wo sie herunterkommen würden. Christophorus hielt seine schützende Hand über uns und unsere Fahrerin behielt die Nerven, die Fahrräder knallten wenig hinter uns auf den Boden und waren wohl die einzigen, die Schaden nahmen. Dieses Erlebnis ist in meiner Erinnerung mit der ganzen ohnehin ungewöhnlichen Geschichte so eng verbunden, dass es mir immer wieder in Erinnerung kommt und deshalb auch berichtet wird.

Der Erbabfindungsbetrag wurde wenig später bei dem Besuch des Sohnes in Stuttgart ordnungsgemäß zu notariellem Protokoll gegeben und alles war gut. Fazit: Auftrag weisungsgemäß und erfolgreich erledigt, aber eines hatte ich mir damals selbst geschworen: Nie wieder einen solchen Auftrag, der doch mit reichlichen Schwierigkeiten verbunden und absolut nicht anwaltstypisch war. Ich wollte in Zukunft bei dem bleiben, was ich gelernt hatte, der Juristerei.

Mit dieser nicht alltäglichen Familienzusammenführung beende ich den Streifzug durch mein Berufsleben in 6 Jahrzehnten.

Nach dem Vorwort noch ein Schlusswort

Als ich mich erstmals vor ein Blatt Papier setzte und die erste meiner Geschichten aufschrieb, ahnte ich noch nicht, ob und was daraus vielleicht werden könnte.

Jetzt bin ich erstaunt, was man als Rechtsanwalt alles erleben kann, allerdings nicht als der berühmte hervorragende Jurist mit ansonsten mäßigem Verstand, sondern als weltoffener und etwas abenteuerlich veranlagter Mensch, der Konflikte nicht scheut, sondern zu deren Lösung auch nach ungewöhnlichen und neuen Wegen sucht, seinen Standpunkt wem gegenüber auch immer notfalls mit Nachdruck vertritt und außerdem über die dazu notwendigen umfangreichen juristischen Kenntnisse aus eigentlich allen Rechtsgebieten verfügt. Das geht überhaupt nicht? Geht nicht, gibt es nicht. Was man nicht kennt, muss man sich erarbeiten. Das kann mühsam, auch sehr mühsam sein, es bringt auch kein Geld. aber es geht. Auch muss man sich klar darüber sein, dass man für alles, was man tut, veranlasst oder entscheidet, selbst und höchstpersönlich die Verantwortung trägt.

Der Autor

Rolf Mayer wurde 1931 in Stuttgart geboren. 1951 machte er das Abitur am humanistischen Eberhard-Ludwigs-Gymnasium in Stuttgart. Anschließend studierte er 6 Semester Jura an der Eberhard-Karls-Universität in Tübingen. Nach Ablegung des ersten Staatsexamens wurde er drei Jahre als Gerichtsreferendar Ausbildungsstationen bei der Staatsanwaltschaft, Gerichten und Verwaltungs-behörden zugeteilt. Es folgte das zweite Staatsex-amen sowie die vorgeschriebene Tätigkeit als An-waltsassessor in einer Anwaltskanzlei. 1959 bekam er die Zulassung zur Anwaltschaft; danach nahm er eine selbständige Tätigkeit als Rechtsanwalt auf und übte diese 55 Jahre aus. Heute steht er nur noch im Bekanntenkreis beratend zur Verfügung. Zu seinen Lieblingsaktivitäten gehören Reisen, Wandern, Fotografieren und Filmen.

„Erinnerungen eines Rechtsanwalts aus sechs Jahr-zehnten" ist seine erste Veröffentlichung.

Der Verlag

*Wer aufhört
besser zu werden,
hat aufgehört
gut zu sein!*

Basierend auf diesem Motto ist es dem novum Verlag
ein Anliegen, neue Manuskripte aufzuspüren, zu veröffentlichen und deren Autoren langfristig zu fördern.
Mittlerweile gilt der 1997 gegründete und mehrfach
prämierte Verlag als Spezialist für Neuautoren in
Deutschland, Österreich und der Schweiz.

**Für jedes neue Manuskript wird innerhalb
weniger Wochen eine kostenfreie, unverbind-
liche Lektorats-Prüfung erstellt.**

Weitere Informationen zum Verlag und
seinen Büchern finden Sie im Internet unter:

www.novumverlag.com